本 书 得 到 了 国 家 社 科 基 金 项 目（23CZX001）
"马克思的辩证法总体性及其当代价值研究"的支持

思想政治教育的
空间转向

SPATIAL TURN OF IDEOLOGICAL
AND POLITICAL EDUCATION

尹 健 著

社会科学文献出版社
SOCIAL SCIENCES ACADEMIC PRESS (CHINA)

序 言

20 世纪 70 年代，西方学界从马克思主义的空间理论中发现了隐匿于其中的空间力量，开启了"空间转向"理论研究。"空间转向"理论为社会科学研究提供了新的维度，众多西方学者将其应用于不同的社会研究领域，推动"空间转向"理论的多维延展，形成了空间理论的现实实践逻辑。思想政治教育作为研究人的思想活动和社会意识的学科与社会实践，在延续传统宏观叙事思路的同时，也聚焦微观世界，探索将"空间转向"理论植入思想政治教育的研究视域，形成思想政治教育历史叙事、空间生产和社会实践相结合的研究链。

但"空间转向"毕竟是源自西方社会的批判理论，在与思想政治教育进行时空链接时不可避免面临以下难题：一是研究是否有将"空间转向"理论强行植入思想政治教育理论中的嫌疑；二是如何应用"空间转向"理论来构建现代思想政治教育空间；三是研究思想政治教育的空间转向是否会偏向西方"空间转向"理论而掩盖马克思主义科学理论指导的基础地位。对这些问题的科学回答不仅需要有坚实的思想政治教育研究基础，而且有赖于扎实的马克思主义哲学和国外马克思主义研究工作。

作者硕士研究方向为思想政治教育哲学，博士研究方向为马克思主义哲学和国外马克思主义，在学习和研究阶段形成深厚的理论基础和创新的思维方式，能够把握"思想政治教育的空间转向"这样一个跨学科的研究主题。作者跟随我攻读马克思主义基本原理专业博士学位期间，我注重培养作者开展研究的问题意识和创新意识，指导作者在阅读经典中怀着强烈的问题意识，在探索实践中挖掘社会中的真实问题，逐步形成发现式的创新思维模式，也常常鼓励他勇于求知、大胆怀疑，凭借创新的思维与各种人文经典进行严谨的学术对话。作者不断掌握马克思主义哲学和国外马克思主义的基本理论，脚踏实地将经典理论及相关现实问题弄懂吃透，并结合思想政治教育工作的现实需要回归马克思主义经典理论，发现问题的根本、认识到对经典命题进行创新阐释的求索价值。作者在研究马克思主义基本理论过程中对思想政治教育的空间转向问题进行全面洞察并形成敏锐认知，不仅在理论层面塑造了兼具问题意识、创新意识、建构意识的学术体系，而且在实践中具备了"解决之道""解决之妙""解决之增益"的学术生命力。

"思想政治教育的空间转向"是作者在读研究生期间就确立的研究方向。本书最大的创新之处在于，作者以马克思主义基本理论和思想政治教育基本原理为理论基础，以西方马克思主义的"空间转向"理论为分析视角，以现实的思想政治教育专题研究需要为价值导向，提出了较为完整的思想政治教育空间转向的实践路径，系统、规范地把握思想政治教育空间的关系范畴，一定意义上推进了对思想政治教育空间学的研究。

在撰写著作过程中，作者也将其遇到的一些难题同我交流，聚焦于发掘思想政治教育的空间转向与西方马克思主义理论视域中"空间转向"的不同点。我理解作者的担忧，包括他对思想政治教育现实空间形态及其效应的敏锐质疑。自西方学界提出"空间转向"理论以来，人们发现世界只能在空间中呈现，主流哲学因此成为空间学、场域学和文学地理学等"空间崇拜"，这就需要作者在研究中能够清醒地突破诸多空间幻象。作者确实没有兴冲冲地扑进空间囚笼，而是静下心充分准备，广泛涉猎和深度剖析马克思主义哲学理论。作者在写作中周到谋篇、精密布局、稳打稳扎，即使在思想政治教育空间实践展开的细节方面也刨根究底。我读完这部著作后，深刻感受到一个青年学者对理论研究的执着精神和对社会科学事业认真求索的诚恳态度，这种态度将推动他在科研道路上行稳致远，不断攀登高峰。

这是一部理性的马克思主义研究著作，也是一篇充满诗性的将思想政治教育工作生活写在大地上的文章，其学术创新的志趣与活力值得称赞。这让我想到了作为一个研究者和著作者的神圣使命："民族的才是世界的，自己的才是最好的。"青年学者必须在博采众长的过程中努力认识自己，成为自己，做一个有根基、有情怀、富有个性创造的人，依靠文字所传达的思想力量，去直面人生中的各种困境与挫折。

是为序。

刘同舫

2024 年 1 月

于杭州西子湖畔

目　录

第一章 绪论

一 选题缘由及意义

（一）选题缘由

思想政治教育是在实践中不断发展的社会实践活动，也是在理论研究上不断创新求索的学科。中国共产党历来重视对思想政治教育的理论研究和实践推动。作为一项社会活动、一种思想工作，思想政治教育在不同时代有不同的实践目的和表现形式，当今社会的思想政治教育以党和国家的意识形态教育和价值观教育为主要内容，主要功能在于促使人的思想道德水平与社会发展对人的思想品德素质要求相适应。人的思想观念依随社会转型而逐渐呈现复杂的变化态势，并且其对美好生活的需要可能会超出现实实践发展的满足程度，加上人的思想认知和价值认同在现代社会中呈现纷繁复杂的分布态势，就推动现代人思想发展而言，原有的思想政治教育难以保持足够的鲜活度，这就需要对思想政治教育进行更宽更深的研究。

每一次社会转型都会带来时空观的更新、社会思潮的变革和教育传播方式的转变。近年来，社会转型对思想政治教育的冲击和人们思想观念的激变对思想政治教育提出了新的要求。中国传统的城乡二元社会结构长期存在，中国人也因此形成根深蒂固的传统社会意识，传统社会意识体现了人对传统历史思维模式的依附，尤其是新中国成立后的思想政治教育模式，原则上是以马克思主义理论的世界观与方法论为科学支撑的，这为研究传统的社会意识及思想政治教育提供重要的参考价值，思想政治教育的功能逐渐转变为促使人们的思想水平与社会发展对人的思想要求相适应，以促进人的思想觉悟与社会整体意识的提高，而社会意识的发展要求与社会生产的发展相匹配，由此可见，思想政治教育就是通过做人的思想工作来发展人自身并推动社会进步，彰显鲜明的唯物史观。但传统的城乡二元结构也容易导致思想政治教育在实践中因局限于历史经验而缺乏对现实要素的全面考量，可能会走向形而上的历史决定论。当前的社会转型状况是传统的城乡二元结构正在被打破，传统的社会意识受到冲击和消解，现代社会中诸如文化、心理和群体行为等要素之间的流动和交织关系更加复杂。一般而言，市场主导的经济社会发展模式要求更多的自由体制和实践机制，人们的价值观念复杂多元，尤其是在新媒体时代，社会意识与人的思想交互性、流动性增强使得思想政治教育的传播面迅速拓宽，这对思想政治教育在新时代发挥全面持续的作用提出挑战，也带来了机遇，需要转换思想政治教育的研究视角。

社会空间理论为社会科学研究提供了一个新的视角。20 世纪 70 年代，空间理论冲破了"历史决定论"，在社会科学领域掀起了一波研究热潮，实现了当代西方理论的"空间转向"。社会空间理论的转向并不简单意味着社会研究对空间视角的重视或转向"空间决定论"，其真正的意义在于突破以时间为主导或"历史决定论"研究视角的局限，在当代社会研究中把时间、空间和社会的密切关系作为研究内容，在继承马克思历史唯物主义的基础上将空间理论与之相结合，其中以列斐伏尔、福柯、哈维和苏贾等为代表的空间理论研究者创造性地探索了空间生产理论并将这一理论植入不同的社会研究领域，形成空间转向理论的多维延展，开辟了空间理论的现实实践逻辑。思想政治教育作为一门研究人的思想活动和社会意识的学科，不仅要延续传统思想意识与历史秩序的宏观性叙事思路，还要聚焦微观世界和新时代人的微观精神现象，以更有针对性的细微的研究目光审视研究对象的动态，即把空间理论植入思想政治教育的研究视域，形成思想政治教育历史叙事、空间生产和社会实践相结合的研究链。

学界现有成果为思想政治教育空间转向研究作了很好的铺垫，然而，全面系统的思想政治教育空间转向的理论研究体系并没有形成。国内关于社会空间理论的研究起步较晚，但是围绕思想政治教育理论和实践过程中的空间论题，学界已经产生了一些重要理论成果。早在1986年，成长春就在《浅谈高校思想政治教育的时空性》一文中提出要重视对思想政治教育空间顺序的研究，后来杜遂渊在《拓展思想政治教育的空间》中提出"具体—抽象—具体"的思想政治教育思维过程，邓纯余的《社会空间理论视野中的思想政治教育》、卢岚的《论思想政治教育变革的空间转向》和陈宗章的《思想政治教育公共性的网络"空间化"转向》等研究成果表明，理论界已经形成了一定的思想政治教育空间意识，对思想政治教育的空间转向、空间生产的概念、性质和实践取向等基础性问题以及当代思想政治教育的资源、权力等范畴的空间化延伸性问题做了全面探索。然而，对思想政治教育空间转向的研究仍然处于起步阶段，目前学界很难从根本上阐明如何拓展思想政治教育空间的问题；对邓纯余提出的把握思想政治教育空间内部规律的问题还需继续探讨；陈宗章提出的在互联网时代发挥思想政治教育在网络空间主体交往过程中对空间话语权和空间生态的构建作用，仍具有重要的现实意义；等等。这些为我们继续思考思想政治教育空间转向的理论问题提供了新的生长点，未来需要扩大思想政治教育空间生产和实现空间生产的多样化，促使思想政治教育在理论思维和实践应用方面实现创新。基于此，对思想政治教育空间转向的研究，必须本着既联系现实又把握思想政治教育空间转向的本质以实现其可持续发展和发挥其前瞻性功能的宗旨，换言之，对这一根本问题的回答必须回到空间理论和思想政治教育问题本身。

（二）研究意义

本研究旨在遵循思想政治教育学科的基本规律，以马克思主义基本理论为指导，借鉴世界人文社会科学研究成果，契合社会发展实践的精神价值需求，进而彰显思想政治教育本身的实效性。

1. 理论意义

空间理论赋予思想政治教育使命感和超越性，思想政治教育空间转向研究是对马克思主义空间理论、西方社会的空间转向理论的继承与发展，是对思想政治教育基本理论的创新。

首先，思想政治教育空间转向与马克思主义空间理论一脉相承。马克思主义空间理论在不同时期因时代主题和中心问题的变化而不断转换，马克思主义空间理论在中国化进程中也呈现不同的阶段性特征。思想政治教育的研究进程实质上就是对马克思主义中国化时代化理论成果进行研究和对中国化时代化马克思主义进行理论宣传的进程，由此，思想政治教育的空间转向研究就是探索马克思主义空间理论在思想政治教育中的运用，从根本上说，与马克思主义空间理论研究是一脉相承的关系。因而坚持马克思主义辩证唯物主义和历史唯物主义的世界观与方法论依然是思想政治教育空间转向的理论基础。

其次，思想政治教育的空间转向是对西方空间转向理论的借鉴和拓展。西方空间转向理论彰显总体性特征，具体表现为：坚定空间转向的一致性与空间具体转向方法的多样性，在诸如城市空间规划等具体领域的运用上往往囿于传统形而上学理论的局限，即对空间转向过度重视而忽视对历史维度的考量甚至走向激进的"空间决定论"，尤其是在现代化建设过程中存在对物质空间生产的追求而忽视社会空间中的其他要素和空间自身精神生产的现象。对思想政治教育空间转向的研究有利于从意识形态上反思西方空间理论在现实运用中的局限，进一步挖掘其分析现实社会问题的潜能。

最后，思想政治教育的空间转向是对思想政治教育学科功能价值的拓展。思想政治教育是随着中国特色社会主义建设实践的前进而不断创新发展的学科和科学体系，而中国特色社会主义理论体系是植根于中华优秀传统文化成果和汲取世界优秀文明的开放体系，这就印证了思想政治教育空间转向的理论意义：拓展思想政治教育学科，掌握独特的思想政治教育空间方法论及其与不同学科思维的关联性，促使思想政治教育学科与其他学科交叉联动，形成理论创新的叠加效应，使思想政治教育成为既立足于马克思主义基本立场、观点和方法，又符合新时代中国特色社会主义理论、原则和内容，还直面社会发展问题的一门科学的学科。

2. 实践意义

思想政治教育本身是集理论、制度、文化和实践于一体的工作形式，研究思想政治教育空间转向的最终目的是使思想政治教育更好地指导实践，寻求解决社会发展中存在的现实问题。

首先，对思想政治教育空间转向的理论研究是深入探索和应答现实社会空间问题的基石。马克思主义唯物史观强调人类社会的发展总是遵循着一定的规律，人民群众一旦能够认识并掌握现实社会发展的内在规律，并形成自觉的改造社会的实践，就能够推动全人类和社会的进步。而人是处于一定社会空间或特定领域的"社会人"，其思想观念受到一定空间或场域的主观因素和客观因素的影响，思想政治教育的空间转向就是通过对人的思想空间的研究，发展出指导人的思想空间和精神空间的理论和制度，促使人形成对自身内在空间与外部空间关系的规律性认知，进而转化为自觉的、能动的空间实践。

其次，对思想政治教育空间转向的理论研究为人在共同空间中的实践提供统一的思想基础和价值指导。思想政治教育研究的现实案例和既有成果显示，人对规律的认知与践行存在非对称性，对现代社会现象的认识和客观规律的把握均有不同的立场和视角；在主观认识上，人的现实实践并未体现对客观规律的尊重、对现象背后的规律和现有体制机制的自觉遵循，这就容易造成人内心世界的空虚，而思想政治教育的空间转向研究就是致力于解决人的思想空间与社会空间不对称的问题，为人改造实践提供科学的指导。

二 研究现状

（一）国外研究现状

1. 空间转向前的经典社会空间理论

第一，认识论视域中的传统空间观。传统的空间认识论存在二元情结，对空间的认识基于二元对立、主客二分的哲学基础。其结果是，从本体论上认识空间，空间具有存在与虚无、有限与无限、相对与绝对的矛盾，这种空间认知的矛盾运动过程，一方面为空间理论的发展提供了对空间自身或本体的回溯路径，另一方面又为二元对立思维模式的长期存在埋下祸根，致使后来的空间理论研究难以摆脱二元对立本体论所残留的形而上学特征。

第二，马克思主义经典文本中蕴含的空间理论。马克思主义从实践论视域出发阐释了空间生产和空间实践观点。首先，马克思恩格斯从社会发展角度揭露了资本主义社会空间发展的规律，然后从经济发展的角度审视了资本主义城市空间的异化现象，揭示了资本主义城市空间中人与人的异化劳动及其关系，最后又从实践角度出发将历史唯物主义作为对抗空间政治学的武器，认为无论是物质空间还是心理空间、自然空间还是社会空间，都是社会历史的产物，是人的实践的产物，空间也是在实践中不断生成的。列宁对马克思主义的空间理论又有了新的发展，他首先认为空间是客观存在的，其次承认空间的社会实践性，并进一步认识到空间也源自人类的思想实践。诚然，马克思主义的空间视角归属于其总体性思想范畴，除了空间视角，还包括时间维度，并且马克思主义主张时间的总体性重于空间的总体性，其中关于空间总体性的认识就是从空间视角认识资本主义社会关系。总体性的实质是社会关系的总和，事物的发展都是总体的，这就赋予思想政治教育之于社会关系的超越性认识的使命，要求我们必须站在马克思主义总体性思想基础上思考思想政治教育的空间及其转向问题。而事物的发展又都是具有阶段性的，这就启示我们要在当代的思想政治教育研究中突出被马克思主义总体性思想忽视的空间视角。

2. 西方空间转向及其理论的形成与演变

空间转向理论的形成是西方空间理论研究者在 20 世纪作出的最重大的贡献，代表人物有列斐伏尔、福柯、哈维和苏贾等。首先是列斐伏尔通过空间生产阐释的空间转向理论，他率先提出了建构空间生产的社会主题，从马克思"自然的人化"思想出发，论证了空间的社会属性。他以马克思的辩证法为研究方法，从空间的角度审视社会问题，提出了"空间三元辩证法"，将社会空间研究由空间中事物的生产转向空间自身的生产，并提出对人的日常生活空间的批判，进而指出空间在社会生活、公共生活、权力运作和资本运转等方面越来越具有重要的意义。其次是福柯的空间权力理论，在福柯看来，西方社会理论对空间存在长期的忽视，因而，他提出以空间转向的研究视角来阐释社会批判理论，具体阐释了空间的政治性，将研究视角转向探索空间与权力、知识的关系，提出权力、知识的空间化和体制化空间的建构①，从知识与权力入手，透视了空间结构的微观权力，揭示了空间建构的内在规律，即人们按照自己的权力意志建构了空间。这也体现了建立空间秩序之于空间生产和实践的重要意义。再次是大卫·哈维的历史地理唯物主义理论，他提出历史地理唯物主义和"时空压缩"的观点，关注到全球化对现实空间的日益压缩，并从空间出发分析当代全球化的本质②。在对资本主义空间生产作出批判过程中，他采取了一种历史地理唯物主义的"过程辩证法"立场和方法，提出社会过程决定空间形式和社会空间的构建模式，既尊重不同空间模式，又促使各种地理模式中在政治行动上相互联系。最后是苏贾的"第三空间"理论，苏贾强调空间的社会性，在他看来，空间是由社会生产出来的，社会空间由自然空间和心理空间结合而成③。他指出空间具有实践性，并提出空间与空间性不同，认为后者是一个动态的概念，更能体现空间的社会性和实践性，"第三空间"就是对第一空间与第二空间的肯定性解构与启发性重构，由无限丰富的生活世界在变动布局中发生的具体事件及诸要素所共同构成，是一个开放的空间形态。

西方具有代表性的空间理论家都是基于马克思主义剖析资本主义社会生产的理论，提出了马克思本人的文本中在社会生产方面较少论述的空间议题，并且在思维方式上打破传统的二元对立形式。无论是列斐伏尔的"空间实

---

① 转引自〔英〕安杰伊·齐埃利涅茨《空间和社会理论》，邢冬梅译，苏州大学出版社 2018 年版，第 140 页。
② 参见〔美〕大卫·哈维《希望的空间》，胡大平译，南京大学出版社 2006 年版，第 192 页。
③ 参见〔美〕爱德华·W. 苏贾《后现代地理学：重申批判社会理论中的空间》，王文斌译，商务印书馆 2023 年版，第 302 页。

践—空间再现—再现的空间"、福柯的"权力—空间—知识",还是苏贾的"空间性—历史性—社会性"都有明显的三元特征①,这为社会理论研究提供了一个创新的开放的立体的模式,实际上也是对传统历史性的宏观叙事秩序的消解,为空间转向理论研究提供了思维模式的第三种可能性,对于思想政治教育空间转向的理论研究具有重要的范式意义。然而,他们在专注研究空间的过程中也有走向"空间决定论"的极端论调,在突出空间的重要地位之后,却逐渐用空间代替历史在社会实践中的基础地位,具有鲜明的形而上学方法论的特征,这在今后的空间理论研究中需要警惕。

(二)国内研究现状

1. 对经典哲学空间理论的介绍与梳理

有论者以福柯的空间权力论为研究重点,在此基础上发现了空间权力的地理学思考维度,着重介绍从列斐伏尔到詹姆逊的空间理论②,尤其是针对其中的现代都市文化研究论述空间的生产关系,对学界了解和研习空间理论具有重要的参考意义。还有论者融合空间与历史的双重角度,主要运用空间理论、结合中国历史文化和当代社会转型现状进行空间和历史、社会维度的分析,分别从"空间:从传统到现代的建构""知识传承:东方与西方""历史记忆与中国基层社会"③ 三方面论述了中国社会转型期的历史文化与思想观念的变迁,对转型期思想政治教育空间转向的研究具有借鉴作用。关于后现代的空间理论,有学者对空间的生产性,对身体与性、政治的关系进行具体的过程性论述④,从而把中国学者对后现代哲学话语的阐释、对后现代性的理解与提炼,提升到了一个自主的层面。

关于经典哲学空间理论中的西方视角与马克思主义理论视角的比较及其

---

① See Thomas Kistemann, Jürgen Schweikart, "'Spatial turn' Chance, Herausforderung und Methodenimpuls für die geographische Gesundheitsforschung", *Leitthema*, Vol. 60, No. 12, 2017.

② 参见包亚明主编《后现代性与地理学的政治》,上海教育出版社 2001 年版,第 58 页。

③ 杨念群主编《空间·记忆·社会转型——"新社会史"研究论文精选集》,上海人民出版社 2001 年版,第 112 页。

④ 参见汪民安《身体、空间与后现代性》,江苏人民出版社 2006 年版,第 60 页。

发展：有论者论述了资本的空间生产逻辑和全球化时代空间生产方式对当代人与社会发展的影响，提出以空间经济学、政治学、社会学、城市学和哲学等多学科交叉研究的方式理解空间生产的问题谱系和思想效应①，不仅尝试对空间生产进行详细解构，而且推出了空间理论交叉学科研究的模式；有论者直接分析了马克思主义空间理论与西方空间转向理论及二者之间的关系②，并确定了马克思主义空间理论的基础地位，这启示我们在研究空间理论中要把握马克思主义的基本观点和方法；还有论者从理论和实践两个层面分析了空间转向的背景及其对哲学社会科学研究的意义③。

2. 对西方空间转向理论的分析及拓展

有论者从以吉登斯、布迪厄（又译"布尔迪厄"）为主要代表人物的空间与社会关系理论和后现代社会理论家的空间与地理的概念及隐喻两条路径分析了社会空间理论的演变，厘清了空间转向的基本脉络④。有论者从绝对空间与相对空间、先验空间与经验空间、自然空间与社会空间的三次斗争中梳理空间转向的历史嬗变⑤。有论者在厘清西方空间理论的脉络中寻求空间生产的理论依据和社会意义⑥。还有学者认为，思想政治教育空间内含地理、社会、文化等基本形态，既是人们开展思想政治教育实践的物质场所，也是思想政治教育活动与物质场所相结合运作的结果，并指出思想政治教育的空间建构要以受教育者为中心，发挥家庭教育空间、学校教育空间和社会教育空间的联动效应⑦。

3. 关于思想政治教育空间转向论题的创见与实践

学界有关思想政治教育空间转向的研究以高校思想政治教育空间、思想

---

① 参见任平《论空间生产与马克思主义的出场路径》，《江海学刊》2007 年第 2 期。
② 参见胡大平《马克思主义与空间理论》，《哲学动态》2011 年第 11 期。
③ 参见强乃社《空间转向及其意义》，《学习与探索》2011 年第 3 期。
④ 参见何雪松《社会理论的空间转向》，《社会》2006 年第 2 期。
⑤ 参见苏尚锋《空间理论的三次论争与"空间转向"》，《人文杂志》2008 年第 4 期。
⑥ 参见陆扬《空间何以生产》，《马克思主义美学研究》2008 年第 1 期。
⑦ 参见陈炜《教育研究的空间转向——基于社会理论空间转向的视角》，《教育研究》2022 年第 9 期。

政治教育网络空间、思想政治教育环境和思想政治教育社会化研究等相关课题为主要方向。

1995 年，就有研究者提出要从思维、理论、实践、教学和文化五个层面拓展思想政治教育的空间①，虽然由于时代和文献解读的限制，这一研究并没有建立在马克思主义视域中的空间理论基础之上，但其关于思想政治教育空间动态性的理解对后来的思想政治教育空间转向研究具有铺衬作用。

2000 年后，学界主要围绕思想政治教育学科和实践发展回应社会问题的有效性等课题作了研究，其中，关于思想政治教育的社会化与社会空间拓展的问题，有学者提出要从社会实践和环境等方面促进大学生思想政治教育与社会的同构性建设②；有论者认为，基于社会对象群体的差异分层，在社会系统中提高思想政治教育的专业化水平，也就是有针对性地发挥思想政治教育的社会服务功能③。关于思想政治教育的环境问题，有论者从空间域的角度将思想政治教育环境划分为宏观环境和微观环境，按状态域将其划分为开放环境和封闭环境，按构成域又将之划分为社会人文环境和自然人文环境，旨在优化复杂的环境以提高思想政治教育的效果④；还有论者指出思想政治教育环境既是在思想政治教育实践过程中形成的，又对思想政治教育产生影响，是内部环境和外部环境的统一。关于思想政治教育网络空间的问题，有论者指出随着网络空间的拓展，思想政治教育既要明确网络空间的主体性，又要抓住网络空间阵地的话语权⑤；还有论者运用马克思主义的时空观来观摩网络化发展对现代社会时空的塑造，指出社会时空的拓展过程与思想政治教育实践创新发展过程互嵌、交融⑥。关于思想政治教育的空间研究，有论

---

① 参见杜邀渊《拓展思想政治教育的空间》，《思想教育研究》1995 年第 2 期。
② 参见骆郁廷《论大学生思想政治教育的社会化趋势》，《思想政治教育研究》2008 年第 3 期。
③ 参见叶方兴《论思想政治教育专业化与社会化的辩证关系》，《思想理论教育》2017 年第 10 期。
④ 参见宇文利《论我国当代思想政治教育的制度化建设》，《思想理论教育导刊》2011 年第 1 期。
⑤ 参见陈宗章《网络思想政治教育主体及其空间结构》，《学校党建与思想教育》2015 年第 8 期。
⑥ 参见卢岚《论思想政治教育变革的空间转向》，《思想理论教育》2017 年第 3 期。

者提出了思想政治教育思想的核心价值与人们的思想实际存在一种位置差异，或称为位移，而思想政治教育思想空间又要以人们对核心价值的认同和对社会秩序的遵循为基本参考，这就形成了以观念意识、经验知识和思维方式为基本结构的个性空间与共性空间相耦合的空间结构①；还有研究着眼于教学运行空间、个体的精神生活空间和群体间的交往空间、虚拟环境空间、制度安排空间、社会生态空间等多维空间，认为思想政治教育空间既是其活动的场域，又是其实践的意义②。另有研究着重分析了改革开放以来社会空间结构的变动及其对思想政治教育价值的冲击，并在持续探索空间转向理论的基础上，提出思想政治教育应从空间视角揭示现代人的思想和行为相矛盾的规律，以期实现思想政治教育的创新变革③。

国内外学者对空间理论的研究集中体现在对空间元理论的研究及空间转向在中国理论界的应用研究，产生了丰富的理论成果，尤其是对当代城市空间问题的分析产生了重要的影响。然而，将空间理论置于教育特别是思想政治教育领域进行探讨还有待深化，在思想政治教育的空间问题上研究集中体现在三个方面：一是在视角上形成了思想政治教育的研究生长点，二是在理论上创新了思想政治教育空间结构及关系的观点，三是在实践上将空间理论运用于指导城市规划和心理模型建构。这些研究都是围绕思想政治教育的相关问题展开，并未深入涉及思想政治教育的空间问题。可见，学界对思想政治教育空间转向及其方法论基础的研究还处于知识建构和生成阶段，对卢岚在《论思想政治教育变革的空间转向》中提出的"思想政治教育如何应对一个互动的、碎片化的、充分链接的、彼此依存的叙事模式？如何面对各种反讽、拼贴、恶搞与混搭的时代？如何对待财富、合作与情感都发生改变的时代？"④ 等问题仍需继续探讨，并且要从空间转向的理论视角审视思想政治

---

① 参见张建晓、孙其昂《思想政治教育空间结构探析》，《思想教育研究》2017 年第 6 期。
② 参见王学俭、张哲《多维空间视阈下的思想政治教育研究》，《马克思主义研究》2014 年第 4 期。
③ 参见卢岚《论思想政治教育变革的空间转向》，《思想理论教育》2017 年第 3 期。
④ 卢岚：《论思想政治教育变革的空间转向》，《思想理论教育》2017 年第 3 期。

教育本身知识体系的建构，将其整合到既有的理论范式中。

三　研究思路与方法

国内外学者对思想政治教育空间理论的研究既产生了一定的理论成果，也存在一定的理论局限，既有理论成果为本研究提供了理论基础和重要参考，而那些理论局限也为思想政治教育的空间转向提供了继续探究的方向和可能路径。

（一）研究思路

本研究主要从马克思主义空间理论与西方空间转向研究相联系的角度，系统梳理空间转向的概念演变，立足于对思想政治教育空间理论本质的把握，尝试界定思想政治教育空间转向的概念，并结合当代中国社会转型的现状，分析思想政治教育的理论和实践背后的空间逻辑和内在机理，探索构建思想政治教育空间的可能路径。首先，通过梳理马克思主义空间生产理论和西方空间转向理论，分析两者之间的关系，并试图从本体论上把握空间的本质，再解析思想政治教育空间的本质和概念、存在方式和主要特征。其次，在思想政治教育空间转向定义的基础上，探讨思想政治教育空间转向的主要理据，即人的空间实践的合理性、思想政治教育空间转向的必要性和可行性。再次，通过分析思想政治教育空间转向的现状，包括思想政治教育空间转向的逻辑进程、时代价值以及尚存的困境和原因，厘清思想政治教育空间转向的生成逻辑和内在机理，为思想政治教育空间转向和空间构造指明方向。最后，在系统描述思想政治教育空间转向的基础上，提出构建思想政治教育空间的路径：空间转向的实现路径旨在构建适当的思想政治教育空间，包括实质性、开放型、正义性和生态型的思想政治教育空间，其中，实质性和生态型空间是基础，开放型和正义性空间是核心，也是思想政治教育空间转向的理想目标。从确立到管理、净化，是构建不同层级的思想政治教育空间的路径。

（二）研究方法

1. 文献研究法

文献研究法是本书的基础研究方法，通过查找和阅读相关资料，包括原著、翻译资料、期刊论文和博士学位论文等，尽可能广泛地占有资料。同时，尽可能精准地搜集资料。一是从本书的研究基点出发找资料，其中最具针对性的资料就是马克思主义有关空间理论表述的经典文本、西方新马克思主义者及其他社会学派关于空间转向理论的专著以及国内学界关于空间理论研究的翻译资料和著作、关于思想政治教育空间理论的论文等，对这些直接的理论资料进行透彻学习和分析，梳理空间理论的研究观点和思路；二是查找与本研究相关的其他资料。例如，了解空间批判理论在城市地理空间规划和心理空间建设以及医疗空间、物理空间等领域的应用，概括社会科学空间理论的实际应用价值，厘清空间理论在不同领域实践的差异，为思想政治教育空间转向的研究提供新的生长点。

2. 比较研究法

空间转向理论在现代社会是一个非常热门的话题，西方新马克思主义对空间转向理论的研究水平远超国内，西方空间转向理论及其在社会意识与制度设计上的特殊视角，在思想政治教育中的运用具有较强的实践经验，而我国的思想政治教育体现较强的马克思主义立场、观点和方法。将西方空间转向理论研究与我国的思想政治教育空间转向理论研究相比较，将西方的思想政治教育实践与我国的思想政治教育实践进行经验性和问题导向相结合的比较研究，对思想政治教育空间转向研究的推进和思想政治教育价值的实现具有重要意义。

四 研究难点与创新之处

（一）不足之处

对一手资料的掌握和运用不够全面。本书参考资料大部分是由国内学者翻译的资料，对西方新马克思主义空间理论相关著作以及西方学者对空间理论的评论性著作及论文涉猎不多，并且这一不足之处在短时间内难以克服，这是以后从事思想政治教育理论研究的努力方向。

对理论与实践之间的矛盾关系把握得不够。在理论上，空间转向的重心不是落在对空间自身的研究上，而是关注空间转向的社会性、实践性和批判性，关注空间、社会和人的关联，空间转向的实质是空间化或空间性的转向。思想政治教育能否在实践过程中行之有效，不仅关涉思想政治教育理论研究本身，而且关系到能否有效揭示思想政治教育与社会现实之间的联系以及思想政治教育的实践模式问题。目前的理论研究与实践要求存有一定差距，这一点笔者在本书中尚未完备呈现出来。

对策研究的可操作性和应用性不强。本研究立足于空间转向的基本理论，结合我国思想政治教育实践特色和中国特色社会主义现代化建设的新的发展特征与要求，对思想政治教育空间转向的实现路径进行探讨，在对策研究上提出构建实质性、开放型、正义性和生态型的思想政治教育空间。但理论内容的展开相对抽象，需要结合新时代鲜活的思想政治教育实践来加以检验。

（二）创新之处

研究视角的创新。本研究试图以空间生产理论为研究的切入点和创新点，分析当前存在的人与社会问题及其空间性原因，并提出可能的空间实践路径，这对丰富思想政治教育的理论视角和拓展思想政治教育空间实践的现实构造具有一定的学术推进价值。

研究方法的创新。本研究逻辑自洽地运用了比较分析法来揭示时代特征，思想政治教育空间转向的宗旨是拓展思想政治教育的空间性功能，而拓展思想政治教育空间功能的一条重要途径就是对不同文化背景下不同领域的思想政治教育进行比较分析。本研究既纵向分析了空间理论的历史演变及其可能的未来走向，又横向比较了世界上具有代表性的思想政治教育实践经验，通过多维对比，更细致、更务实地思考思想政治教育与空间理论的关系问题。

　　研究观点的创新。本研究以马克思主义基本理论和思想政治教育基本原理为理论基础，以解决现实的思想政治教育问题为目标导向，并结合新时代中国社会发展的新形势新要求，提出了较为完整的思想政治教育空间转向的实践创新路径，并在此基础上提出对思想政治教育的空间学研究，从而更系统、全面、规范地把握思想政治教育不同空间范畴及其相互之间的关系，为解决未来的思想政治教育空间实践问题提供更有针对性的对策。

第二章　思想政治教育空间转向的
理论基础

　　"思想政治教育的空间转向"这一理论涉及两个基本概念：思想政治教育、空间转向。进行思想政治教育空间转向的研究，就必须从这两个概念切入，以确定思想政治教育空间转向的内涵。空间是一个实义名词，在汉语词典和哲学大辞典中有不同的定义，不同的定义在同一理论叙事中有不同的意义指涉。从哲学理论的角度分析，空间有其独特的理论起源和特定含义，而空间转向作为一种人文社会科学的研究范式和实践模式的变革，也是西方马克思主义研究者基于马克思主义唯物史观的批判论视域展开的探索，那么这种外来的理论研究是否能为思想政治教育的研究提供一种新的视角，或者说思想政治教育的空间转向如何体现独特性？这就需要把握好空间的基本概念和价值支点。本章从空间的多重含义与理论源起、空间转向与空间的社会要义以及思想政治教育空间转向的结构性特征和本质属性来进行阐释。

一　空间的多重含义与理论源起

　　人类总是需要生活在特定的时空中，时间与空间是人类存在的基本要素和发展的基本形式。除了自然科学之外，"空间"也是人文社会科学探讨的重要课题。在人们的"空间"认知系统中，其除了包含"方向""位置""顺序""关系"等主要意蕴外，还与"宇宙""自然""天地"等关键词存在关联。因而，厘清不同时期人们的空间观念，对于理解"空间"具有重要意义。

（一）传统的社会空间观及概念流变

传统空间观是与现代空间观相对的一个概念，其中社会空间观是传统空间观的重要维度，涉及中国和西方两个方面。中国的传统空间观在古代社会思潮中得到集中体现，在古代社会，人们对空间的认识呈现出一种将地理空间与社会空间相结合的辩证特征，旨在突出社会空间的整体效应，由于立足于中国古代社会的特殊场域，这种空间观带有一定的朴素性。早在战国时期，就有人提出"四方上下曰宇，往古来今曰宙"，"宇"即空间，"指一切具体场合的总和"①，这是在方位意义上对空间进行的界定，体现了空间的场合有限性，即强调在宇宙的空间范围内进行思维与行动。"宇"通常与天地概念相通，而古代社会强调天人合一的思想，将人与自身所处的自然空间紧密联系起来，从而生成关于人的生活空间的观念，这种自然地理空间与人的社会空间之间有一定的生成性脉络：一方面通过地理空间持续的演变过程彰显自然现象的演化规律及其对塑造社会空间的影响，另一方面通过审视社会空间的变化节奏来反观自然领域的样态，为地理空间的优化注入人的自主性评价，进而催生中国传统的空间审美价值与理想观念，体现出生生不息的教育价值。《周易·泰卦》中曾有"无往不复，天地际也"②的表述，这实际上体现了空间与物质运动不分离的道理，只是中国传统哲人并未诉诸显性的方式对其进行表述，而是将时间视为自然物生成演化的本质原因，而隐含于其中的空间则被视为一种流变的过程，即随时间演变而成的自然物具有了一定的延展性和广度——空间性。中国传统哲人在此过程中形成了无限循环的空间观，宇宙空间周而复始，展示出动态性特征，这意味着自然万物的生成过程不仅赋予地理空间以延绵不绝的思想功能，而且生成了人与万物之间的

---

① 中国大百科全书总编辑委员会《哲学》编辑委员会、中国大百科全书出版社编辑部编《中国大百科全书·哲学》，中国大百科全书出版社1987年版，第422页。

② 周振甫译注《〈周易〉译注》，江苏教育出版社2006年版，第82页。

动态联系，这为社会空间审美评价的功能优化提供了源源不断的新因素；到了西周，一种以"家天下"的宗族血缘纽带为基础的社会关系空间体系逐渐确立，其强调以"礼""乐"制度规范空间秩序和人的社会关系；春秋时期，以孔子为代表的儒家思想继承了周礼的空间秩序，并将宗族血缘的制度依据发展成为大众人性化的规范，强调人应该在"仁""礼"等道德规范的引导下在世间有所作为。

从这一运演脉络看，中国古代社会的空间观主要表现出四点特性。一是空间与时间、物质均不可分离，庄子曾指出"有实而无乎处者，宇也。有长而无本剽者，宙也"①，这表明空间具有实体性且随时间的推移而逐渐扩展变化，空间在现实维度上没有边际，与之相对应的时间也无始无终，其中空间的无限性为世界万物的生存发展提供了载体和条件，这种地理空间上的尺度同时塑造了中国传统人文社会中对空间限度的意识，反映了空间的有限性与无限性辩证统一。二是空间的无限延展和循环往复，强调空间处于不断运动中的过程性，空间的过程性与时间的演变密切相关，传统的时间演化机制表现为按照过去、现在和未来的顺序推进，在演化过程中具体、抽象和再具体化的更替是社会空间本身存在和演变的一种基质，具体表现为空间架构的多元衍生，这种空间关涉着社会和历史的双重维度。以中国传统的"阴、中、阳"由静至动为本质结构来分析具体发展形式，这与中国传统思想家对于物质—心一体化的空间缘起、演变和再生环节的认识相一致。只不过最后的再生环节不同于原来的缘起，而是带有鲜明的新质特征，包含着对潜在可能空间的发掘和新要素空间的建构。三是空间中人的主体存在性，"天人合一""天人感应"等指向人在空间中的地位和作用，强调以神学本体论思想来构建社会空间，进而规定人的身心空间，相信人在空间上能够不断靠近无限永恒的圆满状态，实则反映了通过宇宙空间观的叙事来塑造不朽的人与物的空间神话，而现实的人的身体空间欲求则要"归顺"于神的空间的规定。四是空间的秩序性，古代社会特别注重维护社会空间的秩序，要求人们遵循一定

---

① 老聃、庄周：《老子·庄子》，云南教育出版社 2010 年版，第 286 页。

的道义和社会秩序，这既是人的生存之道，也是社会安定的要求；在中国传统的空间观中，社会空间的不断塑造增加了人与自然的联系，空间的秩序性体现在公共空间和私密空间中，在这两种空间中，社会行动必须受到道德的规范和法律的约束，这种空间秩序由于是以家族为社会细胞形成的，因而具有天然的有机性。

相比于中国古代，西方传统社会的空间观则呈现出另一番演变脉络。首先，随着古希腊的几何数学和哲学发展到较高的程度，德谟克利特最早将空间作为独立的概念来理解，认为原子是万物的基本组成，空间是容纳物质的容器，且空间这个容器随物质的生成而无限扩大；他赋予原子以大小和形状等空间特征，认为最具抽象性的空间也能够被实体的物质空间所占据，因而空间并非虚幻的载体，而是实在的物质形式。这种基于原子形成的空间观虽然在出发点上有所偏误，但呈现了对空间本质的辩证解释，以及实体物质的相互作用与空间生成之间的辩证联系。对此，亚里士多德持相反的观点，他认为空间不是实体容器，而是物质之间相互包含的位置次序关系。此外，从几何的视角出发，毕达哥拉斯学派认为"数是万物的本原"，欧几里得几何学促使二维或三维空间获得同一而固定的结构，其空间观主要体现在两个研究对象上，一是研究空间中向量之间的变化，二是具体研究空间的正向变化和对称变化，由此发展出广义的空间概念并赋予其多维几何性质，说明对空间的研究可以通过数量模型进行深层解构，这种空间观实际上继承和发展了德谟克利特的实体空间观，奠定了教育上的多维空间思维观基础。近代著名的物理学家牛顿就提出绝对的物理空间，认为在物质之外存在不会变化的绝对空间，牛顿所说的空间通常被理解为引力场，说明空间与物质都是世界的组成部分。与此不同的两种观点分别来自贝克莱和莱布尼茨，贝克莱认为"存在就是被感知"，强调存在心理感知的空间，即空间产生于人的主观经验，莱布尼茨主张空间是事物间并存的秩序关系，他意识到牛顿空间观的严重缺陷，并在对其的批判中走向了牛顿的反面，即否定一切空间的客观实在形式，"把空间看作某种纯粹相对的东西，就像时间一样，看作一种并存的秩序"①，他强调空间由存在于其中的事物之间的并存关系所体现，即空间将随着事物间关系的变化而转变，但他也夸大了空间的相对性而陷入相对主义泥潭。

西方传统的空间观经历了"数"空间、"原子"空间、"容器"空间、人存在的空间以及绝对空间和相对空间等发展阶段，追求空间与物质相互依附的稳定状态，主要存在三种视角：一是作为承载物质的实体空间，认识到空间物质性的一面，主张空间是一种感知物的方式；二是事物在同一时间并存而形成空间关系，揭示出人类参与其中的实践空间；三是社会心理空间或人的内在空间，强调人对空间的主观感受能力和主体能动性，对空间本质的研究不能脱离对人的本质属性及其现实生活过程的把握。这三种主要视角反映了西方传统的空间观集抽象性、神秘性和数学性于一体的发展趋向，一定程度上消解了身体的空间与空间的身体之间的分裂，揭示了人的身体与空间互为尺度的可能性，突出了人自身存在的独立空间，即不仅人能够存在于一定的空间之中，而且人本身也作为一种空间载体而存在，反映了人与社会空间的紧密联系，同时也体现了人与人之间通过空间这种特殊载体而具有复杂同构性。

从传统的空间观看，中西方存在一定的差异，也具有一定的共性。中国传统思想家的空间观并不是借助对物质本原的探索或量化手段推算出来的，而是他们从自然万物存在的地理空间与人在日常生活中构建的社会空间中体悟出来的。西方则善于通过几何和三角等实证科学手段来测算空间，并重视对空间进行本体论的探究，体现一种数理化和实证化的宇宙分析精神，强调空间与时间的相互转化，由此推出主体与客体的分离和转变。但中西方也存有一定共性：一是都承认空间具有循环往复的辩证特征，二是都注重从社会空间的角度发掘空间本身的生产意义。

① 〔德〕莱布尼茨、〔英〕克拉克：《莱布尼茨与克拉克论战书信集》，陈修斋译，商务印书馆1996年版，第17~18页。

（二）马克思：总体性生产的空间理论

尽管马克思没有直接细微地从空间概念角度对空间问题展开分析，但他的空间观与整个马克思主义思想体系相互证成，在其探究资本主义社会发展规律之总体性生产的线索中出场并日臻成熟。马克思所说的总体性生产指向资本主义整体的生产方式和社会关系，蕴含深刻的批判与建构意义。他设想了构建自由人联合体和走向实现人的全面自由发展的共产主义理想社会的图景。马克思所阐述的自由人联合体和未来人发展状况不是一个假想，而是他对社会进步问题相关论述的系统概括，他尤其关注未来理想社会中总体性生产关系的本质特征，在此情况下分配关系也由总体共有的生产资料社会生产所决定，个体性的劳动直接表现为在社会空间中展开的实践活动，劳动产品也直接就是社会空间中的产物。马克思针对费尔巴哈所持感性直观的自然人属性观点，确认人类作为社会存在，其本质就是一切社会关系的总和，主张人是在过去、现在和未来的实践中不断生成其本质属性，这就给其历史唯物主义理论打上生存论的本体论特质。在批判资本主义社会结构和生产模式的过程中，用时间消灭空间的历史方法是马克思的批判武器，但从他描绘的整个社会规律和发展前景看，时间与空间辩证地存在于总体性生产中。

马克思首先认识到空间的客观实在性，认为人和物质都存在于一定的空间内，指出人们之所以有历史，是因为他们必须生产自己的生活，而且必须用一定的方式来进行[①]，人的生存与发展以及由此展开的各种实践活动都是在一定的空间内得以发生和推进，即在一定的空间中进行劳动和交往实践活动；随着商品经济和资本主义的发展，在人的生活和生产活动中形成的社会关系逐渐打上了阶级的烙印，社会政治关系确定了不同的阶级、阶层和社会分工，决定了不同的生活和生产，这就是马克思关于上层建筑和经济基础的论述在空间中的隐喻，并且这种资本主义的阶级性空间在全球化的扩展，也推动着全球范围内的空间格局和空间秩序的形成，资产阶级牢牢掌握着空间

---

① 参见《马克思恩格斯文集》第 1 卷，人民出版社 2009 年版，第 533 页。

话语权，长此以往，"空间自身的固有屏障在资本的流动本能之下崩溃了"①。马克思意识到生产空间的社会性伴随资本主义大工业生产的推进而表现为相互协作的社会交往形式，认为有组织的协作是资本主义空间生产的必要路径，也是推进资本主义生产机器化的必然动力，社会化大生产"不仅是通过协作提高了个人生产力，而且是创造了一种生产力，这种生产力本身必然是集体力"②，人们的劳动过程向社会过程转变，使资本主义生产空间形成一种总体的生产力，即空间本身具有了总体的生产功能。与此同时，马克思揭示了资本主义空间扩张所招致的全球性灾难：对落后国家生产空间的剥削，造成城乡空间格局的紊乱、人们居住空间的窘迫和交往空间的萎靡。

针对这一现实，马克思提出落后国家和地区要消灭资本主义私有的空间，形成自身独立的全球性空间生产力，最终在社会主义特别是共产主义条件成熟时建立自由人联合体，实现人的全面自由发展。马克思并不是单纯站在历史决定论的角度看待空间问题，而是将人的发展置于一定的社会空间内进行审视，且只有实现人的自由全面发展和建立良好的社会关系，才能创造自由的社会空间。"'总和（Ensemble）'，不是一个人的所有关系与其他人的所有关系的相加，也不是各种各样的关系的相加，它强调的是人的本质是所有人的实践活动的产物"③，马克思之所以认为人的本质不是内在的、悄无声息的存在，是因为人的本质要依靠外在的表现形式来显现，人的本质并不是存在于静态的社会空间中等着被理论家们发现，也不单纯依靠哲学家的理性抽象，而是人们在相互联系的实践活动中共同塑造的结果。因而马克思的社会空间观并不依托单个人的自我创造，而是以个人与他人的共同实践活动为基础，这种社会空间形态不是静止的而是动态的、不是抽象的而是具体的。从这一层面看，马克思的总体性生产思想，不仅突出了社会空间能够显示自身的方位意识，更凸显了人对未来社会空间的社会超越意识，走向具有

---

① 汪民安：《空间生产的政治经济学》，《国外理论动态》2006年第1期。
② 《马克思恩格斯选集》第2卷，人民出版社2012年版，第207页。
③ 陈培永：《对马克思关于人的本质问题论断的再理解》，《思想理论教育导刊》2021年第9期。

鲜明实践指向性的历史唯物主义。

　　马克思的总体性生产思想推动了社会空间理论即总体性生产的空间理论的形成，也就是将空间范畴从哲学推向现实的社会实践领域。马克思展开对历史总体过程的反思，经历"观念的历史"叙事向"现实的历史"叙事的转变，最终形成了总体性的叙事思路。叙事是具体的，叙事的改变也是有条件的，马克思承认"观念的历史"对历史事件存在的意义，但只有终止"观念的历史"的思辨，面向具体的生活世界才能进入感性现实的"历史之境"，这意味着依寓于现实历史的辩证法与黑格尔受制于观念历史的辩证法不同，其本身表现为现实历史中人的活动特性。马克思指出现代市民社会所制造的"理性王国"并非立足现实的人类历史语境，也未能指向普遍的自由与解放，"将历史不是看作已经完成的，而是即将在未来得以实现的"①，总体性思维方法彰显了现实的人的矛盾性生存方式。马克思从社会生产的总体性实践角度反思空间，肯定社会空间与实体物质的密切关联，认为社会空间是物质生产的基本形式。

　　在对社会生产实践的具体分析中，马克思解读了资本主义社会的空间生产结构，分析了空间剥夺造成的危害②。马克思批判资本主义空间生产在总体上呈现的剥削趋势，揭示了社会形态演变与生产空间变革之间的关系，进而揭示了资本主义"建造"压迫性生产空间的内在机制。马克思主张在人的劳动基础上塑造人自身的空间形态，相信共产主义社会所形成的自由人联合体将创造出使人全面自由发展的空间内容，最终克服空间生产的剥削、压迫等异化形式。马克思关于总体性生产的空间思想具有完整的体系，兼具批判性和建构性，蕴含对空间生产正义性的诉求，不仅注重从人文角度考察社会空间的多样形态，而且分析了空间本身作为生产载体的特点及其导致的现代性问题。"整个人类史就是开辟和利用空间、创造和生产空间的历史，简言之，也就是空间生产的历史"③，这启示我们在分析空间问题时，应在掌握和

---

① 〔日〕柄谷行人：《康德、黑格尔与马克思》，夏莹译，《哲学动态》2013年第10期。
② 参见李春敏《马克思的社会空间理论研究》，上海人民出版社2012年版，第11页。
③ 庄友刚：《空间生产与资本逻辑》，《学习与探索》2010年第1期。

运用总体性视域的基础上，把握马克思空间理论的社会实践性和人文性，消除对空间的静态化和片面性认知，将平衡好空间生产与资源分配关系的理论切实应用到思想政治教育中。

（三）海德格尔：此在存在的空间观

海德格尔的空间观贯穿在其对存在问题的思考中，大致可以将其概括为"此在存在的空间观"①。在《存在与时间》一书中，海德格尔将空间划分为"世界的空间""域""此在的空间性"三类，第一类是将空间视为容纳世间万物的容器，而空间容器是独立于万物存在的；第二类指的是日常生活中各种具体的场域；第三类进一步明晰了人作为存在主体与空间的关系有别于物质的属性，人作为此在存在而置于一定的空间中，这说明人在一定空间中与其他存在者有所交往，并证明自身的此在存在。此在存在就是发生在存在者间的"去远"和"定向"，在这里，人与物都是作为对象化的存在者存在于此在空间中，故而海德格尔的此在存在空间观是以时间属性为基本依据的，"去远""定向""拉近"体现时间性的空间存在，也就是从时间性的境遇来

① 海德格尔认为，"此在（实际生命）是一个世界中的存在"［Dasein（*faktisches Leben*）*ist Sein in einer Welt*］（〔德〕海德格尔：《存在论：实际性的解释学》，何卫平译，人民出版社 2009 年版，第 82 页）有论者认为海德格尔"此在存在"意指个人生命与世界共存的空间存在。"正是这种在一定视位中每一领会和交道中已经预先具有的'先有（Vorhabe）'，现实建构起了此在如此这般的存在者之看。""此在就不仅仅是指与世界对立的对象性的个人，此在是人的生命活动与世界的共同在此存在，此在是生命活动被遭遇于意蕴的世界之中。""空间不是对象性的一种可放置物品的支架子，它是意蕴建构的周围性，在世界之中并非是指某的被放置，而是处于意蕴生成的突现场境的周围性。""直观和体验都不是一种从生活中直接提取出来的'独立行为'，而是基于此在实际存在意义的一种处境呈现。"（张一兵：《实际生命：此在是一个在世界中的存在——海德格尔〈存在论：实际性的解释学〉解读》，《山东社会科学》2012 年第 10 期）。还有论者针对海德格尔关于世界存在的生存论阐释，认为"一切'外部世界问题'都必然回到在世这一生存论基本现象上来"（〔德〕马丁·海德格尔：《存在与时间》，陈嘉映、王庆节译，生活·读书·新知三联书店 2006 年版，第 243 页），指出从意义世界揭示出此在问题，"这里的'世界'不是在人外部的客观事物的整体，而是意义的整体，是由此在投身于其中领悟和揭示出来的东西，是此在通过和事物打交道的活动而展现出的和自身相关联的事物整体之因缘意蕴世界，即日常此在当下在此的生活世界"（王颖斌：《海德格尔论科学实在的此在式结构》，《自然辩证法通讯》2017 年第 6 期）。

理解空间，此在的空间正是由于时间性的流动而被证明存在。"存在是关系着此在的基础来被理解的，因为它只有从此在出发才是可通达的，而如今颠倒过来，人的本质只在其'从存在的真理的来源'中被思考，在死面前个别化于自身的人的生存成为'绽出地栖居于存在的切近'"①，海德格尔认为在时间性中被证明的空间并不指向固定的地理位置，而是作为此在存在者的人在操劳过程中所依托的活动空间。那么处在活动中的此在存在者如何确定自身地理位置？海德格尔认为在"去远"的活动中，此在存在者总是在各种具体的事件中与其他的因素形成关系网络，并由此确证自身的空间位置，诸如此类形成的空间关系也恰恰证明了此在的存在。

在《路标》中，海德格尔通过将空间归结为"作为自身的自身世界，作为社会的共同世界和作为自然的周围世界"② 这三类来进一步揭示此在存在与空间的关系，"蕴含着人对存在的理解进而对存在理解的可能方向"③，强调此在存在源于人对存在的领悟，这三类空间无疑也是人的生活世界，生活世界空间存在的背后是无尽的空间联系，故而，这里突出了此在存在对塑造生活世界空间的主体性作用，考察人这一主体存在与自身、社会和自然中的其他存在的关系，旨在构建存在主体的自由空间，海德格尔因此发展了时间性的空间存在思想，走向了对"诗意的栖居"的冥思。海德格尔对空间关注的焦点由主体的存在者转向了存在的历史性，他透视现代技术对人们原初的栖居的毁坏，进而在"筑·居·思"的演讲中指出"一、筑造乃是真正的栖居。二、栖居乃是终有一死的人在大地上存在的方式"④。这说明人类一切的构建活动都应该建立在栖居空间的基础上。海德格尔不再执着于通过论证此在存在来揭示空间形态的面貌，而是转向关注存在本身的空间，这意味

---

① 〔德〕卡尔·洛维特：《海德格尔——贫困时代的思想家：哲学在 20 世纪的地位》，彭超译，西北大学出版社 2015 年版，第 190 页。

② 〔德〕海德格尔：《路标》，孙周兴译，商务印书馆 2014 年版，第 35 页。

③ 程金生：《"空间"与永恒——实践哲学视域中的价值问题》，江西人民出版社 2004 年版，第 22 页。

④ 〔德〕马丁·海德格尔：《演讲与论文集》，孙周兴译，生活·读书·新知三联书店 2005 年版，第 156 页。

着此在存在不必急于改造世界，而要为天地神人四重领域的存在者提供栖居，这种栖居空间并非此在存在依随时间性而产生的结果，而是人作为存在者对这四重领域的接纳和回应。海德格尔在此揭示出空间与栖居的关系，指出栖居不仅是筑造实践的产物，而且是人在世界空间中逗留的印迹或维度，进而揭示出人与空间的关系，人与其所生存的空间及整个环境处于一种恰当的融合与超越的状态，即"诗意的栖居"。海德格尔对"诗意的栖居"空间的追求，体现了对自然界被当作技术材料而进行滥用的批驳，以及对作为人类生存基础的地球空间根基被破坏的反思。这既是海德格尔对空间的思考从此在存在论向本有存在论转变的必然结果，也是其在思想方法上致力于突破传统形而上学窠臼的努力，为人类在技术时代获取全新的生存根基提供生态美学的启示。

海德格尔的此在存在空间观具有两种特性。一是他并不关注理性知识的获取路径，出发点和落脚点都是此在或人的栖居空间本身，无论是早期对此在存在空间的存在论阐释，还是中后期对诗意栖居空间的论述，都体现出他对人类社会空间的存在论关注，并指向人的生存意义。二是他的空间观具有不同时间阶段和层次性，体现出海德格尔社会空间理论的丰富内涵。"在现代社会一个明显的事实是，人类的发展过程伴随着对距离的征服，而这种对距离的征服通过科学技术的发展得以实现。在栖居保护、庇护的意义上，所有的'空间'都是'切近'的"[1]。栖居空间的形成并非易事，因为在栖居领域的整个体系中，始终存在一种向死而生的历史命运，这使现实的存在者处于一种必然关系性的宿命论存在状态，"真正的居住困难甚至比世界战争和毁灭事件更古老，也比地球上的人口增长和工人状况更古老"[2]，具体表现为科学技术对空间距离的挤压，抑制人们对技术进步的社会后果的警觉和反思，模糊了空间生存的边界。海德格尔将空间中物的个性被遮蔽、被遗忘的现状揭示出来，进而指明了人们栖居空间中绝对的远近差别，促使人们生存

---

① 史现明：《海德格尔空间观念的多重意蕴》，《江汉论坛》2018 年第 8 期。

② 〔德〕马丁·海德格尔：《演讲与论文集》，孙周兴译，生活·读书·新知三联书店 2005 年版，第 170 页。

空间的界限逐渐清晰，为当代人们在处理现实生活中遇到的空间生产及空间正义等诸多问题提供多元的分析和解决路径。

二　社会形态与空间转向

空间转向不仅具有历史性、风土性、地域性、民族性等特征，而且囊括了现有时空中实际社会生活运行的状态，空间转向在语义学上比形态建构更为恰切。就社会表现形态而言，空间可以是社会实践所依托的现实场所，这一场所承载的文化活动对思想政治教育实践具有借鉴意义。

（一）空间形态的社会特征

从传统朴素的社会空间观、马克思实践哲学视域的社会空间观、海德格尔对存在与空间的思考看，不同空间观念在现实社会中都有相应的空间形态，如中国古代社会的宇宙空间和太极、气与虚空，西方传统科学领域的物理空间、心理空间等，那么在当代的学界研究视域中，空间有哪些存在形态，经典的空间观在现代社会中又有哪些表象？我们能否形成一个与思想政治教育密切相关的空间理路？思想政治教育的研究对象是人的思想与行为及人们在社会空间中的关系等一系列现象，故而，这里所谈论的空间形态是以人为基本线索的。马克思实践哲学的社会空间观围绕人的本质"是一切社会关系的总和"展开，认为社会空间是实践活动的结果，这表明社会实践对空间生产的质量具有决定性作用，既能促使空间生产的实践范围不断扩展，又能推动空间生产的秩序趋向公平正义，故而空间在实践中具有了鲜明的社会特质，这种社会空间具体指劳动者在社会实践中共同塑造的空间。马克思并不追求理念中的空间正义，而诉诸基于现实的实质性空间正义。马克思说的"社会关系"至少包括三个方面的意蕴：一是与自然物、人相对应的社会存在者；二是与单个的人相对应的处在多样社会联系当中的人；三是同人与人之间对抗状态相对的合作式的联合性的状态。而"社会关系的总和"可以理解为具有内在协作联系的必要过程。马克思在此既揭示了人从事物质生产所依托的空间载体的社会本质，又表达了对人类在未来社会从事物质生产所形成的自由人联合体这一空间形态的期盼。

在马克思看来，所有的社会关系都产生并存在于一定的社会空间中。在《共产党宣言》《1857—1858 年经济学手稿》中，以及 1861 年至 1863 年的经济学手稿中，马克思客观分析了资本主义社会资本扩张和空间拓展的历史性逻辑，指出，"资产阶级如果不使生产工具经常发生变革，从而不使生产关系，亦即不使全部社会关系经常发生变革，就不能生存下去"①，并进一步强调资本主义在全球范围的扩张实质上是资本空间生产的结果。生产工具的革新不仅带来了生产力的发展，而且也改变着资产阶级生存的物质基础。伴随机器化大工业生产方式的推广，资产阶级意图侵占产品本身的物质基础逐渐被摧毁，这表明生产力已经发展到资产阶级的私有制所不能容纳的程度，资本主义生产关系就成为生产力发展的阻碍，而无产阶级在此社会关系中意识到资本扩展空间生产导致社会发展失衡，自身对满足空间生产正义性需要的认识越发清晰，逐渐要求获取合理的城市空间权力，建立正义的空间生产秩序。马克思据此认为，资本发展得越迅速，"资本同时也就越是力求在空间上更加扩大市场，力求用时间去更多地消灭空间"②。这就造成资本一方面侵占人的劳动力，导致人的劳动异化，另一方面又从商品消费上改变人的社会关系。马克思的空间理论是一种对经济基础与上层建筑关系的空间隐喻，用来探索日常生活和生产领域中的日益复杂的世界。马克思将空间生产、空间政治与空间权力等概念搬上了历史舞台，论述了空间的社会性质是由物质生产实践所促成的，指出空间中充满社会关系，它们推动新型社会生产关系的生成，揭示了人们的生活空间、工厂空间、城市空间以及全球空间中充斥着资本积累和阶级斗争，即资本使人们的生存困境成为社会规制的载体，导致空间中的主体即现实的人失去了自主意识，逐渐让人们"沉迷"于机器化空间。这对思考现代社会空间形态问题具有深刻启示。

①　《马克思恩格斯全集》第 4 卷，人民出版社 1958 年版，第 469 页。
②　《马克思恩格斯全集》第 46 卷（下），人民出版社 1980 年版，第 33 页。

　　马克思对人生存空间的社会特质的揭示，为人类社会这一抽象概念赋予了丰富的具体内涵，这启示我们要对人所生存的现实空间进行多层次的审视。从"类"的角度看，人的空间存在以生物空间形态呈现，作为生物空间的人，人对自身所处自然和社会空间有独特认知，这是人对地理空间方位认知的独特能力①。从全球化和民族国家的角度看，人存在于特定的文化空间中，不同国家和地区的不同地域中形成独特的民族整体性和区域群体性的文化空间。列斐伏尔认为，未来的空间形态是城市空间的时代，而城市空间具有极其复杂的系统，由经济系统和文化系统等构成②，这些系统虽然容易导致彼此之间的对立，但同时也凸显了人与诸多空间的现实链接。伴随资本对空间的逐步消解和全球化时代的推进，不同的文化以高速、全面的样式碰撞、融合，作为文化空间存在的主体的人也自然参与到这一全球性的空间交往中。从个体的角度看，人又是作为社会空间形态存在的，每个个体在社会空间中形成复杂的社会关系，进而催生了丰富的空间形态：消费空间、休闲空间、心理空间、生态空间、网络空间，等等。"社会关系的改变与社会空间的改变之间是相互促进的"③。无论是物理空间、文化空间还是社会空间、网络空间等具体空间形态，其背后隐藏的都是特殊的空间关系，人类之间、民族之间、群体之间、个体之间的空间关系不断显示出适应、竞争与超越等态势，并衍生出新的空间形态和空间关系。对这些空间形态和空间关系进行全面梳理和分析，不仅有利于把握社会空间的历史文化记忆，而且为推动对现存思想政治教育空间的反思和具体化研究提供了有益的价值参考。

① 关于作为生物空间的人，苏贾论述了女权主义和城市空间的关系，提出并分析了"第三空间"，他认为第一空间是人所生存和从事活动的现实具象空间，第二空间是人的认知与构想出来的空间，由于这两类空间存在分裂，于是"第三空间"就实现了对二者之间的界限以及沟通难题的突破，"第三空间"指向"他者的空间"（参见〔美〕爱德华·W.苏贾《第三空间——去往洛杉矶和其他真实和想象地方的旅程》，陆扬等译，上海教育出版社2005年版，第13页）。苏贾对"第三空间"的分析显示出鲜明的社会空间辩证法思想，他认为人所处的空间本身就是对特定政治权利和经济关系的反映，空间生产中自身的冲突及非正义现象则挤压着人的生存空间，这恰恰要求人们在重构空间权利结构中发挥主观能动性。

② 〔法〕亨利·列斐伏尔：《空间与政治》，李春译，上海人民出版社2015年版，第101页。

③ 冯雷：《理解空间：现代空间观念的批判与重构》，中央编译出版社2008年版，第132页。

复杂的空间关系随社会生产发展而产生变化，并在实践中进行收缩或扩张以形成新的关系网络。思想政治教育空间关系深刻打上现代性的烙印，社会转型变革中的空间变化趋势凸显。空间转向理论的批判性无疑要求思想政治教育对现代社会空间变化中的消极因素予以纠正和批判，批判的模式和修正的范式在思想政治教育实践和理论研究中得到彰显。然而，从思想政治教育规律上看，只有针对主体新的需要特征来建构新的空间结构，才能符合社会改革及新的空间变动对主体的思想政治教育要求。思想政治教育空间转向必须正视这一研究路向：光有"空间转向"的纠错性和批判性远远不够，批判与重构是思想政治教育空间转向的题中应有之义，而构建的维度还应诉诸马克思的历史唯物主义。这既有效借鉴了西方空间转向理论的分析框架和方法，又坚定了马克思主义指导思想政治教育的原则立场。

无论是马克思通过论述空间生产的社会性来揭示空间形态的社会意蕴，还是西方学者从正义角度出发提出建构完善的社会空间，都为把握当代社会多样的空间形态、审视思想政治教育的空间转向提供新的研究增长点。"马克思空间正义理论体现主体的伦理精神，能够帮助主体树立自由选择的意识，推动空间主体和客体实现可持续发展"[1]，马克思的实践哲学为解读空间的社会特征提供了历史唯物主义的分析视角，启示我们对空间形态的把握，既要以空间中暴露的现实问题为切入点，对空间形态的经济、政治和生态等维度进行多样解构；又要对空间形态的社会特征予以伦理价值层面的规范性审视，把握多样空间形态所蕴含的核心精神要义，为探索空间正义性生产贡献多样路径。从理论形态和方法论角度洞悉空间形态的社会特征，需要我们不断提炼社会空间形态的时代价值，强化空间主体从事生产活动的道德意识，构建更加公平正义的空间形态；同时从生态视角推动人们对空间形态的透视，促进社会空间与自然空间和谐共生。

---

[1] 孙全胜：《马克思"空间生产"理论研究回顾与展望》，《社会科学动态》2023 年第 3 期。

（二）空间转向的概念辨义

20 世纪 70 年代后，"空间"冲破"历史决定论"的长期主导和传统二元认识论的束缚，形成一种新的研究视角，即人文社会科学领域研究实现"空间转向"。在现代西方哲学理论视域中，空间转向是在后现代西方社会中掀起的社会思潮，体现了一种解读社会现象的视角变革，最早提出空间转向的是法国哲学家列斐伏尔，他于 20 世纪 60~70 年代开启了"空间转向"的理论研究，列斐伏尔被后来的研究者视为在研究和推动"空间转向"方面不可绕过的关键人物。列斐伏尔率先将空间维度引入对马克思主义进行理论研究的视域中，关注资本不断扩张的空间生产实质，并将对空间中的商品或物质的生产研究转向对空间自身生产的研究。这是关于"空间转向"的第一种解读，其作为一种新的研究范式"发现或发明新的方法来理解我们理解世界的方式"[1]，即开启了关于社会空间生产的理论研究。第二种关于"空间转向"的代表性研究是福柯提出"异质空间"概念，在福柯看来，存在一种与"乌托邦"相联系但又根本不同的"异托邦"，他认为世界上存在某种构成异托邦的文化属性，这就是打破传统的日常的僵化固定的同质性空间，而构建一种流动性更强的空间结构。"空间转向"的第三个推动者是大卫·哈维，他提出"时空压缩"的重要观点，意识到资本在扩张的过程中借用时间消灭空间的逻辑，以及全球的庞大空间瞬时被压缩成"地球村"，并且人们在政治、经济、文化和生态上的联系或互动也更加紧密，这种空间转向理论是将研究的关注点由地理意义的空间转向社会意义的空间。除此之外，新马克思主义和后现代主义理论家关于空间转向的理论研究形成众多分支，"吉登斯、布迪厄等社会理论大师在现代性架构下检视空间与社会的交互关系对于研究社会结构与社会过程的重要性；另一方面，后现代社会理论家采用一系列的地理概念和隐喻来探索日益复杂和分化的社会世界"[2]。建立在地理概

---

[1] 〔美〕罗伯特·塔利：《空间性》，方英译，北京大学出版社 2021 年版，第 55 页。

[2] 何雪松：《社会理论的空间转向》，《社会》2006 年第 2 期。

念基础之上的空间转向理论，再现了现代主义空间结构和社会空间的多样生存方式，既具有数学空间的技术支撑，也涉及人文学科的空间理念，能够超越对单纯实证性方法的依赖，在理论研究与建构实际的融汇中不断增强对现代社会空间复杂现象的阐释力量。

关于空间转向的理论研究形成了两条路径：一是将空间本身作为社会空间的研究着力点，即研究空间的社会化转向，二是将空间作为社会空间叙事研究的一种视角，即研究社会的空间化转向。两种视角都为我们剖析当代社会现象提供了思考的方向。尤其是以空间为视角展开的马克思主义理论研究，无论是分析马克思主义的空间生产、空间正义、空间形态，还是在空间转向层面展开对社会空间的批判与建构等，都以各种方式关注空间位置与人的生存发展方式之间的动态关系，在一定意义上影响或重新定义了思想政治教育的空间塑造。"文学和文化研究的空间转向为文学地理学的当代复兴开启了新的空间。更为重要的是，当代空间理论将文学地理学叙述重置于更为开放的场域之中"①，文学和文化研究中的"空间转向"使这一概念不仅在现实社会中转化为一种实践，而且成为理论研究中的重要议题，一定程度上带动社会科学诸多领域对空间转向理论的探讨，这有利于拓展空间研究本身的方法论疆界，将空间哲学和政治经济学探讨引入社会空间之中，使其不再局限于对文学作品进行单纯审美性分析，将求索的视角转向甚至延伸至对空间形态本身的批判与建构的复杂互动关系之中。关于"空间转向"，除了探析其理论渊源，还要对其内涵作出时代性的界定。理解"空间转向"的理论内涵，离不开对以下两个问题的回答：一是"空间转向"何处？二是"空间转向"的目的为何？

首先，"空间转向"是在社会科学领域的研究中由时间维度转向空间维度。由于现实实践的特殊需要，马克思主义理论更突出历史时间的研究指向，故而长期存在运用历史辩证法对资本加以批判的倾向，由时间转向空间则是空间转向的基本要义或第一层含义。其次，马克思主义理论中并非不存

---

① 刘小新、颜桂堤：《空间转向视域中的当代文学地理学重构》，《东南学术》2022 年第 6 期。

在空间理论，"马克思揭示出在客观的表象外衣下隐藏着各种基本社会关系之社会理论的空间转向内核，这实际上隐约论及空间的社会性，而这恰恰是1970年以后马克思主义空间理论之要义"[①]。马克思在剖析资本主义生产方式的过程中逐渐揭露其背后生产关系的空间逻辑，"空间转向"也是一个逐渐突出社会化特征的过程，因此，"空间转向"的第二层含义是从地理空间转向社会空间，其背后的空间逻辑和转向目的是由占领土地转向对意识形态领域的争夺，从而使空间中的问题和危机受到普遍重视，而这种空间的交往和竞争性关系又在交互的空间实践中不断生成，并衍生新的空间；与此同时，"'地缘政治素养'将空间思维理论化，拓宽了传统地缘政治观念，而这种空间思维又可补充历时性所主宰的历史叙事"，[②] 伴随全球化的发展，全球地理空间概念得到越来越多的关注，不同地域的空间主体所形成的交往关系在此过程中倾向于通过全球地理空间的叙事得到体现，通过地域性空间向全球地理空间的转变，空间转向的理论特质和价值旨趣也得到淋漓尽致的展现。

综上所述，可以将空间转向的概念表述为：在研究社会领域中的问题时将视角由时间优越性转向时空交互并突出空间的优先性，在具体的空间转向上由地理方位意义上的空间转向社会化的空间，转向对现代社会空间规律的探索，这是一种不同于传统哲学的思维方式和实践导向。

（三）空间转向的概念辨义

从对"空间转向"的概念及其内涵的解析中可以看出，无论是由时间转向空间，还是在具体的空间上由地理空间转向社会空间，以及未来转向网络空间或"超空间"、"第三空间"等，都是基于社会批判理论的"空间转向"，旨在探索"空间转向"的社会文化潜能和政治潜能。学界之所以提出"空间转向"，是因为对社会现象认识的深度已经触及空间领域的问题意识，"这

---

① 何雪松：《社会理论的空间转向》，《社会》2006年第2期。
② 〔美〕苏珊·斯坦福·弗里德曼：《图绘：女性主义与文化交往地理学》，陈丽译，译林出版社2014年版，第12页。

就是空间危机，即人在这个世界上的生存困境遭遇到前所未有的危机"①。在马克思主义诞生的时代，空间危机已经引起初步关注，尽管马克思着重通过研究社会制度和社会历史的发展规律来分析资本主义的运行逻辑，但其落脚点还是强调要为人民争夺空间的领导权。随着对资本主义社会矛盾分析的深化，这种争夺空间领导权的认知对象也由领土转为空间中的物质和人的意识世界，这是从对资本主义意志和逻辑的批判中得出的结论，也是对资本主义空间逻辑所引发的空间危机的揭露。在列斐伏尔的空间视域中，空间是社会的产物，"空间，看起来好似均质的，看起来其纯粹形式好似完全客观的，然而一旦我们探知它，它其实是一个社会产物"②。这意味着空间是社会的表现形式，空间就是不断变化的社会。然而，尽管空间中的物质在不断变化，资本主义社会主导的空间形态及其运行机制在相当长时期内是不变的。

列斐伏尔一方面从宏观上指出资本主义城市化对现代社会城乡结构的均质化改造，另一方面从微观上批判资本主义模式下的人们日常生活空间的庸俗化。这表明"空间转向"作为社会研究和分析的重要领域逐渐得到认可，理论界开始重新审视社会生活中的空间性，将以往对研究对象的时间性和历史性的"青睐"转到空间上来，赋予空间相比于其他研究视角的"优先权"③，体现在促使空间成为人文社会科学研究的基础。"空间转向"则具有了一种将空间本身视为研究核心对象的意蕴，这促使"空间转向"视域下的空间本身具备服务于其他领域研究主题需要的功能，正如"空间"在福柯的空间转向理论中不仅是探讨知识和权力的视角，而且与知识和权力共同成为其构建规训理论的基本要素，突出了空间转向鲜明的社会意涵，空间转向和空间理论正在现实社会的研究和叙事中发挥越来越基础的作用。西方人文社科领域形成的"空间转向"，目的在于恢复被时间和历史遮蔽的空间主体地位，突出空间相对于时间在分析盘根错节的社会关系上的重要地位，同时也

---

① 童强：《空间哲学》，北京大学出版社 2011 年版，第 11 页。
② 包亚明主编《现代性与空间的生产》，上海教育出版社 2003 年版，第 62 页。
③ 〔英〕安杰伊·齐埃利涅茨：《空间和社会理论》，邢冬梅译，苏州大学出版社 2018 年版，"引言"第Ⅳ页。

倾向于标榜社会空间相比于自然地理空间在确立空间主体性上的优先地位。这一空间的主体性和优先性主要是指将人所处的社会空间作为基本要素进行审思，对人的社会实践及其形成的社会关系展开空间结构化的分析和叙事。"空间转向"的社会性意涵体现在其既是对空间危机的社会性观照，又是对社会问题的空间性解读，从这个层面上说，"空间转向"就是空间的社会化转向，将社会中的各种空间形态、空间关系纳入人的视野和意识中，以引起人们对社会化空间危机的重视并推动人们探索解决路径。

物质与意识的辩证关系维度是社会化空间存在的基础。"就意识形态表现为一种自在的存在、独立性的外观而言，它是虚假的，就意识形态与现实的生活必然关联而言，它又是真实的"①。这反映了马克思对意识形态与社会生活必然关联的把握，"不同意识形态间的相互对立，不仅有其'虚假性'的一面，而且还有其'真实性'的一面"②，社会空间随着城市化的发展逐渐生成，一方面，从农村空间与城市空间的社会化演变进程看，这一过程是由众多社会要素推动形成的，其主要影响是推动生产力和生产关系的再生产，原有基于乡缘、血缘关系的农村空间格局被打破，逐渐朝着由业缘、趣缘主导的城市关系过渡，这里面隐含着保持城市化平稳发展的独特机制，也使得社会中的人与城市空间处在一种主体与载体互动的张力关系中。城市是人进行劳动生产的基础，城市空间也是人的劳动生产的必然结果，而人又具有创造整个社会空间，包括物质空间、精神空间等社会功能。另一方面，"整个社会世界就是不同空间的整合"③，城市化推动城市空间生产的过程也是城市空间具体、细化的过程，它带来了住宅、工厂、商店、交易中心、文化中心和娱乐休闲场所等各种景观空间，如德波在《景观社会》中指出的，"在去除地理上的距离的同时，它也以景观分离的形式制造了一种新的内在

---

① 吴晓明、陈立新：《马克思主义本体论研究》，北京师范大学出版社 2017 年版，第 10 页。
② 曹瑜：《唯物主义的内在逻辑：形而上学（后）现代性的超越之镜——以马克思主义物质观的基本向度及其存在论意蕴的再揭示为视角》，《教学与研究》2018 年第 4 期。
③ 张广济、计亚萍：《社会空间的理论谱系与当代价值》，《东北师大学报》（哲学社会科学版）2013 年第 3 期。

的距离"①，这些"新的内在的距离"实际上代表了城市空间的生产和消费符号，这些符号不断创造着新的空间，但在根本上符合自身的价值逻辑不会发生变化，只不过在现代文明和科学技术高度发达的今天，这种生产与消费过程由更加科学的社会关系系统来支配，这就是社会化空间的辩证法，其创造了整个社会空间。

"空间转向"的社会意涵尽管突出了空间本身的主体性和优先性，但并不意味着否定或消解时间维度。空间与时间共同构成人们社会生活不可或缺的存在维度，列斐伏尔晚年也承认时间与空间具有几乎等同的地位，苏贾的"第三空间"理论也并不是以牺牲时间为代价。那么在"空间转向"之后，尤其是在城市的社会空间当中，如何把握时间的地位和作用，这也是理解"空间转向"社会意涵的内在问题。"空间转向讨论的'空间'不仅是研究中心，还上升到了哲学本体论层面"②，进行这一哲学本体论的探讨是为了彰显空间本身的社会主体性和优先性，但并非完全割裂空间与时间的社会联系，"重思空间与时间，对于理解整个研究计划具有本质意义"③，对空间本体论的探讨离不开对时间维度及其作用的思考。"空间转向"后的空间理论研究本身呈现宏大化的论述和叙事倾向，形成一种主体通过社会实践而持续在场的空间观念，这种观念体现了在"空间转向"的社会意涵中不间断的时间性，空间主体的能动作用也要通过一定时间的持续方能得到体现。这种空间与时间共同作用的机制，才不会导致空间或时间任何一方被遮蔽或被忽视。

三　思想政治教育空间转向的概念与特征

思想政治教育的空间转向需要在自然与社会的空间关系中，形成有一定

---

① Guy Debord, *The Society of the Spectacle*, Trans. by Ken Knabb, Canberra: Hobgoblin Press, 2002, p. 167.

② 陈长松：《基于空间三元辩证法的移动传播"空间形变"研究》，河海大学出版社 2021 年版，第 18 页。

③ Stuart Elden, *Understanding Henri Lefebvre: Theory and the Possible*, Continuum Intl. Pub. Group, 2004, pp. 169-170.

规律和规则的、可互动的和能协调的逻辑关系，在地理空间、思想空间与社会空间中，保持人的思想品德与社会主流意识形态的辩证统一。因而，理解思想政治教育的空间转向的概念和特征，有助于揭示人们思想空间的拓展过程，包括价值参照、理性认识和政治品格等，这些思想空间要素都将反映在思想政治教育空间转向的建构过程中。

（一）思想政治教育空间转向的基本内涵

思想政治教育的空间转向是近年来学界提出的一个新概念，主要指思想政治教育理论研究和实践范式的空间转向，通过引入空间思维方式引起人们对思想政治教育空间意义的重视。思想政治教育空间转向的概念有一个发展过程。早在 1986 年，就有学者提出，由于思想政治教育的时空和教育对象均已产生了变化，这催促培养目标的改变，同时也迫切需要改变我们的思想政治教育中的一些传统观念。这启示我们要从空间角度转变思想政治教育观念。1995 年，有学者提出要从思维空间、理论空间、实践空间、教学空间和文化空间五个方面"拓展思想政治教育的空间"，指出思想政治教育"面向世界是空间的扩大；面向未来是时间的延伸；面向现代化，就必须用现代教育观念和教育思想"[1]，由此引起了学界对思想政治教育空间拓展和独立性发展的重视，推动形成空间的拓展必定与时间、时代特点和现实发展要求相结合的观念。2004 年，学界的深化探讨产生了一些代表性观点，如有学者提出要"拓展网络思想政治教育工作新空间"[2]，有学者提出"实现思想政治教育的科学发展，必须坚持思想政治教育的社会化取向，……以'全过程、广覆盖'为原则开辟教育场所，实现空间扩容"[3]，推动空间视域思想政治教育专业的转型发展。这些关涉思想政治教育空间的观点，集中从空间角度解读思想政治教育的社会地位和功能，为思想政治教育的空间转向奠定了一定的理论基础和现实基础。2017 年，卢岚在《论思想政治教育变革的空间转

---

① 杜遂渊：《拓展思想政治教育的空间》，《思想教育研究》1995 年第 2 期。
② 赵艳霞：《拓展网络思想政治教育工作新空间》，《思想政治教育研究》2004 年第 2 期。
③ 邓纯余：《社会空间理论视野中的思想政治教育》，《学术论坛》2013 年第 4 期。

向》中正式将思想政治教育的空间转向概念纳入学术研究视野中，据此，有学者从社会空间理论基点出发，结合当代中国社会转型时期思想政治教育的理论与实践，指出"思想政治教育的空间转向旨在打捞沉积的要素，扭转被遮蔽的意义，凸显空间对人的意义以及空间创造社会生活的行为"，并且指明了"空间转向旨在探讨思想政治教育与社会空间的互构关系"①，这就赋予了思想政治教育挖掘和重塑新型的社会空间因素的角色和功能。

西方空间理论研究者从马克思主义的空间理论中"发掘"出长期被冷落的空间力量，转向以空间为主导的研究视角和叙事范式，即开启"空间转向"研究。空间转向的引入确实对思想政治教育理论研究和实践产生了启发效应，但这一理论毕竟是西方社会的批评理论，研究思想政治教育的空间转向就自然不可回避以下几个问题：一是研究是否有将空间转向理论强制植入思想政治教育理论中的嫌疑；二是如何应用空间转向理论来构建现代思想政治教育空间；三是研究思想政治教育的空间理论是否会导致对西方空间理论甚至是西方社会理论话语的趋赴而掩盖马克思主义的根本指导地位。

针对这些问题，本书以我国社会变革发展为背景，审视外在空间的变化对人的思想空间发展的影响，探索总结思想政治教育空间的形态演变。思想政治教育空间存在多维性，不仅包括物理层面的地理、建筑和社会等外部空间，也包括思想意识层面的精神、心理等内在空间，从微观视角检视思想政治教育的多维空间，促使其在实践中更加有效地释放内生动力，这不仅符合新时代思想政治教育优化空间功能以突出空间人文价值的内在要求，也与马克思主义空间生产理论的当代性高度契合。空间转向理论的引入为多重思想政治教育空间研究提供了新的分析框架，开辟了思想政治教育新的研究生长点，形成思想政治教育的空间转向的研究范式。思想政治教育的空间转向具体指向研究范式的空间化转向，一是从当下社会空间中发掘被遮蔽的碎片化空间动态，二是从关注现实空间转向探索现实与虚拟共存的空间生态，以此构建思想政治教育与诸多社会空间的关系性话语格局。教育者、受教育者外

---

① 卢岚：《论思想政治教育变革的空间转向》，《思想理论教育》2017年第3期。

部空间与内部空间的关系、两种主体间空间间隙的关系，等等，源自一定的社会关系并构成新的社会关系图景。

思想政治教育的空间转向是社会转型中人与社会共同发展的必然结果，人们思考思想政治教育的空间转向问题离不开对思想政治教育的社会性定位。西方人文社科领域中的空间转向理论与多样叙事范式确实给思想政治教育的研究和叙事带来新的理论契机，使得那些在思想政治教育中带有隐蔽性或边缘性的空间问题得到人们的关注，将思想政治教育实践现场的丰富内容和真实场景显现出来，包括使思想政治教育实践空间场所朝向社会空间的维度敞开，以及日常和科学的思想政治教育理念向着现实多维的空间经验展开①。在空间社会形式和实践内容的交织指引下，思想政治教育的空间转向在发掘现代社会发展的新理念的实践中彰显独有的批判与建构精神，具体表现为思想政治教育的实践空间从背景式的具象化存在转变为认识论与方法论思维上的完善——扭转以往空间依托时间而存在的状况，在对思想政治教育多维空间改造的过程中把握空间本身作为物质与形式的辩证统一的存在样态。

思想政治教育的空间转向概念一经提出，就引起学界的积极关注，学者们从不同的社会空间视角出发研究了思想政治教育空间的社会意义。有学者认为思想政治教育的空间转向是思想政治教育功能在社会空间中的一种延伸，"思想政治教育空间指的是思想政治教育在一定范围内运行活动广延性和伸展性"②。也有学者认为当前亟须关注的是思想政治教育在网络空间中的地位和作用，"思想政治教育公共性要体现马克思主义理论的实践品格，以'改变世界'的内在精神进入网络空间，完成思想政治教育公共性的网络'空间化'转向"③，将思想政治教育的公共性融入网络空间实际上就是发挥思想政治教育在认识和改造人的精神世界中的独特功能。这些观点指明了思想政治教育空间在现代社会中转向的动态性，基本厘清了思想政治教育空间

---

① 参见石艳《我们的"异托邦"：学校空间社会学研究》，南京师范大学出版社 2009 年版，第 12 页。

② 汤玉华、王仕民：《思想政治教育空间多维性风险探析》，《广西社会科学》2017 年第 6 期。

③ 陈宗章：《思想政治教育公共性的网络"空间化"转向》，《广西社会科学》2015 年第 9 期。

转向的社会性方向。

思想政治教育的空间转向是主客体的辩证统一，体现主体实践与思维的共存。苏贾指出："空间性—历史性—社会性的三方面的情愫，正在带来的不仅是我们对空间思考方式的深刻变化，同样也开始导向我们历史和社会研究方式的巨大修正。"①"空间转向"不仅指向认识论与方法论思维方式的革新，其中的空间不仅作为研究对象，而且作为反思社会现象的理论工具。这对于把握思想政治教育空间转向的基本内涵具有重要启示，思想政治教育空间不再是单一的活动场景或叙事背景，而是作为思想政治教育主体实践与叙事的生存体验性存在，这一空间"同时是内在深处和外部，即空间在外部已经是精神的内在深处，而那个内在深处在我们身上是外部的实在"②，思想政治教育的空间主体与客体不仅在课堂上而且在更为广阔的社会空间中焕发全新的生机活力，故而思想政治教育的空间转向在更为具体的层面指向将实践建立在空间基础上、将叙事中的常规的静态性经验转变为动态的关系性存在。

思想政治教育是做人的思想工作的活动，人处在一定的社会空间中，有特定的社会空间角色和社会空间关系，形成自己的物质空间、精神空间、交往空间、审美空间等多维空间形态。人在一定空间中生存的意义深受社会空间变革的影响，尤其是在信息化时代，人的集体道德冷漠和身份认同的焦虑感等问题与其所处的社会空间密切相关，处于不同社会空间的人，在复杂的社会空间关系场域及不同场域的交互中，基于主体利益的空间个体化思想与社会空间的共同价值之间的矛盾与斗争在现实社会空间和网络空间中表现尤为突出。综观以往的思想政治教育实践与叙事成果，大多是基于时间维度而推进，一定程度上遮蔽了对空间维度的探索，由此导致思想政治教育相对缺乏对空间维度的关注，也相应削弱了实践与叙事的完备性。这拷问着思想政治教育现代性价值，这就要求思想政治教育必须回应时代诉求，转变传统的实践理念和方式，从教育主体的经验角度来了解其所处的世界及世界观，而

---

① 〔美〕爱德华·W. 苏贾：《第三空间——去往洛杉矶和其他真实和想象地方的旅程》，陆扬等译，上海教育出版社 2005 年版，第 3 页。

② 〔法〕莫里斯·布朗肖：《文学空间》，顾嘉琛译，商务印书馆 2003 年版，第 130 页。

不是用某些社会上或学术上现存的偏见或刻板印象来了解或评断一种社会现象或一个事例①。只有促使基于抽象的空间逻辑的实践转化为具体的空间实践，才能尽可能缩小或弥合对人的思想观念形态与现实实践形态之间关系进行叙述的鸿沟，使得思想政治教育空间不仅成为主体从事教学活动的场所，而且为展示主体心理活动和塑造形象提供重要工具。这也意味着思想政治教育的实践活动要深入主体之间的文化空间、社会空间和心理空间等展开，进而真实展现人在思想政治教育活动中的存在方式及个性化叙事的多样性。

从马克思主义总体性的视角来看，所谓思想政治教育的空间转向，指的是探究其活动方式和叙事过程的空间化转向，将受教育者的思想和行为状况视为一个复杂的空间结构，并将之置于整个社会的复杂系统中考察其空间意义，进而从日常生活空间和微观事件中关注受教育者思想行为的运行实际及其产生的结果。这一转向过程涉及四个层面的意义。

一是承认或建立一座桥梁，即在社会空间和人的个体空间中，发掘存在于思想政治教育空间活动中的能够沟通社会空间和个体空间的真正对象。从社会学的角度进行分析，人既是社会关系的集合，同时也是处在特定空间中的并置性存在，从这个意义上说，思想政治教育的空间转向过程中的实践不应局限于学校场域，应开展囊括学校教育、家庭教育和社会教育的广义思想政治教育。这种广义的范畴实现了实践活动的空间并置，也体现了时间层面的连续性。

二是思想政治教育的空间转向不是生搬硬套空间理论，而是在原有厚重的理论基础上扩充空间意义，以承担起自身在探索社会空间问题中的独特职能。"空间是政治、经济、文化等在社会实践中形成的同构体，反过来空间的社会性、文化性和物质性通过影响教育场域中的人实现空间自身的再造"②，思想政治教育的空间转向在现实展开中主要表现为实践的空间化过

---

① 参见马维娜《质性研究的复调叙事》，《华东师范大学学报》（哲学社会科学版）2020年第2期。

② 闻天阳：《教育叙事的空间转向：实质意涵、出场逻辑与路径选择》，《当代教育科学》2023年第6期。

程，这一过程融入了思想政治教育空间的生产和再生产过程，典型的表现是受教育者在思想政治教育实践的空间化过程中具备对自身"身体体验"的意识。

三是社会转型带来的社会空间的转变是客观事实，思想政治教育的空间转向是在这一客观背景下形成的。社会空间的转型并非"单刀直入"式地把握作为主体的受教育者的当下体验，而是将其现在与过去、未来连接起来，使得受教育者对教育内容有更为深刻的感悟和体认。

四是思想政治教育的空间转向不仅体现了社会转型期的必然要求，而且也在探索空间问题中构建了自身的理论体系。"在现实中，思想政治教育存在单一化与绝对化的意识形态危机，这就需要在空间整合策略中，改变过去单一、平面的空间状况，实现多元、立体的思想政治教育的空间维度"①，而思想政治教育的空间转向过程同时也是其融入社会空间本身的理论性、思想性实践，有助于思想政治教育形成具有传播力和感染性的意义空间，具体表现为个体性空间和公共性空间相耦合，在此过程中突出主体的空间意识形态，促进思想政治教育系统内部诸要素不断优化以满足主体需要，进而促进思想政治教育自主知识体系的建构和理论体系的更新，形成更加立体和开放的思想政治教育空间系统。

改革开放以来，中国特色社会主义现代化建设不断踏上新征程，社会发展取得新的历史成就，社会主义核心价值观的具体内涵在提出后也不断丰富发展，社会主义意识形态和社会公共秩序处于动态调整中。思想政治教育实践也经历了改变实践目标、实施过程、实践方式等一系列改革，这些改革是应对经济全球化时代背景下纷繁复杂的社会思潮的挑战和各种机遇所作出的时代构思，尤其是在社会发展的转型期，物质与精神发展、理论与实践发展等处于不对等的状态，人民对美好生活的需要与现实发展实际的满足程度还存在差距，在面对多元价值形态和人们的自我表达需要时，与社会空间中其他各要素和单元的迅猛发展势头相比，思想政治教育的空间生产仍处于"弱

---

① 温在溪：《思想政治教育空间转向的多元探索》，《学校党建与思想教育》2019 年第 18 期。

势"境地，包括其自身的生产意识薄弱，研究范式式微和实用方案乏力，这势必导致人们思想认识模糊和对自身精神认知的逃避。

（二）思想政治教育空间转向的结构性特征

作为一种新的研究理路和实践路径，思想政治教育的空间转向有其完整的体系结构和独特的结构性特征。所谓体系结构就是指一系列观念、思维、价值以及行动过程等要素相互作用形成有机整体，虽然思想政治教育与社会空间理论各有其侧重的研究对象和目的，但二者归根结底都要落实到人的社会性问题上，故而思想政治教育的空间转向不是思想政治教育理论与社会空间理论的机械叠加，而是建立在两者共同思想主题和行动基础上的有机契合。海德格尔曾经指出："空间绝不是人的对立面。空间既不仅是一个外在的对象，又不只是一种内在的体验。"[1] 人们之所以能够通过内在体验来把握思想政治教育所涉及的文化空间、社会空间和心理空间等具体空间形态，关键在于这些具体的空间形态在思想政治教育实践当中具有存在论意义上的本质联系，思想政治教育的具体实践所依托的实体性空间并不是与理论思辨的空间相分离，而是在彼此之间形成了具有一定关系性的结构。按照布迪厄提出的"场域"理念，现实关系性的结构空间建立在抽象的空间概念之上，空间形态表现为具有关系性的结构[2]，这种关系性结构使思想政治教育实践过程中人与人的关系表现为空间与空间的关系。以文化空间、社会空间和心理空间这三大基本场域为例，文化空间在思想政治教育主体间交互活动中形成一定的情感氛围，主体在对客体的改造中创造出一定的文化空间，这是社会空间对文化空间持续发挥作用的证明，心理空间则是主体对空间的感知形式，因主体主观能动性的差异而存在区别。三种场域将空间概念引入思想政治教育实践和叙事的结构之中，在思想政治教育的具体实践中实现了知识体系建构和思想延伸的同频共振，在具体的叙事中也塑造了以空间为考察角

---

① 〔德〕海德格尔：《海德格尔选集》（上），孙周兴译，上海三联书店1996年版，第1199页。

② 参见〔法〕布尔迪厄、〔美〕华康德《反思社会学导引》，李猛、李康译，商务印书馆2015年版，第131页。

度、阐释向度和叙述维度的独特结构。

从内容构建的角度来看，思想政治教育的空间转向具有逻辑严密的内容，它始终围绕解决人们对社会价值的认同和社会秩序的遵循等问题展开。随着社会空间的变动，人在社会空间中的位置、角色以及相互之间的关系呈现动态变化，那么思想政治教育空间转向的内容在结构上也必然会做有针对性的调整，在价值观的引导、道德意识的激发和法律知识的解读等方面都转向微观和细节层面，从绝对的理论权威转向相对平等开放的理论平台，从教材上的理论阐释转向社会性、主观性的实践化理论，在不同空间中发掘思想政治教育丰富的实践意义，一方面凸显了思想政治教育价值的空间意义，另一方面在空间转向的过程中，通过不同社会空间中的内容交互传播而丰富并构成新的思想政治教育认知内容。思想政治教育空间转向需要在合规律性与合目的性的实践中，持续结合外部状况来促进思想政治教育系统内部要素优化，以回应社会空间的转型对思想政治教育多元空间带来的机遇和挑战①。思想政治教育面临的基本问题是关注人的思想与精神领域产生的冲突和裂变。尤其是在当代人类社会日益碎片化的生活空间中，促使人们认识到自身的思想冲突，唤醒被遮蔽的空间记忆，也构成了思想政治教育在空间转向中把握并融进人心的重要内容，其不断塑造人们生活世界中独特的空间结构，同时也为思想政治教育的空间转向拓展新路径。思想政治教育的空间转向在内容上要从"缺席"走向"在场"，思想政治教育的活动空间从单一走向多元、从无序走向秩序、从相对密封走向更加开放，从碎片化空间中整理出有序的空间内容，最终在学校、家庭和社会三种空间中形成无缝衔接的思想政治教育空间实践和叙事内容，进而对人的思想或精神形成引领。

从整体的科学体系建构维度来看，思想政治教育空间转向的内容建构必须置于整个实践活动框架中，而整个框架囊括社会空间环境的结构、受教育者的思想实际空间结构和思想政治教育内部空间结构。社会空间结构日趋多

---

① 参见侯勇、孙然《高校思想政治教育空间整合：目标、力量与机制》，《思想教育研究》2018年第 3 期。

样，全球化城市化进程生成新型城乡空间二元结构，人口的空间流动、资源配置空间变动、权利分配的空间位移，容易推动原有的熟人社会逐渐过渡到陌生人社会，人们原来熟悉的关系模式在此种环境中如何寻找新的关系寄托，这是城乡空间结构变动提出的问题。信息技术的发展推动虚拟空间的形成，现实空间与虚拟空间并置的结构给现代人的身份认同和交往蒙上一层疑虑，并催生新的生存空间模式；在这种社会空间结构变动的环境中，受教育者的思想空间结构也更加复杂，整体上由被动地接受内容到彰显主体性的信息交换和价值交互，不同受教育者之间、受教育者与教育者之间的思想空间结构在交互中体现差异，思想空间结构也因此更加包容、开放和自由。低层次的空间结构如何以高层次的空间结构为参照系，促进彼此空间结构的优化，是思想政治教育空间转向亟待解决的问题。

关于思想政治教育空间转向的主要任务，除了对人的思想空间建构进行引领外，还要维持社会空间秩序的稳定，具体表现为思想政治教育科学体系的建构要起到维护社会公共话语权的作用①，而发挥这种维护作用需要思想政治教育在空间转向过程中构筑一定的体系，进入社会空间的公共话语并成为其组成部分。思想政治教育有其独属的空间结构，包括特殊的理论基础、思维方式和实践经验，思想政治教育空间转向的体系结构就是在保持原有空间的基础上，实现空间结构转变，转变的依据在于社会空间结构和受教育者思想空间结构发生动态变化，转变方向就是对社会上各种空间形态和受教育者日常空间状况加以深刻认识和系统总结，从空间的意义上揭示并分析当代思想政治教育研究对象的特殊矛盾及其矛盾运动的规律。

从思想政治教育空间本身的关系性结构维度来看，空间转向是在确定了空间维度之于思想政治教育实践和叙事价值的基础上，将空间概念引入思想政治教育的结构之中并以社会空间的思维去审视实践和叙事现场，使其沿着人存在的多维空间形成关系性结构。"人是构成社会结构的核心，其关系结

---

① 参见张世昌《思想政治教育话语空间之现状述评》，《湖北社会科学》2019 年第 2 期。

构的良性发展是社会得以运转的前提"①，社会空间结构的变动必然影响人的思想空间结构，而人的思想空间结构的变动必然对社会空间结构产生影响，这是二维互动的结果。这一互动逻辑的基本要义是要求思想政治教育的空间转向予以调整、完善其空间结构，以适应社会和人的空间结构差异及应对各种冲突和矛盾，尤其是针对一定空间内人的社会关系的矛盾，必须构建良好的空间关系和空间秩序，形成思想政治教育的空间共同体。因此把握思想政治教育空间转向的结构性特征，对于厘清人的思想空间与社会空间之间的关联具有现实意义。

在福柯看来，"20世纪预示着一个空间时代的到来，我们正处于一个同时性和并置性的时代，我们所经历和感觉的世界可能是一个点与点的相互联结，团与团之间相互缠绕的风格"②，空间转向理论本身在转变过程中形成了将政治、经济、文化等空间形态涵括进来的能力，多样的空间形态在人的社会实践中形成具有同构性的共同体。在思想政治教育的空间转向中，空间的文化性、社会性和心理性等通过影响人的思想领域来实现空间自身的改造和再生，使得人存在的诸多空间形态形成动态性交织的关系，即人的一切空间形态所发生的变化都与思想政治教育空间结构的变动相牵连，具体表现为思想政治教育的概念思潮、理论知识体系构建、实践展开过程以及叙事都离不开空间维度的介入，进而通过思想政治教育的空间功能来塑造理论与实践之间全新的链接方式，使其发挥引领人的精神和塑造社会秩序的作用。在思想政治教育空间转向的过程中，人能够对自身在某种具体空间形态中的"在场"或"缺席"状态有清醒认识。

思想政治教育在宏观理论层面依赖马克思主义的指导，同时在微观上具体关涉历史地理唯物主义的理论；思想政治教育空间转向在内容、体系和空间三个层面的结构性特征说明，当今的思想政治教育致力于在理论上把握现实实践中出现的多种空间形态之特殊功能及意义，并确认社会空间的变动对

---

① 卢岚：《论思想政治教育变革的空间转向》，《思想理论教育》2017年第3期。
② 包亚明主编《后现代性与地理学的政治》，上海教育出版社2001年版，第18~28页。

思想政治教育空间转向具有关键作用。社会学界对社会空间的本质基本上达成共识，即社会互动。马克思主义理论视域下的社会空间，指向社会生活领域中的空间。在社会生活领域进行互动产生的空间不仅是在地域范围上对其进行"标志"，而且构成社会空间意识的来源，由此确定人们在社会空间内共同行动的结构和趋向。思想政治教育空间转向过程中塑造的新型空间形态离不开人在社会空间中展开的互动实践，并且这一互动受到思想政治教育空间与社会空间的结构性制约。"不同的社会场域被整合成一个代表性地域，能够代表社会整体利益的行动场域"①，场域并不是独立存在的空间形态，而是诸多空间形成的关系系统，以空间概念展开的思考在实质上就是从关系角度对系统结构进行探索。

　　改革开放以来，城市社会空间发生了一定程度的解组和重组，城市的社会空间也成为争夺话语权和其他利益的聚集地，这些变化给思想政治教育本身的空间转向带来一定冲击，其主要表现为人们对自身所处诸多空间结构关系认识的差异与认同的分化，人们在社会空间中的互动关系遭遇一定阻碍，比如"身体的靠近和空间的狭小仅仅使得精神距离更加可见"②，容易强化人们在空间上的分散状态。这都对思想政治教育的空间转向过程提出一定要求，即要及时关注人们在社会空间中的互动情况及关系变化状况，厘清人们思想行为的变化与社会空间之间的真实关联，增进人对社会空间这一公共场域的认同，在推动思想政治教育的空间转向中打造以促进人的社会互动为手段、以社会空间结构为基础的秩序性共存的格局：既塑造特色的社会空间景观，又回馈于思想政治教育空间的构建。

---

① K. P. Wilkinson, "The Community as a Social Field", *Social Forces*, Vol. 3, 1970.

② 包亚明主编《现代性与空间的生产》，上海教育出版社 2003 年版，第 88 页。

第三章　思想政治教育空间转向的现实依据

　　在思想政治教育空间转向的过程中，空间概念及其意义在思想政治教育中的地位逐渐恢复，但由于缺乏空间方法论的自觉，思想政治教育空间转向的现实依据为何的问题有待进一步解答。尤其是因为空间转向的概念极具抽象性，这使人们在概念上对思想政治教育的空间转向形成高度认同就具有一定难度，因此，需要在实践维度上充分关注社会空间结构的变动和思想政治教育主体的思想和行为的现实状况来把握这一概念。在对空间、空间转向的理论分析中，对思想政治教育空间转向的概念和属性、特征作了初步探索之后①，就要对这一概念进行具体化的学理性分析，这是延伸思想政治教育空间转向概念的基本要求，也是为今后深化理论研究和推动实践发展寻找基本依据。思想政治教育的空间转向既要梳理空间转向的一般理论，又要观照思想政治教育的现实状况和发展规律，这体现了社会主义意识形态的核心导向。因而，我们需要立足于人的思想流变和现实实践发展状态，从空间的视角给予特殊的构思，在此过程中继续探究以下几个问题：人的思想和行为实践需要是否具有空间意义上的合理性；思想政治教育的空间转向能否为当前遭遇的种种困顿提供新的出路；作为一种外来的理论体系，空间转向"移

---

① 参见卢岚《思想政治教育空间转向的缘起、动力机制与价值勘定》，《中国矿业大学学报》（社会科学版）2021 年第 4 期。

植"到思想政治教育的实践领域是否具有合适的土壤；思想政治教育空间转向的目的何在。针对这些问题，本章从人的空间实践的现实需要、思想政治教育空间转向的必要性、可行性三个重要方面展开论述，并为确定思想政治教育空间转向的目的奠定基础。

一　人的空间生产实践的现实需要

人在社会空间中的实践活动，会伴随年龄增长而逐渐深入，并且社会空间的思想政治教育作用也越来越大。除了家庭和学校，社区、商业中心和文化体育娱乐场所等构成社会空间形态，其思想政治教育功能日渐凸显。人在社会空间生产的实践中会自觉地参与社会发展的总过程，这符合人的思想认识多元化与差异化并存的现实状况。

（一）人的实践形态的社会空间化

人作为类存在物、社会的主体性存在和个性化的存在，在空间上也以这三种主要形态呈现，其中只有社会空间形态才能真正反映人的社会关系，才有助于把握人的本质的现实形态，"真正认识人，必须把人从个体与类的关系变为一个人与社会的关系，进一步把握人的社会本质，这就是马克思关于人的本质在现实性上是社会关系的总和的著名论断"[①]。面对社会空间被遮蔽以及现实生活中单一空间引发的种种问题，人在生产实践中也逐渐意识到空间本身的生产，这不仅意味着要重构人所处的诸多空间位置，更意味着要推动人的生产实践的空间化转型。这一兼具空间重构和生产的现实状况，要求思想政治教育的实践和叙事不仅要成为单纯的空间建构活动，而且要推动系统性的空间生产方式和生产关系的变革。在此情况下以空间辩证法重新审视思想政治教育的实践和叙事活动尤为重要。空间实践与其具体空间表征的相互作用，描述了整体的思想政治教育空间生产脉络。当前，人的存在还是处

[①]　陈先达：《静园夜语——哲学随思录》，中国人民大学出版社 1998 年版，第 185 页。

在一种"现实遭遇"的状态，没有实现整体的自由发展，现实的人是生活在现实社会空间中的人，人的现实性空间实践是人成为现实人的必要条件。

马克思批判了费尔巴哈关于人的类本质的观点，认为费尔巴哈撇开了历史的现实的条件，孤立地将人的本质问题纳入一种抽象性的宗教情感式的"类"存在中。"哲学归向人本就为克服人的本质外在化确立了逻辑前提。既然人为世界之本，人与外部世界相比具有主体和本体的地位，人的本质当然就应该存在于人本身，而无须舍近求远，向外部世界去寻求人的本质"[1]，在马克思看来，解答人的本质或人性为何的问题，关键是要将人视为具体的现实的人，现实的人虽然也有自然属性和本能的需要，依赖自然环境条件生存，但真正使人与其他动物区分开的是人的社会属性，即人在一定的社会空间中进行着认识、改造世界和自我的实践活动。马克思指出，费尔巴哈所论证的人作为"类存在物"的真实原因，在于人具有动物所没有的类实践的特性[2]，因此马克思提出必须将对人类本质的考察置于其社会活动层面，人只有在社会实践中才能够真正体会和践行自由原则。人的社会性特质在此得到高度关注，这种社会性与人的本质是共同生成的，人满足自身生命存在需要的活动本就具有社会性，人从事物质生产的活动并不单纯为了自己生存，同时也内蕴促进他人和社会发展的目的，社会空间就成为彰显人自身能力和本质的基本场域。人之所以要不断实践，就是因为人有实现社会性自我发展和创造的需要。

马克思恩格斯曾指出，人的需要即人的本性，人具有自然生理的需要、社会交往的需要和精神追求的需要等，人对自身的需要的认识有一个不断深化的过程，这一认识过程伴随着人的生存生活环境不断改变和人自身的不断进化得到实现，而人的进化和环境的变化又是通过人的实践来完成的。人能够认识到自然环境空间已有的资源不能满足自身不断延伸的需要，这一认识逐步推动人类生产力的发展，使得个体之间、群体之间和类之间通过实践结成一定的生产关系，进而形成一定时期内较为稳定的社会关系；而社会关系

---

① 张奎良：《张奎良文集》第 8 卷，黑龙江大学出版社 2021 年版，第 49 页。
② 参见《马克思恩格斯文集》第 1 卷，人民出版社 2009 年版，第 163 页。

又决定了现实的人的社会本质，人创造出了社会空间，并产生新的发展需要，然后进行新的生产生活实践，拓展新的社会空间。"社会空间包含着领域与地方，而领域与地方，说到底是不同语境下对空间的阐释，二者在不同的社会空间维度下呈现不同的意义，并且可以在一定的机制下相互转换"[1]，领域与地方都是社会空间化的必然结果，地方建立起人们之间的空间联系，领域则表征着人对空间权力的需要，即人对社会空间资源和话语等的管理、控制等需要。因而，在领域与地方双重维度的交互作用中，社会空间由于人的实践创造而显示出人的现实性和有限性，社会空间本身伴随社会实践的推进而呈现出流动性和总体性。思想政治教育实践的主要目标之一是维持个人价值与社会规范之间的稳定关系，而主体话语建构的目标是维护公共话语空间的秩序，由此展现思想政治教育与社会互动的话语空间[2]。在文本话语、学术话语、日常话语、意识形态话语等多维度相互交换的时代，思想政治教育空间转向的合理话语构建机制也需要结合人的社会空间实践来进行自我变革和创造。

思想政治教育实践是推动人的实践社会空间化的重要路径，人在实践中促进社会空间的生成，同时又塑造着社会空间中的人的具体存在方式，这就必然显现出人建构社会空间的主体性地位和力量。人的需要和满足需要的实践都是有一定目的、计划的自觉的主体性活动，且需在现实的社会空间中完成，所以人的主体性实践既有能动性的一面，又有受动性的一面。人的空间意识的觉醒，使得人将自身诸多空间的生产视为一个重塑社会空间的现实问题，主要表现为人与自身所处社会空间之间的开发和开放问题。从社会空间更新的角度看，人的内部诸多空间的生产在本质上不仅是一个空间不断拓展和开放的问题，更是一个社会空间系统更新的问题，社会空间主要通过优化公共空间配置的方式，实现公共空间用地功能与人的主体性需要的结构性融合，这也使得个人空间与社会空间之间形成复杂的交织联系。在思想政治教

---

[1]　曹琳琳：《资本空间的伦理研究》，上海三联书店 2021 年版，第 35 页。

[2]　参见张世昌《思想政治教育话语空间之现状述评》，《湖北社会科学》2019 年第 2 期。

育的空间转向中，主客体的角色和需要都存在一定差异，这就容易导致认识问题深度的差别，以及思想意识迥异，进而致使其相互作用的势能产生差距，具体表现为主客体在思想政治教育中空间位置的区隔，而思想政治教育的空间在此境况下就凸显出来了。"思想政治教育属于知识运作的本身，反思、运思与否思都是政治知识思考的方式，思维运作的模式深入意识形态空间中"①。由于主客体诸多方面的不同，如他们在价值认识和情感认同的完备程度上有所差异，在思想政治教育空间转向的结构中，主客体的价值参照、知识储备、伦理规范等都能得到反映，并在思想道德的中轴线上得到优化。

人的主体性生成与延伸的需要从根本上促进了人的实践形态的社会空间化。人的主体性生成主要体现在人的实践能动性展开过程中，人能动地认识和改造世界，通过社会生产和日常生活的交往实践将自然与社会中的资源转化为满足自身生存发展需要的动力，这是人认识自身需要后展现人的能力的统一过程，并且人在这一过程中逐渐认识并激发自身潜能。人的社会实践活动是一个不断利用空间资源、生产空间力量和创造空间维度的过程；在这一过程中，人形成了对当代所处社会空间位置的时代观念与现实认识，这对于增强思想政治教育的时代活力具有重要意义。人的主体性延伸主要体现在，人们在互联网的多元传播过程中，由于表达对具体事件或现象的看法而形成自我话语空间，在特定的话语空间中也存在一定的话语博弈，而作为个体的人难以应对海量信息的话语转变情势，这就需要思想政治教育在现实空间转向虚拟空间的过程中提升空间话语引领力。在具体教育实践过程中，我们需要通过人的现实实践及其特殊经验来掌握其社会空间现状，这有利于避免基于社会现存的刻板印象来片面评断社会事件或现象②，毕竟社会空间除了具有为教育者和受教育者提供活动场所的功能之外，也是把握人主体性实践活动时的心理以塑造人的空间形象的重要载体。从人的主体性实践看，人的能动性实践是在现实的社会空间中进行的，就必然受到空间条件的制约，这体

---

① 温在泼：《思想政治教育空间转向的多元探索》，《学校党建与思想教育》2019 年第 18 期。
② 参见马维娜《质性研究的复调叙事》，《华东师范大学学报》（哲学社会科学版）2020 年第 2 期。

现在人的思想意识和行动指引受到一定空间意识形态的制约，社会空间的无穷性和社会实践的持续性决定了人的实践发展的过程性，即社会实践表现为不断遭遇现实困境、探索实践、解决困境又继续发现问题的良性循环过程，这也是自我与他人、与社会不断产生交集，甚至发生冲突和矛盾的辩证运行过程。人的个体性自由需要与社会公共性秩序的规定之间产生一定冲突时，就必然需要思想政治教育的实践来予以引导。

人们对思想政治教育的定位和理解长期以来限于高校这一特定场域，一定程度上限制了思想政治教育的空间想象。思想政治教育是研究并引导人的精神和价值生产的社会实践活动，人的实践由人的实际发展需要来推进，反过来人的实践发展也反映了人的未完成状态，要人的物质力量和精神力量都会随着实践的推动得到增长，要从现存的空间生产出发，通过个人与社会空间的相互构成来观察思想政治教育的空间生态，把在空间中从事实践活动的人视为价值获取的主体而非被规范的固定对象，基于人的实践生存论哲学视角来把握人的生活世界，关注其意义生成、价值取向与生命空间得以拓展的潜在可能。这就需要从空间视角观察、分析学生群体构造的课堂空间，既关注遵从课堂秩序、表现良好的主流学生空间，也对有特殊表现的学生群体所构建的空间形态予以一定观照，"反学校文化"的"后排男孩空间"就是很好的例证①，在思想政治教育课堂上，受教育者被动或主动的活动构建了同社会空间结构与秩序不相契合的分化空间，这种空间形态的生成意味着个体自我实践和叙事的特殊性，需要思想政治教育空间转向在完善形塑机制中对其特殊性进行把握。

任何社会空间，大到整个世界、国家、地区，小到一个行业领域、团体和个人，都有进行思想政治教育的现实需要，解决实践中出现的利益冲突、需要矛盾、价值对立等问题是思想政治教育的价值表现。"时间不是一维的、单向的、不可逆的、机械的绵延，而是多维的、非线性的、可重复的、累积

---

① 参见王刘飞、王毅杰《后排男孩：空间社会学视角下的群体塑造》，《青年研究》2016年第1期。

的意义创造过程"①，因而任何一种现实的空间都是人们在长期的时间演变过程中创造和累积而成的，思想政治教育在产生、发展及衰落、复兴等历史演进过程中形成特定的实践范式，进而形塑主体的价值认识和情感认同，其也是塑造和丰富主体空间的方式。每个领域和地方中的群体与个人都有各自特殊的思想政治教育方式，它以人作为直接的教育对象，以满足人的利益、需要的发展为根本目标，以提高人的素质，促使人的利益、需要在渐趋合理的范围内得到满足为现实任务，在趋近合理范围的发展过程中，思想政治教育实践局部或整体的空间域得以构筑，这也是思想政治教育实践持续不断的价值所在。

从人的实践形态的社会空间化角度来看，思想政治教育空间转向的实践和叙事不应局限于学校场域，而应该包括学校空间、家庭空间和社会空间在内的广义空间形态及其相互作用的结构。塑造广义的空间形态是思想政治教育空间转向的应有之义，它不仅意味着促使诸多教育空间在横向上实现并置，而且也意味着在纵向上实现空间与时间的连续。伴随时间的推移和空间的转换，人通过自身的经历或叙事所体现出来的亲密体验，正是教育者了解受教育者及其思想的重要素材，比如在与社会空间的接触中，"那些通过与大自然亲密接触而植入骨子里的身体体验，日后成为我的身体愉悦感的先验性的动力来源，甚至作用着我的身体的活动方式"②。这启示思想政治教育在空间转向中"并置"主体之间的不同思想意识和话语空间，将他们在受教育过程中对时间流逝的体验与对空间扩展的感受连接起来，进而使思想政治教育在今后的实践展开中避免"平铺直叙式"地输出，而是具体、细微地兼顾空间转向过程中的主体、发生的事件与琐碎的空间经验，使所叙之事呈现出空间感。受教育者围绕教育内容及其发生过程展开空间实践，以对理论内容和价值做深层理解。

---

① 苗伟：《文化时间与文化空间：文化环境的本体论维度》，《思想战线》2010 年第 1 期。
② 熊和平：《知识、身体与学校教育：自传视角》，《教育学报》2014 年第 6 期。

（二）人的空间生产实践的合理性

人在社会空间化中首先进入生产实践过程，生产实践是人的社会化的基本路径；生产实践源于人们满足自身生存的生活需要，体现在日常生活领域的展开中。马克思指出，"人们为了能够'创造历史'，必须能够生活。但是为了生活，首先就需要吃喝住穿以及其他一些东西。因此第一个历史活动就是生产满足这些需要的资料"①。沿着这一需要满足的实践逻辑，人必须先要从自然空间中获取生活所需，然后随着生活实践能力的增强而逐渐摆脱并超越对自然空间的依赖，并逐步在人的需要和目的等意识活动变革的过程中丰富社会实践，进而创造新的生存空间。也就是说，人会经常审视自身空间中的不足和缺陷，反思生产能力和需要之间的差距；同时对自身空间中已经存在的事物进行省思，追问失去这些事物会陷入何种境地，进而使自身的生存空间得以扩展。人生产自身生存空间的合理性，正是在于它能够及时补充人与他人交往和开展社会实践所需的物质和精神能力，维持个人空间与社会空间的平衡。这启示思想政治教育的空间转向应当主动关注人对于拓展自身生存空间的需要，结合社会空间来为之提供助力。"作为一个保存人类文明的重要场所，博物馆连接着文化的过去、现在与未来，正需要在自身的文化实践中将这种文化意义融会贯通，在展现历史人文记忆的同时，担负起现代社会中的文化表达与传播职能，并努力通过活态化的传承促使文化符号及其意义在未来社会中接续传递"②。思想政治教育空间与博物馆相连接来推动空间转向的事例，对于拓展人的生存空间具有典范作用。在各类博物馆的思想政治教育实践过程中，受教育者能够感受到自身空间与文化遗产空间的动态交融，也可以形成对当下记忆空间的书写、复刻，让传承文化与寻获教育价值齐头并进。

人在社会空间中充分施展生产能力，极大推动社会生产力水平的提高，

---

① 《马克思恩格斯文集》第 1 卷，人民出版社 2009 年版，第 531 页。
② 王蕾：《融"博"之道：博物馆情景化的理念、实践与未来》，光明日报出版社 2022 年版，第 221 页。

在这一过程中，生产实践具体化为一定社会空间所属的生产实践范畴，并生成了人格化的社会空间结构。"空间生产成为一项重要的社会实践，资本亦以一种空间化形态的发展逻辑存在着"①。一方面，生产实践的自然属性具体化为社会生产力，在从自然空间获取生产资料的过程中产生了相应的劳动对象、劳动工具和劳动者，实践促使自然资源物化为人的生产生活资料，这也就是物质生产的过程，而物质生产的发展又必然会引发人与自然之间的矛盾，加上实践在生产物质的同时也在生产着人自身，包括人的认知和实践能力的发展，但同时也会引发新的矛盾，这就需要人们通过发展更加先进的生产力来取代原有的生产力以维持生产实践的合理性发展。另一方面，生产实践的社会属性又具体化为一定生产关系，生产关系是人们在生产实践中形成的相互协作或竞争冲突的关系，它是"同他们的物质生产力的一定发展阶段相适合的生产关系"②，是人类社会演进中最为基本也最为重要的社会关系，生产关系的发展呈现独特的社会历史规律和时代性特点。

原始社会生产实践的特点是生产力落后、生产资料丰富，人们简单的生存需要和实践组织维持了一定时期内稳定的生产关系；到了奴隶社会和封建社会时期，社会分工导致了生产实践的层级性、阶级性，也造成生产关系的等级化和引发不同阶级间的矛盾；资本主义社会生产造成普遍的劳动异化，人的生产实践为资本积累创造了剩余价值，无形中生成反对人本身的实践力量。针对这种无法避免的劳动异化现象，马克思指出到共产主义发展阶段，人的生产实践必然要实现自由化，而这需要无产阶级发挥革命斗争和改革创造精神，一步步摆脱现有生产实践的局限。毕竟"'现代各国的正式水准'是指已处于资本主义阶段的英法国家，而'人的高度的革命'则是社会革命的哲学式表达"③。在现代社会中，由于人是个体性的存在，故而社会空间表

---

① 尹保红：《西方马克思主义空间理论建构及其当代价值》，光明日报出版社 2016 年版，第212 页。

② 《马克思恩格斯全集》第 43 卷，人民出版社 2016 年版，第 5 页。

③ 乔丽英、刘同舫：《马克思早期的"跨越"设想及其现实走向》，《福建论坛》（人文社会科学版）2019 年第 8 期。

现为原子式的分裂状态。在空间生产过程中，人性就像一支庞大的部队，它在我们每个人的身边和前后急行军，并发起压倒一切的冲锋，它能战胜一切抵抗，能清除那些最严峻的障碍，甚至能战胜死亡①。正是由于人的社会空间生产实践的合理性和创造性，人类社会在演进过程中拥有丰富多彩的物质和广博深刻的思想并保持上升态势。

历史上每一次生产实践出现巨大转变或发展的背后都隐藏着必要的社会性根源，即生产力和生产关系之间的矛盾已然扩大到不可调和的地步，扩大到原有生产方式难以调节的程度，这就必然要求进行生产方式的调整或变革。生产方式是生产实践的具体的应用路径及在此过程中形成的模式，因而也是实践物化的产物，同时又体现了人的意识活动的印迹，其中包括制度的设计、理念的实施等，所谓的变革资本主义制度就是变革其生产方式，就是转变现代人的实践观念和方式。每个时期的生产实践都有其存在的合理性，这种合理性指的是能够维系当时社会生产系统的正常运转和整个社会空间的良性发展。人们一般认为，资本主义"制造"了自己的生产逻辑和社会秩序，并且将这种逻辑和秩序逐步推广到全球范围，让生产实践在其生产制度的掌控下被动运行。不可否认的是，资本全球化带来了诸多发展优势，比如信息化的进步。信息时代人们的生产实践越来越由单纯的资本生产转变为知识经济的发展模式，但不变的是实践的组织分工形式。计算机和大数据推动实践分工日益细化，各种生产和消费空间形态映现着资本主义的影子，这也是人们必须进行空间性的生产实践的合理性所在。"所谓'空间生产'，就是对'空间的生产'，包括对资本生存空间的重新设计、改造和空间产品的供给行为"②，任何一个小空间都伴随着如何生产、谁在生产、为谁生产以及生产什么的问题，背后都折射出指导实践的生产意识和逻辑。

马克思认为，人类自由的实现并不必定依赖人在某个具体空间中的运动方式，而是建基于体现人类历史总体性的空间辩证法。在人类历史总体性的

---

① 参见〔法〕亨利·柏格森《创造进化论》，刘霞译，天津人民出版社2019年版，第230页。
② 任平：《论空间生产与马克思主义的出场路径》，《江海学刊》2007年第2期。

视野中，空间的表现形态是对人能动地自我表达的反映，空间本身的运动形态是对人创造历史的现实过程的体现。人是什么样的与其怎样开展活动相一致。因而，空间的表现形态和运动形态在人类历史的总体性叙事中必然达到有机统一。列斐伏尔指出马克思从总体性空间秩序中针对生产对象组织生产实践来论述空间生产的合理性，"空间的合理性不是笼而统之的人类行为品质的某一种结果，相反，它自身就是本原，就是资源，生产者使用双手和工具进行劳动，为了特定目的进行生产的时候，空间性就蕴含其中了"①。以往的实践生产了当时所需的物质、精神和秩序，而今后生产实践的合理性也必须体现在更微观、精细的空间设计、改造和产品供给中，在促进实体性空间生产的同时也关注隐喻空间的生成状况。

人的空间生产实践在实体和隐喻中证明其合理性，为思想政治教育的空间转向提供现实依据。人的空间生产的合理性由于遵从人类社会历史演进的普遍规律而得以证实，但这并不意味着它能够毫无阻碍地持续下去，其依然会受到空间中复杂要素的影响，尤其是在全球化背景下，人的空间生产会遭受非正义性因素的消极影响，使其合理性本身遭到冲击和挑战。马克思恩格斯曾从社会生产方式省视空间生产和栖居的非正义性问题，揭示出人合法的劳动权利受到侵害，"任何一个公正的观察者都能看到，生产资料越是大量集中，工人就相应地越要聚集在同一个空间，因此，资本主义的积累越迅速，工人的居住状况就越悲惨"②。由于人的空间生产和占有在一定程度上受到资本逻辑的支配，空间资源配置的资本化倾向就直接导致人的劳动所需要的空间正义性被损害，让人的栖居空间的文明形态也发生倒退。"马克思在强调空间资源之产权必须为人权提供保障，借以实现空间正义时，并没有陷入正义论的乌托邦"③，而是关注人们在利用空间资源时对生态、文化和社会整体价值的认同和保护，凸显空间生产合理性的人类特征与普遍价值。反观

① 陆扬：《空间何以生产》，《马克思主义美学研究》2008年第1期。
② 《马克思恩格斯全集》第44卷，人民出版社2001年版，第757页。
③ 胡潇：《空间正义的唯物史观叙事——基于马克思恩格斯的思想》，《中国社会科学》2018年第10期。

我们当代的思想政治教育，在把握人的诸多空间形态中，除了持续关注人整体性的社会生产是否能够创造价值之外，也在空间生产和资源分配的平衡中引导人们进行合理的空间生产以实现空间正义，这既是思想政治教育空间转向的现实依据，也构成其持续发展的内在动力。

（三）人的空间交往实践的合理性

在马克思看来，实践既包括人的生产实践，即主体对客体的对象化活动，也包括主体间的交往实践，即主体间由于生存发展需要而必须进行相互联系、相互作用的活动，并且生产实践与交往实践之间也存在紧密联系，即"生产本身又是以个人彼此之间的交往〔Verkehr〕为前提的。这种交往的形式又是由生产决定的"①。马克思清楚地看到生产实践对交往实践的决定作用，即人们首先要进行满足一定生存和发展需要的物质生产实践，结成一定的生产关系，然后才随着生产实践发展的需要和推动进行一定空间内的交往实践，故而，交往实践也是人们以物质交往为前提的运动形式。马克思同时也承认交往实践对生产实践的重要作用，认为"为了进行生产，人们相互之间便发生一定的联系和关系；只有在这些社会联系和社会关系的范围内，才会有他们对自然界的影响，才会有生产"②。这既承认生产和交往活动是人类最基本的生存方式，也肯定交往在作用于生产的过程中使得人类社会物质实践不断拓展。在马克思看来，无论是工人阶级还是资本家，在相互交往中都拓展了自身的生产广度和深度，同时交往的密切发展也会促进生产分工日益精细化。赫斯甚至直接指出，人的思维与行动只能产生于这种交往，而这种交往的共同活动就是生产力③。这表明交往活动就是人类维持和拓展自身生命空间的类活动，表现为具有个体性的人在生产中形成的实践共同性和连接性，而只有这种基于交往展开的普遍性活动才能够真正实现生产力的发展和拓展，人为了推动自身生存空间不断延展而进行的交往实践也就确认了每个

① 《马克思恩格斯文集》第1卷，人民出版社2009年版，第520页。
② 《马克思恩格斯文集》第1卷，人民出版社2009年版，第724页。
③ 参见〔德〕莫泽斯·赫斯《赫斯精粹》，邓习议编译，南京大学出版社2010年版，第139页。

现实个体的本质或促使其本质走向现实化。

　　人的物质生产实践首先发生在人对自然界的对象性认识和改造活动中，在此期间人与自然界产生联系。"人类的交往本质有一个从自然史到有机共同体的'发展或发生历史'的进程"①。在前资本主义阶段，人对自然的生产实践主要表现为集体的改造活动，人们需要利用小集团的劳动力量才能从自然中获得原始的生产资料，人们在这一阶段交往意识和实践处在不太活跃的状态，各个部落与集团等小群体之间没有形成密切的交往关系，群体内部成员间依然以小群体为空间单位形成一定的协作并开展一些初级的交往实践。但这一时期简单重复获取生存资料的活动还不能称为生产，因为生产必须生成一定的产品，并使产品成为用于交换的商品，必须形成扩大交往的物质基础，这就要求人与人、群体与群体之间加强合作。真正的社会性交往实践广泛开展于资本主义时代，在资本主义工业化方式和劳动分工的推动下，人们的生产实践联系越来越紧密，各种生产空间具体化为更为紧密的关系网，人与人之间的日常生活交往实践也更加常态化，交往实践的形态更加丰富，原有的人与自然的关系转变为人与社会、人与人之间的交往关系，并且人与自然的关系也在这一过程中形成新的形态。交往实践随生产实践的发展而丰富起来，也将交往关系的空间形态划分得愈加精细，这种交往实践在每个社会历史发展阶段都能展现它的空间合理性。

　　个体的人作为同一个有机整体空间中的组成部分，彼此之间和谐的交往活动具有深刻的合理性：为了拓展自身和他人的生存空间，人们逐渐意识到协调一致并开展有组织的交换活动的必要性。人的空间交往实践作为一种理想化的类活动反映了马克思关于"一切社会关系的总和"论断中的价值构想，一旦在某种社会关系下的交往无法容纳生产力发展并成为人扩展自身生存空间的阻碍因素，其就会被新的交往空间及其形式所替代②，而交往空间及其形式是解读社会关系的重要参照物。在现实社会中，人们的交往并非总

---

① 张一兵：《从交往异化到雇佣劳动批判——赫斯哲学补论》，《河北学刊》2012 年第 3 期。

② 参见王旭东《重释〈德意志意识形态·费尔巴哈〉章中交往形式概念的作用和意义》，《社会主义研究》2018 年第 5 期。

是顺利地展开，伴随空间交往实践的扩展，社会生产活动的协作性在得到增强的同时也带来一定的竞争，具体表现为人们共同性的交往活动被简化和颠倒为残酷斗争的商品交换，尤其是在资本主义支配的生产关系中，人们毫无例外地被驱动着为逐利而交换自身的劳动力。

现实的交往被货币这种抽象的本质所遮蔽，在某种意义上就像费尔巴哈将人的类本质的异化揭示为上帝一样。马克思批判资本主义私有制造成的交往异化现象，即其表面上保证人的私有财产不受侵犯，实则剥夺他们包括身体在内的全部财产。一个地方的生产力能否得到很好的发展和保存，主要取决于交往扩展状况，交往范围扩展得越大，生产力消散的可能性就越小①。因而，从人类社会生产的过程看，为破除交往异化形式对人的空间交往时间的阻碍，需要培养并提升交往主体的资质，规范不良的交往行为，使人们树立积极健康的交往意识。尤其是伴随大数据和物联网交互形成的人工智能席卷人的空间交往实践，虚拟交往日渐融入人们的生产生活，这一定程度上使得交往异化以更加隐蔽的方式产生消极作用。为此，迫切需要思想政治教育在空间转向过程中，重视增强受教育者的现实交往意识，使其在相互交往中积极营造可持续的现实条件，有序拓展交往空间的边界。

第一，人的空间交往实践是对人的本质的根本反映，这要求思想政治教育的空间转向确保人作为社会关系的总和的存在本质得到现实观照。人的本质是一切社会关系的总和，这就是说，人的本质在社会关系中得到确证，我们也只有从本质角度才能看到人作为关系性的存在方式。这表明人在应然性上是相互协作的社会关系的总和，不应基于某一历史阶段中形成的单一性关系来规定或审视人们当下的关系性存在。反过来说，没有形成人的社会关系，就不能称得上是真正的人，从前资本主义到资本主义发展阶段再到社会主义和共产主义发展阶段，不同的社会历史阶段人的本质的现实表现不同，其中起决定因素的就是塑造人的社会关系的不同，即人的交往实践方式不同。然而，人们的每一次交往实践都发生于当时的社会空间之中，具体行为

---

① 参见《马克思恩格斯全集》第 3 卷，人民出版社 1960 年版，第 61 页。

和关系在空间化过程中得以呈现，没有"我"这一主体和其他主体间的交往，就没有"我"在空间中的位置参照。人与人之间、人与群体之间、群体之间以及人与类之间通过交往实践形成一定的社会关系，这种社会关系在一定时期内形成稳定的社会关系模式后，就自然形成一种维持着整个社会生产和交往实践系统运转的空间秩序，这是对这个空间中人的本质的根本反映。思想政治教育的空间转向在培育人的空间交往意识中要时刻观照人的本质的现实表现，明确主体的空间交往实践被用于谈论哪些基本活动领域，把握人们对主体空间交往实践的需要及特征存在哪些基本理解，这样才不至于将空间交往实践运用到不相关的领域中进行讨论。

在思想政治教育的空间转向中，主体的空间交往实践是一个规范性概念，而规范性在事实性的交互关系中得到明确规定，"从内容上注重体现符号体系和图像文本的规范性、情感性和时代性"①，进而对主体空间交往实践具体内容的编排和交往情感的互动予以规范性审视、情感性塑造和时代性引导。这表明只有明确规定主体的空间交往实践意识作为基本的规范性论域，进而明确事实性与规范性之间内在的存在论联系，才能避免在人的抽象性本质与现实本质的二元对立框架中理解空间交往实践的关联，从而规避一种借用人当下的空间交往实践形式来把握其抽象本质的应然理念，逐渐明晰空间交往实践在思想政治教育中作为重要活动方式的地位及其作用，为思想政治教育创新奠定本质基础。

第二，人的空间交往实践是社会空间拓展和良性发展的重要保障，这要求思想政治教育的空间转向在澄清主体空间交往实践的基础上，进一步阐释个体空间与社会空间之间的关系。社会空间是当下人的存在表现，人在社会空间中的主要存在方式通过交往实践来体现。首先，交往实践推动社会生产力的发展，交往实践能够直接促进劳动者的生产力不断更新，劳动者通过交往获得了以前社会生产空间传承下来的资源和当下社会多方面的信息，这必

---

① 卢岚：《思想政治教育空间转向的议题选择、概念互释与路径探索》，《中国矿业大学学报》（社会科学版）2023 年第 6 期。

然促使人的生产能力包括潜能的提高以及生产观念的更新，进而逐步拓展人的社会空间。空间规模的扩大以及空间内容的多样化，需要"以理服人，以文服人，以德服人，提高对外文化交流水平，完善人文交流机制，创新人文交流方式，综合运用大众传播、群体传播、人际传播等多种方式展示中华文化魅力"①，通过文化空间交往实践来让世界对中国的文化思想有更为全面的理解。其次，空间交往实践发挥着传承社会文化和彰显人文关怀的基本功能，通过交往，文化思想得以在广泛的空间中传播、交流，这是促进一定社会空间内文化发展的必经之路，同时也塑造了一定社会空间内的人文性。最后，空间交往是调节社会关系、促进社会良性运行的黏合剂。交往实践形成了复杂的社会关系系统，包括人际关系、经济关系、政治关系、法律关系、道德关系等。一旦原有社会关系不能适应新的社会生产力发展的需要，也就是当社会关系在原有交往实践过程中出现矛盾，或者人们认识到在一定空间的交往实践中出现利益冲突，当代人的交往实践危害到后代人的利益期望时，就只有依靠新的交往实践来变革旧的社会关系和创造新的社会关系，从而催生新的社会空间形态。

综合以上三种人的空间交往实践形式对于保障社会空间合理性拓展的分析，思想政治教育的空间转向既要维持其交往实践的合理性，又要着力消除在不断扩展的交往中滋生的认知偏差，促使主体之间形成一种在规范性原则下展开空间交往的行为期待。社会规范的有效性则是在对"意图的相互理解的主体通性"②中建立起来的，而且是通过义务得到普遍承认来保障的。

第三，人的空间交往实践是促进人全面自由发展的根本动力，这要求思想政治教育的空间转向在具体实践中积极把握主体自由的自我实现方式这一价值旨趣。从人类社会历史发展的整体进程来看，人的发展呈现出一定的历史逻辑。在前资本主义阶段，人的发展以群体间人的依赖关系为基础，人们之间的交往实践形态也是以获取生存资料为目的而进行简单行为联系，社会

---

① 《习近平谈治国理政》，外文出版社 2014 年版，第 161~162 页。
② 〔德〕哈贝马斯：《作为"意识形态"的技术与科学》，李黎、郭官义译，学林出版社 1999年版，第 49 页。

交往意识较弱。进入资本主义阶段以后，人的发展表现为对物质的依赖关系，人们之间的交往实践表现为以物质生产为基础的交往，人们的交往意识不断增强，频繁的交往实践也形成了复杂的社会关系。尽管如此，人的发展由于对物质的依赖而逐渐走向实践的异化和社会关系的异化，人被自己创造的物质所控。鉴于此，马克思恩格斯提出了人的自由全面发展的共产主义构想，认为"只有在共同体中，个人才能获得全面发展其才能的手段，也就是说，只有在共同体中才可能有个人自由"①。在历史唯物主义的理论视域下，个人只有在脱离"虚假的共同体"而走向"真正的共同体"过程中，才能使自身的存在方式和思维方式发生深刻变革，真正地促使自己的生存和发展空间不断拓展。人们之间的交往实践是自由的个性的实践形态，随着需要层次的递进，人的交往形式也更加高级，物质交往、精神交往或文化交往等形式更加丰富，形成促使人自身发展的社会关系系统。"马克思正是在现实逻辑失灵、步入自相矛盾的死胡同的情况下，找到了一个理想化未来的轮廓。未来的真正景象就是现实的破产"②。马克思对"真正的共同体"构想的意义就在于，揭示被资本主义现代性体系所掩盖的剥削性社会关系，从而打破被资本逻辑支配的意识形态再生产及其对人类发展状态的统摄。

人的发展状态沿着人的交往实践逻辑进程而逐步推进，而人的交往实践就是为了实现自身不断发展而进行的有意识有目的活动，这种目的就是满足一定社会空间内人的发展的需要，以及拓展空间以实现人的持续发展。思想政治教育的空间转向必须以主体全面自由发展的共同价值旨趣为前提，从而确立共同生存的空间信念，并坚持以自由、正义等价值引领个体的思想意识与实践。思想政治教育不仅要在理论上反思现实主体的多元性价值空间，突破传统空间单一的交往实践及其价值桎梏，回答不同主体通过空间交往获取共同价值何以可能的问题，而且还要立足于共同的交往空间价值理念来指导深层实践。

---

① 《马克思恩格斯文集》第 1 卷，人民出版社 2009 年版，第 571 页。
② 〔英〕特里·伊格尔顿《马克思为什么是对的》，李杨、任文科、郑义译，重庆出版社 2017 年版，第 61 页。

二　思想政治教育空间转向的必要性

　　思想政治教育空间转向应当遵循事实判断与价值判断相结合的基本原则，保证实践展开的客观性和科学性。思想政治教育的演绎模式，可以用来探讨空间所关涉的各种关系与结构，帮助我们更为适切地把握在具体空间中展开的教学活动。然而，传统的思想政治教育空间实践范式，不足以阐释当今纷繁复杂的社会问题，这就促使思想政治教育进行空间转向，将空间概念引入思想政治教育的理论架构之中，以空间思维审视思想政治教育的实践进程。

（一）社会转型对思想政治教育的创新发展要求

　　从整个社会系统发展的角度看，社会转型对社会结构的建构和秩序的治理形成了一定程度的冲击，进而对思想政治教育提出创新转型的要求。当前的社会发展处在一个社会结构复杂化和信息资源迅速聚合、裂变的转型时期。作为一个社会学概念，"社会转型"的具体内涵在不同的时期和空间分析中有所差异。为明确思想政治教育的创新发展要求，需要对"社会转型"展开梳理与辨析。

　　有学者早在1994年就针对性地提出社会转型是"中国社会从传统社会向现代社会、从农业社会向工业社会、从封闭性社会向开放性社会的社会变迁和发展"①。这一观点带有鲜明的现代化理论色彩，社会转型就是要推动我国进行社会主义现代化建设。此后，有学者提出社会转型理论就是建立在共产主义文明及其转型的基础之上②。这种理解一方面体现了对我国社会主义发展初级阶段理论的运用，表明共产主义是社会主义发展的终极方向，社会转型也是社会过渡的必然选择；另一方面体现了对社会转型本质特征的把

---

① 陆学艺、景天魁主编《转型中的中国社会》，黑龙江人民出版社1994年版，第1页。
② 参见张国启、王蕴喆《思想政治教育载体发展的理念变革》，《思想理论教育》2023年第8期。

握，证明社会转型能够通过社会文明和价值观念的更新彰显出来。从这两个具有代表性的观点中可以看出，社会转型是一个历史范畴，主要是指改革开放以来中国社会发展模式的变革，故而社会转型也是一个现实的渐进性过程。我国的社会转型又主要是通过经济体制转轨和社会结构转型的方式推进的，每个社会因素的变动必然牵动一定的空间结构的变化，进而引起不同空间单元、空间领域以及空间内部诸要素的变动。在当今社会构建共同体意识逐渐明晰的情况下，人与社会空间之间的关系以共同体为中介而得以展现，作为共同体的部件，离开共同体的社会及个人将失去其存在意义，"共同体的生活是相互的占有和享受，是占有和享受共同的财产。占有和享受的意志就是保护和捍卫的意志。共同的财产——共同的祸害；共同的朋友——共同的敌人"①，故而，社会转型又具有社会空间性的意蕴，在新时代具体表现为共同体的构建，即在从社会转向共同体形式的过程中，个人的思想价值和实践作用依靠其在共同体中的具体作为来定义，主体的生存空间和发展空间、功能定位与价值取向，均取决于作为社会共同体构成部分的空间存在。这提示思想政治教育的空间转向在对日常生活空间的建设中应当兼顾对空间形式演变的反思与批判，这体现在改造个体在社会共同体中的日常生活方式、联结生活与人生价值的思维方式等方面。

社会转型背景中形成了越发分化的阶层结构的张力。"中国的社会转型是从计划经济向市场经济的经济体制转型开启的，是由国家自上而下推动的，而不是自发发生的"②。改革开放以来，我国的经济体制发生了重大变革，尤为明显的是以计划经济为主导到市场与计划相结合，再发展到实行社会主义市场经济体制，这一转型过程实质是市场经济与我国社会主义发展道路相适应并逐步形成中国特色的经济发展模式的现实历史。经济是社会发展的根基，经济体制转轨必然会带动社会发展模式的变革，推动传统社会向现代社会发展。随着传统的城乡二元对立结构被打破，城乡人口流动加快，形

---

① 〔德〕斐迪南·滕尼斯：《共同体与社会》，林荣远译，商务印书馆1999年版，第76页。
② 王新生：《当今中国社会转型期的公平正义问题》，《中国人民大学学报》2015年第5期。

成快速城市化的发展趋势，城市人员就业多样化和分工精细化，城市社会结构的流动性因此加强，整个社会阶层结构更趋多元，这是社会转型的基本特征，然而，这一转型也带来了一系列社会问题：经济领域的利益关系多样化和利益矛盾突出、社会领域自主性组织功能受限、文化和意识形态领域的多元价值观有待统一等。经济基础决定上层建筑，上层建筑又反作用于经济基础，在经济体制转轨和社会结构转型的推动下，社会矛盾以多种形式呈现，主体对于社会转型所形成规范秩序的期望，会直接表现为对社会空间中他者实践能力的承认，诚如霍耐特将承认理论视为主体对社会转型予以反思的前提性认识："社会生活的再生产服从于相互承认的律令，因为只有当主体学会从互动伙伴的规范视角把自己看作是社会的接受者时，他们才能确定一种实践的自我关系。"① 正是从承认理论出发，霍耐特建构了一种规范性的多元正义理论，他认为社会转型在个体加深对社会价值的认同以及自我实现得到充分展开的情形下将会推进下去，以此保证主体在相互承认中对对方能力始终秉持"公允"态度。然而由于社会转型，整个空间中需要被承认的领域具有多样性，空间正义就自然与多元的社会承认和期待形成密切关联，期待思想政治教育在空间转向中深入分析社会转型衍生的价值及认同的规范性基础和标准。思想政治教育是社会意识形态的重要组成部分，尤其是自改革开放以来，我们党特别重视发挥思想政治教育实践在推动社会转型和中国特色社会主义现代化发展中的"生命线"作用，因此思想政治教育也必须改变传统的实践方式，实现自身的创新转型。

思想政治教育空间转向的基本论题依托当代中国特色社会主义的现实实践。这一论题在从理论转化到实践的过程中，始终保持对空间理念和思维的关注与探究，实质上是"在实践中检验，并不断扩展对实践经验的认识深度与广度的基础上产生的"②。思想政治教育是有着扎实的理论基础和实践经验

---

① 〔德〕阿克塞尔·霍耐特：《为承认而斗争》，胡继华译，上海人民出版社 2005 年版，第100 页。

② 卢岚：《思想政治教育空间转向的议题选择、概念互释与路径探索》，《中国矿业大学学报》（社会科学版）2023 年第 6 期。

并不断发展的社会活动，实现其创新转型必须考虑两个重要维度。一是推动传统的思想政治教育中实现转型；二是思想政治教育转型在根本上是其做人的思想工作的方式的改变，社会转型的主要表现之一是人的思想及其社会行为的转型，思想政治教育创新转型的直接原因还是社会转型中人的思想及其行为的变化。这两个重要维度决定了思想政治教育的创新转型要依托空间转向来推动实现。"在一个本质的方面，现代社会的第二种逻辑是所有前现代社会格局与现代社会格局之间的本质差异的载体，因为社会等级制度构成的主要制度坐落于此"①，当我们审视当代中国社会转型过程中的主体价值如何获取和确立的问题时，也应当基于标志着前现代社会与现代社会本质差异的"市民社会的逻辑"，以便挖掘问题的真实根源。当代社会转型中面临的公平正义和自由发展的问题，根源于主体不同价值取向之间的内在矛盾，这一矛盾确实为现代社会的发展提供了动力和稳定机制，但也一定程度上导致主体对自身所处空间的焦虑。由于矛盾难以根除，主体的现代性焦虑也就无法彻底消散，只能在社会转型和成熟中逐步缓解，在此过程中不同主体在对公平正义与自由发展的理解和认同问题上"达至平衡"。思想政治教育的空间转向在此过程中具有极为重要的作用，它能引导主体积极交流互动，共同构建一种维系社会发展的防线，进而反馈于社会空间的自我救治和完善机制的构建。

第一，传统思想政治教育实践方式与社会空间变化存在一些不适应和不同步的现象。思想政治教育是以马克思主义理论为基础和实践导向的社会活动，传统的思想政治教育的灌输式实践方式在特殊历史时期发挥过团结意志的重要作用，但这种单一片面的实践方式很容易被贴上"说教"的标签，一定程度上削弱马克思主义理论教育的实效性，也不利于马克思主义的理论创新。马克思主义具有与时俱进的理论品质和改革创新的实践要求，中国特色社会主义理论体系不断创新发展就是源于中国共产党对实践经验的理论总结和发展。在社会转型的推动下，我们要"尽可能避免思想政治教育活动因各

①　〔匈〕阿格尼丝·赫勒：《现代性理论》，李瑞华译，商务印书馆 2005 年版，第 117~118 页。

种意识形态形式运用而出现效应递减现象，实现思想政治教育活动的价值引领与青年的成长需求的有机结合，进而达到沟通心灵、启智润心、激扬斗志的教育效果"①。传统的思想政治教育必须在实践中探索社会转型的客观规律，从而强化理论创新以适应社会发展的新要求。对于思想政治教育的空间转向而言，空间转向是反映中国化时代化马克思主义与时俱进地选择、发掘和运用思想政治教育空间形式的理论范畴。把握这一范畴的基本要义，不仅涉及教育者自身对思想政治教育实践和叙事过程及其效果的全面理解，而且关乎思想政治教育的诸多资源在思想政治教育活动中功能的有效发挥。

思想政治教育的空间转向，主要是以诸多具体的空间形态作为中介来发挥其传递内容和传播价值的作用；而思想政治教育的空间形态在一般意义上指的是在思想政治教育实践和叙事过程中，思想政治教育者为实现一定的教育目标，选择、运用承载一定思想政治教育信息的具体空间来与受教育者展开空间实践。"当前，社会上思想活跃、观念碰撞，互联网等新技术新媒介日新月异，我们要审时度势、因势利导，创新内容和载体，改进方式和方法，使精神文明建设始终充满生机活力。"② 社会的变化要求思想政治教育必须革新和发展。同时，思想政治教育空间转向的理念革新，有助于推动中国化时代化马克思主义创新，而且空间拓展本身构成了中国式现代化和人类文明新形态建设的重要手段。思想政治教育空间既可以是实践活动和空间形态，也可以是语言文化、制度体系乃至艺术表现等具体形式。新时代思想政治教育的空间转向，主要指在空间的选取、发掘与拓展中呈现出与时代发展要求相一致的倾向，能够有效提升思想政治教育实践和叙事的质量。新时代思想政治教育空间转向的理念革新，旨在科学回应思想政治教育的空间建构要实现什么样的发展、怎样实现发展的重要问题，通过科学把握思想政治教育空间的理论形态、价值样态向实践状态的转化规律，以真正推动思想政治教育工作提质增效。

---

① 张国启、王蕴喆：《思想政治教育载体发展的理念变革》，《思想理论教育》2023 年第 8 期。
② 《习近平谈治国理政》第 2 卷，外文出版社 2017 年版，第 324 页。

第二，人的思想和行为在社会转型中发生的变化向思想政治教育创新转型提出了更高的要求。人的意识伴随社会存在与人们的社会意识的变化而改变，社会转型促使社会经济、政治和文化结构等的变动，也就必然导致人的思想行为的变化，尤其是在大数据与物联网实现融合的智能化时代，符号对人的思想意识的反映、指引等会引发一定的问题，而"意义必须用符号才能表达，符号的用途是表达意义"①。这里的"意义"主要指的是空间形态承载的"信息"，而"意义"与"符号"相对应、"信息"与"载体"相连接。在把握空间转向中浮现的"符号"中，"符号信息"又被理解为"文本意义"，毕竟"我们在传播中并非直接地接触信息，与我们实际打交道的其实是信息的载体符号"②，具体来说，以智能化时代的空间"符号"为典型的社会转型对人的影响有两个方面：一方面，社会转型对人的思想和行为转型有积极意义，主要表现为人们的物质利益观和进行有秩序的社会交往的意识增强，在社会生产实践和交往实践不断深化的过程中，人们思想观念也更加开放，自然也就会有意识地对部分不公正现象有抵触情绪，希望在遵循公共社会秩序的实践中获得公平的回应，这就对思想政治教育的工作提出了要求；另一方面，社会转型对人的思想和行为带来一些负面影响，主要是部分传统的思想观念尚未实现根本转变，新的意识形态结构还在构建中，广泛的社会交往衍生多元的价值观，在这种境况中生活的人们，容易产生消极的思想和行为。

针对这两种社会转型带来的影响，思想政治教育在空间转向的过程中，如果是倾向于实现自身空间的拓展，则需要将这些基本存在的空间形态呈现在受教育者面前，需要着重考察今后应该使用何种手段和工具以促使教育效果得到优化；如果是侧重于开拓思想政治教育空间转向的主要内容，则需要将更丰富、更复杂的空间因素纳入进来予以探索，包括对文本空间、传播空间、影视空间和网络空间加以理解和掌握。尤其是在智能化时代，如何占领

---

① 赵毅衡：《符号学原理与推演》，南京大学出版社 2016 年版，第 2 页。

② 申凡主编《传播学原理》，华中科技大学出版社 2012 年版，第 115 页。

思想政治教育的网络阵地已经成为社会关注的热点，其实质是在智能的网络化大背景下，发挥网络空间对思想政治教育实践展开的重要作用，运用网络空间这一思想政治教育的新场域、新工具和新方法，全面构建思想政治教育体系①，促使受教育者在接受思想政治教育过程中能够对空间转向有自觉意识。这也意味着思想政治教育空间转向的理论研究和实践探索将持续下去。思想政治教育自身的空间虽然不是实践关注的重点，但因为其构成思想政治教育空间转向的本体论基础，故而，无论是在理论研究还是在具体的实践和叙事中，其都不可能被排除在空间转向的关注点之外。事实上，经济社会交往中的功利主义、利己主义至上和诚信道德体系面临重塑等，严重影响整个社会空间的公共秩序生态。公民道德失范、社会责任离散、传统文化淡化等社会表象，都是对社会转型过程中客观实践的集中反映，亟待思想政治教育实现良序转型。

在当代社会中，诚信价值观教育旨在促进青年学生对诚信价值观的认同和积极追求，这符合"千教万教教人求真，千学万学学做真人"的教育目的和追求，是大学生社会主义核心价值观教育的道德基础。面对诚信危机，诚信价值观教育必须具有全面的合德性，促进青年学生在个人品德的提升中彰显诚信价值观，在家庭美德的承续中凝聚诚信价值观，在职业道德的提高中印证诚信价值观，在社会公德的践行中认同诚信价值观，进而推动青年学生诚信之德的外显、诚信价值观的确立和对诚信的坚守，促进青年学生的全面发展。诚信价值观是社会主义核心价值观的重要组成部分和道德基石，诚信价值观传播与发展依赖全体公民的自觉践行，青年学生是未来社会诚信精神传承的引领力量。当前，一些青年学生出现诚信危机表明这部分青年学生诚信价值观践行无力，暴露了青年学生诚信之德与诚信信仰缺失的实情，基于此，迫切需要对青年学生进行合德性的诚信价值观教育。人性的局限性和外在环境的诱导性因素导致或加剧了人与自身诚信之德的分离，只有合德性的诚信价值观教育才能"唤醒"大学生的诚信之德，从而使其自觉践行诚信价

① 参见郑永廷主编《思想政治教育学原理》，高等教育出版社 2018 年版，第 259 页。

值观；只有对青年学生进行合德性的诚信价值观教育才能迎合大学生的本性和发展要求，推动青年学生追寻自身诚信之德、自觉践行诚信价值观。

第三，当代中国在社会转型中也经历了与西方社会现代化转型类似的市场体系建立过程，这给思想政治教育创新发展带来冲击，也要求思想政治教育的空间转向对当代中国社会转型中暴露出的正义相对缺位和自由不足等方面的问题予以重视和妥善处理。这些问题其实是现代化的共性问题，为深化思想政治教育的空间转向提供重要方向，思想政治教育要深入研究社会转型所导致的社会结构的改变，以及处于一定社会空间中人的思维和行为结构的变化，追踪社会转型的一般逻辑。

社会的现代化转型表明生产经济体系的建构和成熟，"正是因为交换体系从生产体系中分离出来，生产体系从整个社会生活中分离出来，才导致不同于传统社会的'社会结合的各种形式'的形成，并由此导致规范这些'社会结合形式'的各种现代制度的形成"①，由此形成了与传统社会中不同的人的思想意识，在正义和自由等价值理论中更加突出个人权利的基本内容；市场经济发展中出现的将个体与社会相剥离的不合理现象，实质上是部分经济发展的内容对社会的"脱嵌"，由此社会的现代化转型就被视为一个"经济脱嵌于社会"②的过程。这会带来一定程度的转型期社会效应，其中给人们带来的最为消极的影响是人与人之间原有的社会空间关联被割裂，一种陌生人的生存方式将人禁锢在固定的空间中，由此人们对社会价值与自身思想意识问题保持高度敏感。思想政治教育在创新发展中引导个体性的主体不再将捍卫自身的抽象价值观念和地位作为维持自身生存空间的基本意义，而是将生存空间的意义与超越自我的他者空间建立起本质关联，在自我与他者的空间共在关系中实现自我超越，并领会自身作为空间存在者的意义，具体表现为主体之间的相互理解。

---

① 王新生：《当今中国社会转型期的公平正义问题》，《中国人民大学学报》2015 年第 5 期。
② 〔英〕卡尔·波兰尼：《大转型：我们时代的政治与经济起源》，冯钢、刘阳译，浙江人民出版社 2007 年版，第 19 页。

（二）主流意识形态建构空间话语阵地的必然要求

社会转型和社会发展必然带来经济基础与上层建筑两个方面的变化，促使社会话语空间的多样生成。这具体表现为经济制度、经济发展趋势、资源配置、利益分配、政治、道德、法律、社会心理和社会治理水平等诸多社会因素和领域的变化，其中，社会转型对思想政治教育的要求直接表现为转型期社会中多元文化形式、各种价值观念和社会思潮对一定空间的整体社会意识形态话语的把握和建构，从而影响一定空间内人的思想空间的塑造。思想意识是人类在获取并拓展自身生存空间的生产和交往实践中形成的观念、意志、情感等的总和，体现了人们对自身与所处空间予以认同的观念和价值正当性，也反映出一种历史性的生存论价值原则，它超越了个体主观、多元的内在意识形态而具有一种合理的客观性。

人们在空间生产和交往实践中形成一定的价值共识和行为规范，并不是纯粹客观的结果，相比于客观的必然规律而显示出一定的属人特性，即"是社会空间和历史时间中变化的相对原则，而不是抽象绝对的规律"①。就人对意识形态及相关原则与规范的内在体验而言，原则与规范在人的实践活动中又成为对象化意义上的客观存在，一定程度上与人的主观性思想观念相区分。当我们说意识形态是一个规范性概念的时候，实际上明确了意识形态概念的基本论域和主要性质。意识形态是用于指导生产和交往实践的概念，既不能单纯地依据事实性范畴的内在规律来予以把握，也不能按照纯粹主观性范畴的内在体验来认识。文化形式、价值观念和社会思潮是既有区别又有联系的三个概念，从内涵上说，文化形式的外延更广，每一种文化形式都代表着一定的价值观念符号，都具备形成一种社会思潮的潜力。

文化形式常常表现为一种社会现象、一种政策制度、一种观念形态。价值观念是人们对某一事件、某种事物等形成思维认知、理解、判断的社会行为范畴，而社会主义核心价值观是对我国社会意识形态的深层凝结和主要表

---

① 罗骞：《作为交往活动领域根本价值的正义概念》，《中国人民大学学报》2020 年第 5 期。

达。社会思潮则是"与一定社会意识形态相对应，在某一时期内某一阶层和群体中影响较大、流行较广的一种理论观点和思想潮流"①。三者的联系表现为社会思潮以一定阶级空间中的价值观念为基础，并通过特殊的文化形式影响更大空间范围的价值观念。从三者之于社会意识形态形成的关系看，文化形式是意识形态的一般性载体，价值观念是意识形态的核心要素，社会思潮是意识形态的集中反映。"主流意识形态的基本精神与核心指导思想不变，都坚持马克思主义的指导地位，坚持实事求是的思想精髓，体现出与文化路径依赖相应的历史连续性特征"②，意识形态发展依托深厚的文化基础，在传统与现代、中国与西方的文化交流和激荡中获取强大的理论生命力和创新动力。

文化形式、价值观念和社会思潮是社会意识形态的基本范畴和重要表征，它们反映了一定时期的社会存在，同时也彰显了社会存在之鲜明的空间性特征，它们依附一定的经济、政治、文化和知识等载体在社会空间中存在并产生影响，与社会主流意识形态形成相附和或相背离的关系，从而对社会主流意识形态产生积极或消极的影响，其中，它们的消极影响即对社会主流意识形态起消解作用是主要趋势，而社会主流意识形态也在同这些话语空间的对话和斗争中逐步得到发展。

思想政治教育对于促进人的思想和思维发展以及推动整个社会进步具有特殊意义，对于帮助人们在多元社会思潮中确立起主流意识形态观念起到重要作用。在思想政治教育的空间转向中，人在思想观念和思维意识的生产以及同他人交往过程中，往往形成个体性与公共性相交织的空间。在思想政治教育的空间转向中，意识形态的核心导向是承认他者和社会的优先性，即人们在与他人的交互作用中优先考虑对方的需要和利益，判断一种思想和行为是否与当前的主流意识形态相符合，离不开对自我与他者及社会整体状况的分析。

---

① 余双好：《当代社会思潮的内涵、特征及其研究意义》，《学校党建与思想教育》2011年第19期。
② 王永贵：《文化自信与新时代中国特色社会主义意识形态创新》，《学海》2017年第6期。

在实际的生产生活空间中，个体的需求和利益并不伴随利他性原则和规范的张扬而消失；相反，这些因素成为个体对意识形态形成理解和认同的依据，在个体的需求与利益被一定程度遮蔽的情况下，其容易以消极的形式展现出来，尤其是在多元的思想观念的影响下，个体的需求和利益容易被放大，而成为一种异化的力量来束缚人自身的发展。"意识形态的不同历史样态是生产力与生产关系发展的结果，倘若跟不上两者发展的速度和程度，不适时革新马克思主义意识形态，就不可能掌握意识形态工作主导权"①。故而，单纯地发展生产力无法发挥生产力的全部作用，主体的需要和利益才是推动生产力前进的原动力，并且主体的需要同时还规定了生产关系变革的时代和历史限度。这就要求思想政治教育在空间转向中关注个体主体性思想空间的动态变化，建立起个体思想空间与主流意识形态之间的本质联系，在此过程中也能够促使个体主体性的需求和权益得到普遍确认。

思想政治教育在空间转向中要建构社会主流意识形态，就不能回避主体受到多元意识形态影响而产生思想矛盾这一客观问题，阿尔都塞就曾在"意识形态国家机器"理论中提出，全球化时代的人类社会意识形态已经发生了物化转向，即政治意识形态对主体思想观念具有提前规定的实践作用，而观念意识形态则以隐匿的方式在场②。这也是思想政治教育的空间转向在构建主流意识形态中所不可忽视的问题，也就是要具体分析多元意识形态产生的现实条件，剖析其中的不合理因素，着重探索多元意识形态对人的思想空间发展的负面影响，突出马克思主义主流意识形态在建构人的思维空间和指导生产与交往实践中的优越性。这一过程也凸显了思想政治教育的空间转向在捍卫马克思主义主流意识形态上的独特作用，能够更好地为社会空间的拓展提供合理性支持与合法性辩护。

社会主流意识形态的发展过程就是对各种话语空间的扬弃过程。这就要考察各种话语的空间生产和发展的一般性特征，即文化形式、价值观念和社

---

① 贾鹏飞：《论马克思主义意识形态创新的三重边界》，《思想理论教育》2021 年第 2 期。
② 参见〔法〕路易·阿尔都塞《论再生产》，吴子枫译，西北大学出版社 2019 年版，第 50～52 页。

会思潮在相互交流、碰撞中的良性机制。首先,三者都具有自成一体的理论体系,都依靠一定的理论学说为其提供社会合法性和合理性论证。其次,三者都与意识形态密切关联,但都不是主流的意识形态本身。按照马克思主义的观点,只有统治阶级的思想才能在社会上占据统治地位,其他思想只能处于非主导或次要地位。再次,三者都一定程度地响应时代的主题,满足人们的精神需要。最后,三者都具有广泛传播的特点。任何文化形式、价值观念和社会思潮都依靠一定的传播手段获取并拓展话语空间。社会主流意识形态的持续发展不仅要对西方多元的现代性思想意识进行批判性反思,而且要坚持对传统的意识形态予以扬弃,剖析多元意识形态与主流意识形态之间关系及其变化的趋势。当前的社会主流意识形态尽管在理论、制度和实践等层面取得了明显进展,但依然面临着多元意识形态在话语空间中提出的新挑战和新要求。在这种情形下实现主流意识形态理论与实践的深化、创新以建构空间话语阵地,必须"坚定文化自信,推动社会主义文化繁荣兴盛"①。文化创新是意识形态创新的重要动力,思想政治教育的空间转向要有战略地占有意识形态话语权的有利空间,这就要不断为主流意识形态的理念创新和方式更新提供鲜活动力,将我们自身的文化自信和综合实力转化为意识形态的话语优势,进而以思想政治教育空间内容的具体优势赢得主流意识形态的建构优势。其中至关重要的是依靠主体在思想观念上的自我革命和自觉创新,并且依凭思想政治教育提高理论阐释力来为主体形成对主流意识形态的深度认同提供动力,最终形成主体思想意识话语、思想政治教育理论与实践话语、网络话语等融通转换的话语空间,为构建主流意识形态的空间话语阵地共同发力。

多元意识形态话语形式必定要争夺同一空间中的话语阵地,争取自身话语空间的进阶,并促使自身话语空间的延续和拓展。各种话语空间具体表现出相区别的空间属性,这些特征决定了其在社会意识形态运动链条中的独特

---

① 习近平:《决胜全面建成小康社会 夺取新时代中国特色社会主义伟大胜利——在中国共产党第十九次全国代表大会上的报告》,人民出版社 2017 年版,第 40 页。

地位和作用。一般来说，多元话语空间的表现"不只是表述形式上的变化，更是对社会发展的深刻体悟"①。各种文化形式、价值观念和社会思潮的理论性特征、对社会的现实影响力、传播发展手段的深度和广度等各具特色，因而它们的生产逻辑、运行机制和关系结构在社会话语空间中具有存在的合理性，并对社会主流意识形态和思想政治教育工作提出挑战。主流意识形态空间话语阵地的建构与多元意识形态之间的交流和碰撞不可避免。社会意识形态作为一种思想和精神力量，对生存于一定社会空间中的主体具有思想整合和观念引导的作用。随着资本主义全球化和现代性治理体系的深入发展，在日益碎片化的现代社会图景中，各种文化形式、价值观念和社会思潮相互激荡，呈现出多元意识形态交流与交锋的态势，也加深人们在价值选择与认同方面的困惑，这为主流意识形态空间话语阵地的构建带来一定挑战。因此，在思想政治教育的空间转向中，要加深主体对主流意识形态的认识和认同，推动他们从文化自信的角度把握主流意识形态的历史变迁和时代意蕴，深入认识新时代中国特色社会主义意识形态的变化趋势，深刻领会主流意识形态对于主体自身思想空间发展的促进意义。

文化形式主要产生于处在一定社会空间中人的生活方式和生活观念。随着全球化信息化的发展、社会的运动和人的现实实践的推动，文化形式呈现多元化趋势，这种多元文化形式在空间维度上就表现为东西方文化、传统与现代文化、城乡文化、洲际文化和世界文化的激荡。伴随全球化的推进，"文化全球化是异质文化彼此接触的过程，是全球文化的统一性和民族文化的多样性两个矢量构成不断循环往复的双向运动过程"②。全球化并不意味着文化形式与经济发展方式一样在全球空间中越来越单一化，它明确反对那种将不同地区和领域中的文化等同于一切如故的"线性文化主义"的发展理念。文化全球化不是完全"西化"或"中国化"，并不是要采用任何一种价值理念来涵盖人的生存空间和思想空间等一切内容，而是承认差异性与多样性存在的

---

① 王永贵、孟宪平：《文化自信的鲜明特征》，《光明日报》2017 年 4 月 24 日。

② 孟宪平：《论文化全球化中的边界意识及影响因素》，《理论学刊》2010 年第 5 期。

合理之处；它不是要探寻一个在反思文化形式上普遍适用的评判准则，而是承认各个空间按照自己的文化形式建构话语的规则来运行。不同情况下文化形式和价值观之间的权重影响了意识形态空间与阵地的建构，在这个意义上无法找到一种超越时代和历史限度的价值标准。恩格斯在考察希腊人和罗马人的公平价值时指出："关于永恒公平的观念不仅因时因地而变，甚至也因人而异。"① 文化的多元化实质是利益的多元化，在利益多元交往的背景下，任何文化形式在空间上都表现为由内到外逐渐拓展的过程，而多元的文化在同一空间范围内会对人的生活世界和精神世界产生重要影响。

意识形态在价值指引上具有历史继承性，而且为其辩护的理论基础和论证方式也具有同构性，因而在多种意识形态并存的境遇下构建社会主流意识形态的空间话语阵地，需要厘清相互之间存在的思想界限。"文化的核心是由价值观构成的"②。文化形式反映了利益生产和交换的实质，是价值观念的核心支撑。当前社会上存在的主要价值观念即社会主义核心价值观和西方世界所宣传的价值观念，两种价值观念分庭抗礼、相互交锋。两种价值观的交流和交锋之所以会对社会主流意识形态的理论硬核产生冲击乃至消极影响，原因在于意识形态所代表的社会生产方式与价值取向不只是产生于特定阶级的利益需要，其反映了处在一定历史阶段的社会空间中的人主动选择和坚持用于指导国家和自身发展的意识形态理论与实践。不同的意识形态审视客观世界的角度存在差异，自然就会产生代表不同阶级和群体需要及权益的价值观念形态，因而经由文化形式反映却未经价值观塑造的意识形态，也必然会使得不同的意识形态在交流和交锋中忽略掉自身的理论、政治和价值特性。思想政治教育致力于构建主流意识形态空间话语阵地，这已然明确了居于统治地位的马克思主义意识形态的理论之魂从来都是与价值观密切关涉的，它不仅用于指导主体形成一定的思想意识空间，还要为无产阶级的政权合法性提供意识形态层面的保护。社会主义核心价值观是中国特色社会主义意识形

① 《马克思恩格斯文集》第 3 卷，人民出版社 2009 年版，第 323 页。
② 〔荷〕G. 霍夫斯坦德：《跨越合作的障碍——多元文化与管理》，尹毅夫等译，科学出版社 1996 年版，第 8 页。

态的核心，具有马克思主义理论的科学性光辉和指导现实实践的时代性特色，它在形成和发展中也必定会面临西方各种价值观念的挑战。

社会主义核心价值观是以马克思主义为指导的意识形态。"马克思主义也是在斗争中发展起来的"①，马克思主义意识形态正是在同各种社会思潮的斗争中逐步占据主流话语空间阵地，逐渐形成主流话语体系。同样，"各种社会思潮正是在与社会主义意识形态相对立、补充、冲突的过程中不断产生和发展起来的"，而"社会思潮如果演变成一股潮流，也会导致社会意识形态体系发生变化"。② 社会主义核心价值观作为中国特色社会主义的主流意识形态是在马克思主义指导下形成的，但在社会发展中仍会受到其他社会思潮的影响和冲击，我们应当在接受各种社会思潮的挑战中不断加强自身的理论建设和创新，这是主流意识形态保持活力的动力保障。社会个体和代表一定阶级利益的群体是意识形态话语空间的生产者、传播者和实践者。在网络信息化时代，人们的思想和行为的空隙、距离、边界和角度在更细微的空间视野中被放大，这既是各种文化形式、价值观念和社会思潮争夺的对象，也是社会主义意识形态需要争取的机遇，需要深化对马克思主义中国化的理论研究，深化对当前社会意识形态的现实场域的研究，深化回应多元价值观念和多样社会思潮的对策研究，在实践过程中深化对思想政治教育空间转向的探讨。思想政治教育的空间转向必须以社会主义核心价值观为基本领域来进行主流意识形态空间话语阵地的构建，构建社会主流意识形态的空间话语阵地是一种需要将其内在精神和价值观念展开的实践活动，其最终实践不仅依靠外在制度建设和设计，还要依靠对主体内在价值观念的培育和塑造。这就要求思想政治教育在空间转向过程中注重培育个体的共同性存在的空间意识。面向主流意识形态形成共同的空间意识能够为空间阵地的建构提供基本保障，因为即便占有话语阵地的保障机制日趋完善，如果主体不能基于主流意识形成共同的认知和认同，在建构效应上仍可能适得其反。

---

① 《毛泽东文集》第 7 卷，人民出版社 1999 年版，第 230 页。
② 佘双好：《当代社会思潮的内涵、特征及其研究意义》，《学校党建与思想教育》2011 年第19 期。

以诚信价值观为例，思想政治教育理应为青年学生的诚信价值观养成提供合德性论证，并在此过程中占有诚信价值观建构的空间话语阵地。诚信作为公民的价值准则被纳入社会主义核心价值观具有重要的道德意义。作为中华民族的传统美德，诚信通常被解释为做人真诚、做事踏实、交往守信，诚信在个人发展、人际交往和社会稳定上发挥着重要作用；社会主义诚信价值观正是凝聚了社会交往实践中"诚信"的思想精华，彰显了新时代社会主义物质文明和精神文明的价值取向与信仰依托。"人无信不立，讲诚信则善其身；国无信不稳，讲诚信则固其基；社会无信不和，讲诚信则化其怨"①。倡导"诚信"价值观，既是形成社会道德风尚和建设社会主义现代化的道德基石，又是推进公民道德建设、实现人的全面自由发展的基本要求。实现人的全面自由发展是马克思主义最崇高的社会理想和价值追求，人的全面自由发展实质上是人的本质的发展②。人的本质在其现实性上是一切社会关系的总和，因而人的全面自由发展实际上包括三个方面的内涵：人的个性的全面自由发展、人的社会关系的全面自由发展以及成为为共产主义理想服务的全面自由发展的人。人的全面自由发展思想也是中国特色社会主义理论体系的重要内容，中国共产党始终注重继承并创新人的全面自由发展思想，始终坚持人的现代发展观，强调实现人的全面自由发展主要靠教育。大学生在青年群体中具有巨大的影响力，实现大学生的全面发展是新时代党和国家人才发展战略的重要目标和本质遵循。要把大学生培养成德才兼备、全面自由发展的中国特色社会主义合格建设者和可靠接班人。

大学生的诚信价值空间具有多维性。大学生诚信价值观教育是在社会主义诚信价值观的引领下，培育大学生的诚信观念以对其价值判断和行为选择产生深刻影响，使其形成符合自身发展和社会进步要求的诚信价值观，进而反哺于社会主义核心价值观的完善；推动大学生将个体的诚信价值观念融入社会群体的诚信价值体系。这是诚信价值观教育的本质所在。"'诚'是社

---

① 王小锡主编《社会主义核心价值观研究丛书：诚信篇》，江苏人民出版社 2015 年版，第 1 页。

② 参见张述元、张维祥等《人的全面发展在中国》，时事出版社 2009 年版，第 1 页。

会人的一种德性规范，着重于自律和内在修养"①。大学生诚信价值观教育是引导大学生形成内在的诚信自律的重要途径，因而大学生诚信价值观教育的合德性不是片面的合德性，而是全面的合德性，它致力于把大学生内在的诚信之德全面、多维地挖掘出来，具体来说，这一理念有以下三个方面的外延：一是大学生在接受诚信价值观教育的过程中树立正确的诚信价值观，坚守住对诚信的信仰；二是推动大学生在学校、社会和家庭等社会关系中践行诚信之德，以彰显个人品德、家庭美德、职业道德和社会公德；三是最终实现大学生内在诚信和外在诚信的统一，具备较高的思想道德素质、坚定的政治素质和理想信念，立志为中国特色社会主义伟大事业和共产主义理想艰苦奋斗，从而达到自身价值与社会价值的高度统一，实现自身道德建构与社会道德建设的高度契合，最终实现大学生自身的全面自由发展。

人的全面自由发展中包含了对人内在品质的诚信之德的要求②。诚信是人重要的内在道德品质，而人的全面自由发展的要求将激发诚信之德的外显，诚信之德的外显又是个人后天通过内省、修养和在各种社会交往实践中实现的，故而人的诚信之德的后天外显主要发展成两种趋向：一是诚信之德成功的外显，即树立了顺应德性的正确的价值观；二是外显无效，形成违逆德性的歪曲的价值观。大学生诚信之德的成功外显是其诚信价值观得以确立的催化力量，而大学生自身能力素质、修养悟性，以及当前全球环境的复杂多变性、大学生接受外界环境影响的实际结果的特殊性，决定了大学生诚信之德的外显状况相对于其他群体而言更趋多样，当前，大学生诚信缺失的行为表现并不少见。从大学生自身发展情况来说，大学生自我信任的周期性冲击障碍依然存在，意识到不能信任彼此，对"我是谁"和"我属于何处"等问题依然困惑③，信仰缺失、信任危机等个体心灵归属和生存价值问题是一些大学生成长中的烦恼，这一烦恼往往表现为大学生对自己的人生目标和

---

① 李慧敏：《诚信与教育》，中国政法大学出版社 2015 年版，第 36 页。

② 参见王淑芹、曹义孙《德性与制度：迈向诚信社会》，人民出版社 2016 年版，第 144 页。

③ 参见〔英〕安东尼·吉登斯《现代性与自我认同：现代晚期的自我与社会》，赵旭东、方文译，生活·读书·新知三联书店 1998 年版，第 73 页。

未来发展规划清晰明了，但对自身存在的价值及精神归属缺乏明确的认知，对所学知识技能把握有余，但对技能或机理背后的科学价值和人文意义理解不足，这就容易造成人们在生产生活中存在利己主义和功利主义等倾向。

从大学生社会交往实践空间的层面来看，大学生受"精致的利己主义者"的影响，对诚信价值的理解不够透彻。马克思认为，真正的社会联系并不是由反思产生的，它是基于个人的需要和利己主义才出现的①。人的需要及其自我满足是一种客观实情，人的需要及其发展也是人的发展和社会进步的全新动力和必然结果，然而，之所以在大学生中存在一些"精致的利己主义者"现象，是因为这部分大学生在追求满足个人需要的过程中放纵自身的欲望，并在这一过程中越轨破戒，集中表现为两种扭曲倾向：一是为了获得某种利益而伪装诚信，而这实质上就是康德所极力反对的"诚信手段化"和马克思主义抨击的资本主义的诚信商品化、工具化，"精致的利己主义者"这一标签本身就与诚信相悖，一些大学生为了获得更好的资源，达到学业或将来职业更好发展的目的而付出一定的诚信成本，结果背离诚信本来之义，使之流于形式，沦为空伪；二是为了达到目的不择手段，直接抛弃了诚信精神，最终沦为只管自己不顾他人与社会的极端利己主义者，在争取自身学业和将来职业发展之捷径中不择手段，损害他人和社会利益。同时，这一窘境更是其他社会诚信问题的诱因，这些大学生的自欺和自我安慰容易导致其对外在诚信规则的无视和内在诚信秩序的失守，往往在社会交往中不能忠于内心的诚信价值观和信仰，表现为待人接物言不由衷、口是心非，长此以往，终究会被贴上"不诚信"的标签，面临社会各方对其社会信用度和道德品质的严厉拷问与责惩，这是大学生无法承受的社会诚信道德风险。

大学生在一定空间实践中遭遇的诚信危机是一系列客观环境和主观因素综合作用的结果。环境是重要缘由，全球化加强了人与人之间联系的全面依存性，这是在其背景下成长的大学生追求全面发展的重要动力，同时，社会交往和人际关系的复杂多变性增加了大学生讲诚信的成本；全球化加快了市

---

① 参见《马克思恩格斯全集》第42卷，人民出版社1979年版，第24页。

场化和信息化，市场主体在市场经济交易中诚信之德的缺失不仅造成市场经济信用机制的毁灭和市场经济的紊乱，而且会给在市场经济环境下成长的当代大学生带来更大的诚信价值观的选择难题和挑战。尽管中国特色社会主义市场经济体制已日趋完善，但市场经济的利益最大化原则及其携带的其他一些弊端依然存在，由此衍生出的享乐主义、拜金主义、诚信手段化和商品化趋向等是部分大学生诚信价值观扭曲的直接原因；全球化还带来了信息化，互联网时代的信息泥沙俱下是主要的时代诱因，网络上肆意传播诸如诚信潜规则、诚信相对论、诚信工具论、诚信相对主义或条件论等负面观念与论调，模糊了大学生对诚信价值观的认知、判断和选择。

诚信危机的根源在于诚信之德的缺失、对诚信信仰的漠视。如果诚信的合德性深埋于心，正确的诚信价值观得以确立并内化于心，大学生在遇事待人时能忠于本心，在遇到各种实际情况时心灵不易被污浊，思想观点不易被腐蚀。首先，在校大学生是自然性的生命存在体，绝大多数是在家里备受长辈疼爱的独生子女，容易形成对家庭的依赖，自我意识较强；其次，步入大学是大学生离开家庭的庇佑，实现社会化、现代化的第一步，大学生社会化和现代化的实质是其思想观念和道德水平的社会化与现代化，在这一过程中，大学生的价值观逐渐确立，他们好奇心强、接受新事物的能力强、能够意识到周围的观点和态度的多样性，并易于产生兴趣、依赖性和信任感；最后，他们容易形成崇尚自由个性化和思想观念多元化的价值取向，加上大学生的理性认识尚未成熟，个人行为具有任意性①。种种因素影响下，大学生更易形成利己主义的价值取向。

培育和践行社会主义核心价值观必须继承和弘扬中华民族和中国人民在长期实践中培育和形成的传统美德，加强社会公德、职业道德、家庭美德、个人品德建设②。这四个方面的传统美德与中国特色社会主义公民基本道德规范一脉相承，成为大学生思想道德素质建设的重要内容和价值应然。加强

---

① 参见王淑芹、曹义孙《德性与制度：迈向诚信社会》，人民出版社 2016 年版，第 12 页。
② 参见《习近平总书记系列重要讲话读本》，学习出版社、人民出版社 2016 年版，第 191~192 页。

大学生的个人品德、家庭美德、职业道德、社会公德建设构成其诚信价值观教育的四个着力点。个人品德是个人在社会生活中自觉遵守一定的道德规范而表现出的较高的道德修养，具有成人成己的双重意蕴，既能够实现个人内在道德境界的提高，又助力于社会整体道德水平的提升。加强大学生的个人品德建设是让大学生在实现自身发展需要的同时增强社会责任意识，在遵守社会道德规范的过程中提升自身道德水平。大学生个人道德水平的提升也是其认同和践行社会主义核心价值观的重要保障和显著表征，道德水平的提升有利于形成稳定的心理基础、精神品质和向善性思维，能为大学生的价值选择和判断指引方向，使其抑恶扬善。而作为社会主义核心价值观道德基石的诚信价值观，也正迎合了诚信之德是人自身完善和幸福生活的内在道德需要的规律①。大学生诚信之德的外显是其个人品德中最根本的要素，培育大学生的个人品德在本质上就是培育其诚信之德，进而为大学生诚信价值观的确立提供坚实的道德力量。提升公民个人的品德修养，一要注重德性养成，二要注重自律慎独。德性的养成与自律慎独对大学生个人品德修养的提升具有重要意义，德性的养成是个人品德得以提升、稳固的根本要素，自律慎独则是激励个人进行道德约束的动力；同时自律慎独还是培植德性的重要途径，大学生德性的培植和自律慎独的常态化都离不开诚信价值观教育，诚信价值观教育将诚信之德的养成作为诚信价值观确立和坚守诚信信仰的前端要素，在此过程中致力于促进大学生逐渐形成自律慎独的良好品德。

家庭空间养成的美德是个体在与家人、亲戚、邻里等对象交往的过程中自觉遵守基本礼节和规则时所体现的美好品质，每个家庭成员都必须履行规定的道德责任和义务，这样整个家庭才能和睦兴旺，良好的家风家训才能传承。诚信是家庭美德的重要内容，古往今来，尽管不同的家庭有不同的家风家训，但对诚信的认知和重视程度却具有一致性，广为流传的《颜氏家训》《朱子家训》对诚信的明确规定和坚守就是典型，孔子开创的儒学是中国诚信家风建设的基础，包拯严办贪赃枉法以示对诚信家规的重视这一事例被后

———————————

① 参见王淑芹、曹义孙《德性与制度：迈向诚信社会》，人民出版社 2016 年版，第 23 页。

世传颂，当代诸如焦裕禄、廖俊波等好公仆好干部的诚信家风与工作作风值得歌颂和传承。作为家庭美德之一的诚信是大学生进入社会的"第二身份证"，学校教育是大学生社会化的第一步，家庭空间的形成和完善是大学生社会空间化的前提。大学生对诚信的印象和认知最初来源于家庭，其诚信观念也源于父母长辈的言传身教，"三岁看大，七岁看老"，个体在家庭中养成的德性已经深入其骨髓，并将影响其一生，故而作为家庭美德之一的诚信也是大学生诚信价值观演进的"起源"。大学生的家庭美德的塑造彰显教与学、作用与反作用的辩证思维。

职场空间中的道德是个体在从事某项工作及整个工作实践中自觉遵守的道德规范，包括爱岗敬业、诚实守信、努力奉献等重要内涵，个体的职业道德关系到一个企业的兴衰及员工自身职业生涯，整个企业的诚信之风依靠全体员工对诚信的遵从和践行，遵守职业道德是个体内在品德修养加深的途径和重要表现，也是培育个体社会公德的重要一环。诚信之于职业道德领域具有宽泛深刻和具体细微的内涵，其中"讲诚信，守信誉"是公民职业道德的重要信条，而"'诚信'是个体在体认与实践中对美德追寻的产物"[①]，故而诚信必须在真实的职业环境中、在具体的工作实践中得到体认和印证，职业道德的培养催促诚信精神的升华。在校大学生拥有三重角色：一是接受学校教育的受教育者；二是学校和社会实践活动的组织者、参与者；三是即将走向社会生产一线的实践者、劳动者。在这三种角色的实践中，大学生的自觉性、能动性、创造性等主体性特征得到充分彰显。一方面，学校和社会上的青年学生组织是微型的社群组织，大学生在参与学校组织的社会实践活动过程中担任一定的职务，履行相应的义务，按质按量达成各项任务指标，这有利于其"群意识"和协作意识的养成，而这也是在校大学生职业生涯发展的"最初模型"，而义务的履行和具体任务的完成必须建立在良好的职业道德基础上，在职业发展"最初模型"中摸索的大学生也必将会面临种种诚信之德的挑战和拷问；另一方面，职业道德是即将迈向社会、走上各种工作岗位的

---

① 黄进：《论核心价值观》，南京师范大学出版社 2014 年版，第 266 页。

大学生的"通行证"，是其职业生涯顺利发展的重要条件。这两个方面就决定了在校大学生的主体性发挥表现为从非理性到理性的"慢热"过程，对职业道德中诚信的体认也表现为与时俱进的、循序渐进的过程，其依托大学生对自身发展需要的深刻了解和自身职业发展的具体规划。

社会空间中的公德体现了人与人的社会交往规则。社会公德为调节社会关系、解决社会纠纷提供比较公平合理的评判标尺，对社会中人的道德义务、责任的履行、权利的行使、交往的规范以及人与自然关系的处理原则等诸多方面进行指导，其中遵守诚信是公民展现社会公德的必然要义。作为社会公德内容之一的诚信要求公民在社会生产和社会交往中能够以规则意识、实事求是的原则为基本遵循，这也是大学生的个体性向社会性转化的基本遵循，作为受教育程度较高的群体，大学生理应成为社会公德的践行者、引领者和传播者，在社会交往和社会实践中将诚信的道德底线作为内在的道德防线，自觉承担起践行诚信之德的义务和责任，并将促进诚信之社会公德的建立和完善作为根本的价值追求。然而，大学生在社会化过程中容易"展现自我"，其个体性极易导致诚信之德的分散性，具体表现为大学生将纯粹个人的意识信念掺杂到公共生活和社会交往的准则信条中，这种情形下容易产生不诚信的道德主体与要求诚信的社会伦理共同体之间的悖论，需要更加重视诚信精神的培育①，推动大学生真正完成从个体性向社会化的转变。具体说来，在客观层面上需要促使大学生的德性自觉转化为德行，内在要求指导大学生在理性思考和具体实践的过程中把握诚信之德，并在这一过程中对自身的诚信表现进行具体分析，进而敦促大学生忠于自己的社会身份，忠于自己应当承担的社会责任和道德义务，进而真正处理好人类社会复杂的关系，建立起普遍的诚信机制②。这不仅能够促进大学生对诚信价值观自觉认同，而且有助于促成社会诚信之风的兴起。

教育的目的和整个教育过程是教人求真，以促使其成为真正的人。教育

---

① 参见王小锡主编《社会主义核心价值观研究丛书：诚信篇》，江苏人民出版社 2015 年版，第 27 页。

② 参见樊浩《道德形而上学体系的精神哲学基础》，中国社会科学出版社 2006 年版，第 267 页。

不仅是知识能力传授的过程，也是思想文化传承的过程，更是真正的人铸就的过程。所谓真正的人就是人立己存世要具有真道德和真才能，做人真诚、办事踏实、交往守信，这高度契合了当代大学生诚信价值观教育的精神要义，诚信价值观教育就是遵从内在诚信之德，以高度凝练的价值观精髓引导大学生树立诚信价值观，形成对内在自我与客观世界予以真正认识和改造的稳固信念，以实现使大学生学做真人和全面发展的教育目的。

（三）思想政治教育回应社会问题寻求的空间转向

社会批判理论的空间转向将社会问题纳入空间的分析视域，形成了一种新的研究范式和一套清晰的分析框架，为人文社会科学的研究提供了新的阐释路径，也带来了思想政治教育的研究生长点。列斐伏尔《空间的生产》的出版标志着空间理论使得社会问题在人文社会科学领域率先得到观照，詹姆逊、哈维和苏贾等人将地理学和文学的方法引入社会批判理论领域，进而推动社会批判理论的文学性、社会性和空间性形成密切关联。空间转向作为地理学和文学的新的理论范式而不断"发现或发明新的方法来理解我们理解世界的方式"①，社会转型对思想政治教育提出的创新转型要求，揭示了传统思想政治教育实践模式存在一些不足，难以应对当前复杂多变的社会环境和社会关系。以空间转向为特殊方式的思想政治教育理论研究与实践探讨，以多种角度关注地理方位、环境、领域等与教育之间的空间动态关系，在一定意义上改变和重新定义了当代思想政治教育的理论与实践。无论是回应现实空间中的社会问题，还是解决虚拟空间带来的社会问题，或者在现实与虚拟相混合的空间地带，重新审视思想政治教育与空间的关系都十分重要。弗朗科·莫莱蒂也明确认为"地理学是文学发明与发展的最本质的一方面"，并赋予"文学地理学"以"双重目标"："在文学中研究空间"和"在空间中研究文学"②。文学地理学并不能被简化为地理学的一个分支。同样从空间转

---

① 〔美〕罗伯特·塔利：《空间性》，方英译，北京大学出版社2021年版，第55页。
② 转引自〔法〕米歇尔·柯罗《文学地理学》，袁莉译，福建教育出版社2021年版，第13页。

向的角度看，思想政治教育的空间转向是当代思想政治教育的重要组成部分和工作展开的着力点，需要被放在当代具体的社会空间视域中进行整体性审视，更需要在现实的社会空间中发挥一定作用，以便更为真实地把握社会问题，进而在社会空间与人的思想空间之中探寻具有创新性的接触点和联合部，由此开启当代思想政治教育空间转向的推进路径和思想政治教育独特空间的创构之路。

思想政治教育工作的目的是促使受教育者认同社会主义主流意识形态，进而掌握分析、判断其他意识形态的方法、能力。思想政治教育存在的合法性与合理性就在于其理论和实践上的合科学性及合价值性，它要全面地代表和表达人们的社会生活及其文化的丰富性和自由性。因而，当前革新和发展思想政治教育需要从现实的社会问题中挖掘、整理和提炼思想政治教育的鲜活资源，在多维空间的对话中真正构建思想政治教育的自主知识体系。

从当前的思想政治教育实践模式看，其俨然呈现出一定的空间特征。首先，实践模式带有较为浓厚的意识形态性，思想政治教育既注重对受教育者个体实际的思想价值和受教育者个性化、多元的思想价值进行把握，也重视提升教育者对主流意识形态的认同度。其次，实践模式具有一定理性实践的扩张力，思想政治教育往往表现为凭借一整套理论体系的预设进行实践，同时也注重对理性知识与受教育者情感等非理性因素进行融合。最后，实践模式表现为注重对现实生活中社会问题的反思，思想政治教育逐渐摒弃以往在内容上过于理想化的不足，更加关注对现实生活世界流动性的把握，而且其内容也呈现出连接具体生活空间和现实个体之趋向，重视对思想文化的历史传承并把握当下空间的现实语境。然而，无论是在教育内容上还是传播路径上，思想政治教育在理论和实践中都还存在一些空间上的不足，这些不足其实是对现实社会问题的反映。思想政治教育的任何一个环节都与社会空间中的问题紧密相关，也正是通过对社会问题的关注和分析，思想政治教育的空间转向的理论特质、精神实质和价值取向得以淋漓尽致地展示。目前思想政治教育的空间转向最为重要的是在选取社会议题作为教育资源时，开始从课堂空间转向社会空间，使得社会问题广泛而有效地融入思想政治教育空间的编码与建构，进而也参与了思想政治教育空间本身的生产。在全球化和现代性的理论语境中，思想政治教育的空间转向还必须辩证地思考并通过对社会问题进行批判来利用其他学科或领域中的资源。

空间转向带来了思想政治教育的研究生长点。西方马克思主义学者将空间转向理论运用于对社会问题的分析和批判，形成了空间与时间、社会交互影响的研究视角。"社会空间理论通过分析个人、群体和公共机构在社会空间环境中的行为过程，探索不同社会空间环境尺度下，不同阶层行为主体的选择和行动，从而确立社会空间的变化与人们思想行为的逻辑关联性"①。人的思想和行为的形成与发展会产生复杂的社会关系，而这些社会关系又必然受到社会空间环境的影响。"思想政治教育与实施过程是一种社会选择活动，这种活动的能力取决于一定的社会关系"②，人的思想行为与社会空间、社会关系和思想政治教育活动形成一定的逻辑关联：社会空间是一个包罗各种社会信息因素的集合体，由于人的思想行为在一定程度上改变着社会关系，决定着思想政治教育实施过程的取向，故而，空间转向的引入实际上促使思想政治教育从社会空间角度探求人的思想与行为的发展规律。

社会批判理论视域中的空间转向对当前社会空间形态的映现和社会问题的把握，对社会问题之现实空间意义的揭明，对思想政治教育形成了一定的冲击，要求思想政治教育的研究视角和实践方向必须转向人们日常细微的生活空间。这一方面是为了应对空间转向提出的冲击和挑战，是今后思想政治教育"生存"的必然要求；另一方面是为了超越已有空间转向理论在分析具体社会问题时的流弊，这是思想政治教育未来发展的重要目标。具体来说，空间转向对思想政治教育提出了一些现实难题，如空间转向揭露了当下社会空间的现实价值，即城乡空间和网络空间结构变动中人们的思想交流和交往行为的工具理性和利己主义倾向更加凸显，并且在意识形态掌握社会话语空间的实践中，各种话语空间形成一定的等级差异，有些处于中心，有些处于

---

① 卢岚：《论思想政治教育变革的空间转向》，《思想理论教育》2017 年第 3 期。

② 卢岚：《社会治理视野下的思想政治教育若干问题研究》，《理论与改革》2016 年第 1 期。

边缘。诚如福柯对空间与权力、知识间运作关系的阐述："一旦知识能够用地区、领域、移植、移位、换位这样的术语来描述，我们就能够把握知识作为权力的一种形式和播撒权力的效应的过程。"① 福柯认为知识是权力的组成部分，知识作为权力的重要手段，体现在促进知识自身的空间化，这与意识形态话语空间的彼此差异分析具有同构性。这种差异凸显了意识形态之间的比较意义，对比较意义的认识需要依靠个体努力或社会的力量，也要通过思想政治教育对个体与社会之间的关系加以时代性把握和引导。"社会结构转型与社会空间嬗变带来了社会问题与精神伦理等多方面的沉重打击，诸如道德底线失守、公平失衡、社会秩序失范等等问题，使得通过社会机制的自然运转吸收人们情绪和心理的能力大为削弱"②，这启示我们在剖析和解决社会问题时不仅要借助外在的制度重构力量，还要通过思想政治教育来对这些社会问题背后折射出的人们精神层面的困境予以分析。思想政治教育的实践必须在更大的社会空间中展开，并在推进过程中厘清与社会主流意识形态具有差异性的其他意识形态所折射出的社会问题，尤其对强化自我本体论并导向现代虚无主义的社会问题进行透彻剖判。思想政治教育只有在一个更大的社会空间当中得到接续阐释并深化实践，方能体现空间转向的社会意义及时代效应。

任何意识形态都代表了一定时期人民的需要和权益，表现为一定的理论知识。西方空间转向理论所批判的对象多为宏观的社会空间形态，却忽视各个空间内部、空间之间的边角、缝隙等日常细微的空间单元和碎片的形式。比如西方空间转向理论研究中对实证主义和理性主义的强调，以及对理论的认识论基础进行审视的后实证主义，包括批评理论和建构主义等，都对观念、利益、权利和制度等与知识密切相关的要素进行解读，其中建构主义就主张社会规范的结构和意识形态的认同机制与全球现代性的智力设计具有互

---

① 〔法〕福柯：《权力的眼睛：福柯访谈录》，严锋译，上海人民出版社 1997 年版，第 212 页。
② 卢岚：《思想政治教育空间转向的理论阐释与实现路径》，《中国矿业大学学报》（社会科学版）2019 年第 3 期。

建关系。哈贝马斯认为全球公民共享一种由文化建构起来的背景知识①，他试图使用交往理性来支撑并重构这一背景知识，对我们认识社会空间中的问题产生了一定的影响。

伴随全球化和现代性治理的拓展，人们认识社会空间的差异性逐渐渗透在日常生活空间中，"全球现代性建构过程中的交互理解困境，构成了从存在论差异及其生存论转向展开文明比较的社会历史前提"②，全球化不仅表现为世界历史中的全球现代性演化过程，而且无论在理论叙述还是话语实践层面，都延续着对社会空间的历史性关注，这也意味着社会问题是诱使视角性差异浮现出来的关键所在。在思想政治教育的空间转向层面，对社会问题中折射出的差异性，人们目前并未从对立的视角来理解，而是看到了差异性对于构建多样化知识体系的助推作用。当个体进入社会实践当中，其主体性的作用是开放式的，不同个体相互之间呈现为网络化而非绝对差异性的结构，涵盖了全球社会空间、城乡空间和网络空间等众多行为领域。具体而言，城乡空间结构的变动、陌生人社会的大趋向造就了精细的社会空间和复杂的空间关系。网络空间则将人们交往空间的碎片形式呈现出来，将人的思想意识、行为动机和情绪心理等"微活动"的深层结构置于多维的空间系统中来审视，在此过程中也生成了思想政治教育没有触及的空间样态。但这些形态又实实在在影响人的观念形态和行为选择，影响人对思想政治教育的认同度，这些是需要思想政治教育予以重视和重构的。

三　思想政治教育空间转向的可行性

在现有的思想政治教育发展模式探究中，学界主要从具体问题切入来审视人们现实思想政治发展的历史与现状，这为我们更好地结合空间批判与建

---

① See Jürgen Habermas, *The Inclusion of the Other: Studies in Political Theory*, Cambridge, Mass: MIT Press, 1996, p. 296.

② 邹诗鹏：《存在论差异与全球现代性问题》，《天津社会科学》2022 年第 1 期。

构两方面的研究成果奠定了基础，有助于推进西方的空间转向理论与中国本土思想政治教育实际相结合，促使空间转向理论进入中国本土后依然保持生命力，在思想政治教育空间转向研究中发挥现实作用。探索思想政治教育空间转向的可行性，旨在助推一种新型的思想政治教育空间发展模式与实践样态的塑造。

（一）人的思想发展是其内部空间循序扩展的社会过程

人的存在与发展具有流动的空间性特征，人们通过生产和交往实践创造了一定的社会空间，并塑造着自身的实践方式。人的实践是体现人自由意识的活动，所以人的思想发展也是随着实践的推移而不断开发和扩展其思想的活动，表现为人自身拓展的思想空间取代并超越原有思想的社会过程，这也是其思想空间不断扩展的社会化过程。在马克思看来，"人们的存在就是他们的现实生活过程……我们的出发点是从事实际活动的人，而且从他们的现实生活过程中还可以描绘出这一生活过程在意识形态上的反射和反响的发展"[1]，当马克思将对人的考察从抽象的人的视角转向现实的人，这也就表明其已然把人的存在与发展视为人的现实生活过程，当成人的社会化过程。在历史唯物主义的理论视域中，马克思将这一发展过程纳入历史的视野，将人的社会化视为历史性的延续过程。人的生活过程在思想空间上的反射和反响是对社会意识形态的整体表达，首先通过人的思想认识得以反映。从历史过程看，人的思想发展与人的生活过程高度统一，体现在它的价值观念形态从低向高的运动趋势，历史乃是"追求着自己目的的人的活动"[2]，人的思想对现实实践的认识不断深化的过程，就是推动人在意识中预设的生活前景不断成为现实的过程。在历史演进的过程中，人的实践在现实规定性中得到发展：人与自然界之间的物质资料的交换和再生产，标志着人类的第一个历史性活动——人自身的生产，并在此过程中衍生了人与人之间的社会关系以及

---

① 《马克思恩格斯文集》第 1 卷，人民出版社 2009 年版，第 525 页。
② 《列宁全集》第 55 卷，人民出版社 2017 年版，第 19 页。

人的思想和精神生产，与此同时，人的发展也表现为前资本主义阶段人性的压抑、资本主义阶段人的虚幻自由和利己主义、社会主义和未来共产主义阶段人的思想不断走向解放和实现人的全面自由发展，人的发展与社会进步是趋向一致的动态过程。马克思的历史过程性理论从宏观视野解读了人的思想发展的总体性趋势，保证了人的思想发展从过去、现在到未来一步步超越现实世界，拥有向着未知领域进军和创新的绵延不绝的活力。

仅从历史的或时间的维度剖析人的思想发展过程，难免会导致实践结构的粗糙化，忽视不同实践结构及结构内部的细微关联。伴随传播速度的加快，人们花费在跨越空间上的时间越来越短，人们的空间体验越来越少，空间逐渐成为僵化静止的"背景墙"，这就"没有从总体上揭示出认识如何区别于其他一切存在物，即没有揭示出人的存在、人的活动的总体性的本质结构"[1]。时间掩盖甚至消灭空间的结构，这并不符合人的思想形成发展过程。马克思的总体性叙事是其表述人类历史的方式，他将人的存在解释为共时性与历时性辩证统一的历史总体，并规定了对人类历史过程的总体性叙事进路和关于人存在的现实社会历史的总体性叙事话语。马克思的总体性叙事能够承担起基于历史而面向未来的有效指引功能，他对人的矛盾性存在和实践力量的阐述表明，任何社会历史中的异在形式都在与人类历史总体相关联中确证自身，总体性"不是最终得到的结果，而是起点"[2]。总体性地审思人的发展过程，虽然对历史时间的维度格外强调，但也有对空间性过程的表达，"凡是有某种关系存在的地方，这种关系都是为我而存在的"[3]。人的本质是一切社会关系的总和，这就意味着形形色色的社会关系决定了人的存在，而这些社会关系又在人的实践中生成发展，形成新的社会空间关系，社会空间关系使得社会空间实体得以形塑，这是社会关系的立体性表征。掌握社会空间关系，必须立足于历史唯物主义的理论视域，将对社会空间关系的理解置于对生产方式的考察基础上。历史唯物主义的社会关系理论表明只要与生产

---

[1]　黄楠森主编《人学原理》，广西人民出版社 2000 年版，第 143 页。

[2]　Fredric Jameson, *Valences of the Dialectic*, London and New York：Verso, 2009, p. 15.

[3]　《马克思恩格斯文集》第 1 卷，人民出版社 2009 年版，第 533 页。

方式相适应，空间生产就能够与人的本质相连接。

马克思恩格斯无论是对于同人的本质相背离的社会空间的批判，还是对其根本原因的分析，都是基于考察生产方式进步与否来揭示社会空间关系是否正义，尤其注重从资本主义生产空间中的诸多生产要素与劳动者权益之间的关系展开探讨。马克思恩格斯早期在对英国工人阶级所处的生产和栖居空间状况分析中，指出了城市生存空间饱受资本力量的控制，后者无情挤压无产阶级的生存空间："小宅子又坏又破，砖头摇摇欲坠，墙壁现出裂痕"[①]，这种社会空间关系在资产阶级和无产阶级的生存与栖居层面显示出强烈反差或对立，恰恰反映了历史唯物主义对社会空间关系在生产与分配中具体形式的典型批判。在资本主义机器化大生产的阶段，社会空间的拓展要想契合人的本质和生存发展需要，"只能通过带有资本主义发展特征的社会生产关系转型才能实现。这些社会或阶级的关系明显地塑造着空间"[②]，这同样揭示出从社会生产方式考察空间关系是否与人的本质需要相符合的重要性，在此过程中也推动人的空间观念从人本主义的视角转向实践生存论，即人的生存发展的空间性过程反映了社会关系网的流动位置。

人的思想空间在每一层社会关系的生成过程中发挥重要功能，如设计目标、自觉计划、确定实践、反思评价，而每一个环节的思想运动都指导着实践结构的建构和变动，反映在人的思想中就表现为对事物和实践的整体性思维架构。怀特海认为，"人能够理解结构，他从纷繁的细节中抽象出其支配原则"，"他可以将最好的东西作为目的"[③]，人具有从事物和实践中构建一种体现自身思想意识的空间结构的思维能力和行为潜能，但由于对事物的认识和采取的行动不断变化，故而，人们的思想意识只有在已有的空间结构中才能被激发和起作用，然后才能进一步开拓新的空间关系和结构。而不同的思维模式又必然促动既成体系对原有思想的支配，即决定着不同主体的思想

---

① 《马克思恩格斯全集》第 2 卷，人民出版社 1957 年版，第 325 页。
② 〔美〕爱德华·W. 苏贾：《寻求空间正义》，高春花、强乃社等译，社会科学文献出版社 2016 年版，第 83 页。
③ 〔美〕怀特海：《思维方式》，刘放桐译，商务印书馆 2004 年版，第 69 页。

空间、同一主体的思想空间内的思想矛盾和意识斗争。换言之，"一切过程中矛盾着的各方面，本来是互相排斥、互相斗争、互相对立的"①。思想与事物之间的矛盾运动过程具有辩证性，这种辩证特征体现在人的思想实践与事物发展空间有机统一的历史过程中，人的思想在某种程度上强化了对空间生产及其关系的影响，促使社会空间生产成为自身思想空间拓展的手段，使得空间要素呈现出一种思想化、意识化的形态。社会空间的重构在此境遇下可以被解释为人们依据思想的驱动而进行多维交流的过程，即社会空间的要素在人的思想影响下被再组织和再开拓，这是社会空间运动的基本形态，同时也是空间资源在不同人的思想中得到再现和再分配的结果。当人的思想发展的历史性达到极限时，人就越来越具有对复杂事物予以精准细微把握的能力，以及拥有超越已有经验的预见能力，思想的空间过程性和空间意义就开始显现。

与一种基于物质生产的视角对空间生产关系考察的方式不同，将人的思想置于社会空间中予以省思，能够把握其思想空间在交互作用中不断拓展的现实。立足于人的思想空间拓展社会空间，有利于维护空间中的生态文明意蕴与社会价值，也有助于增强人们对社会空间资源合理利用的协调性。马克思对人的思想空间这一特殊形态及其价值实现的阐述，"原则地揭示了空间价值属性的一般与人们的具体价值诉求和具体利用方式的特殊，进而空间价值的普遍性与其价值实现的特殊性之辩证关系"②，人的思想发展表现为"曲折上升"的过程，在诸多思想进行交流和碰撞的过程中难免产生差异性的观念。思想政治教育在空间转向过程中要推动被遮蔽的人的思想空间实现"敞开"，既要观照个体性的人的思想空间动态结构，又需把握人的思想空间运动与社会空间生产和资源配置之间的平衡性和包容性，从人们的思想空间交互过程来理解其内部空间的循环扩展，而不是仅仅追求人的思想空间拓展与社会空间生产在结果上步调一致。故而人的思想发展，即人的思想空间的

---

① 《建党以来重要文献选编（1921～1949）》第 14 册，中央文献出版社 2011 年版，第 457 页。

② 胡潇：《空间正义的唯物史观叙事——基于马克思恩格斯的思想》，《中国社会科学》2018 年第 10 期。

内在拓展与社会空间资源的生产过程实现普遍性与特殊性的有机统一。

（二）过程性构成思想政治教育空间特性的本体论根据

人的思想品德及思维方法形成过程是思想政治教育空间特性得以生成的本体论依据。"人的思想品德一般是按照心理—思想—行为的顺序，由简单到复杂、由低级到高级、由不完善到完善逐步发展的"，而"思想品德结构是以世界观为核心的心理、思想和行为的综合系统，是心理、思想、行为及其要素和功能相互联结而构成的三维立体结构"。[①] 人形成思想品德的空间过程性正是表现为它在世界观统摄下的动态结构模式。马克思的存在论强调过程性，人的思想品德萌发于人简单的心理结构，包括人的知、情、意、信等因素，在这种结构模式下，人对事物的认识和行动力比较低级；随着人的语言、大脑和思维活动逐渐成熟，人的实践能力和经验也在增多，人的世界观、人生观和价值观等思想系统逐渐成熟，这是人的思想品德形成的核心环节，人对事物形成抽象的理解并进行现实主动的实践；显然，行为就是人的思想品德的外显，我们能够通过它来检验人的思想品德结构的完整度，并推动新一轮的心理—思想—行为运动及其结构的变动。

人的思想品德形成过程主要表现为人的内在思想矛盾的转化和思想空间结构模式的变动，同时也通过实践彰显出其对社会空间结构及环境的影响。当人对世界的认识相对成熟和达到较高水平时，人对自身思想空间与社会空间之间相互依存关系的认识也进一步深化，人们思维活动的普遍性与特殊性之间是互为基础和相辅相成的关系，这不仅是生成和维持社会空间发展及实现正义价值的基本规则，而且是人的思想品德得以塑造的空间过程与内在机制。人们在把握社会空间时，如若夸大自身的特殊性诉求而背离了社会正义原则，就会容易引发个体性空间与公共空间的冲突，进而导致空间之间的和谐与平衡遭到一定程度的损伤，这直接反映在人的实践行为中。将空间转向引入思想政治教育中进行考察，从根本上把握人的思想品德及思维方式的形

[①]　陈万柏、张耀灿主编《思想政治教育学原理》，高等教育出版社 2007 年版，第 118 页。

成过程，"过程性既是事物存在和运动的时间、空间上的持续变化，亦是这种客观运动真实存在为我们大脑思维运动所做出的整体性的归纳和总结"①。人的思想品德是自身思维与外部世界相互作用的产物，而这个形成过程也表现为其认识外部空间来龙去脉，进而丰富自身身体体验，实现思想品德水平的提升。这有助于我们在思想政治教育中把握人的思想品德与社会空间关系的规定性。马克思主义关于社会过程的理论阐释表明，社会过程的推演、社会结构的变动就是社会有机体和社会制度设计不断完善的历史进程。我们将人的思想品德发展状况置于社会结构的分析框架中，实则是分析人的思想品德与社会制度及其运动状况的关系。最贴近分析框架的空间就是人出生和成长的家庭空间、生活于其中的社区环境和工作的社会共同体，人的思想品德空间结构在与这些空间中的实物及其运行机制的相遇和交互中发生位移。

思想政治教育以一定社会的主流意识形态发展的现实要求与人的思想品德发展的实际状况和规律为依据展开实践。从思想政治教育的过程要素看，教育者、受教育者、教育介体和环体都是人的思想品德发展的重要影响因素，这些要素发挥作用的机制就是形成一定的空间关系，以此与人的思想品德内部空间结构相契合。人在本质上是一切社会关系的总和，是社会实践的产物，这意味着人的思想品德在各种经济、政治、文化等社会关系中生成，通过多维的生产和交往实践，在家庭、学校、社会乃至更广范围的空间影响过程中得以塑造。"思想品德形成过程在某种意义上讲是思想政治教育过程的微观表现"②。这就从本体论角度肯定了思想政治教育过程的意义，必须从各种社会关系结构的演变过程中审视人的思想空间。

思想政治教育过程本质上就是依据现有的经济、政治、文化等社会制度和关系来把握人的思想之潜在性、理想性和预设性。其中包括对人的思想空间、社会空间及二者之间的辩证关系予以过程性审视，因为人的思想空间及其对外部社会空间的反映是动态的，并且人的思想空间在不同的空间形态中

---

① 王涛：《时空简史》，金城出版社 2022 年版，第 135 页。
② 陈万柏、张耀灿主编《思想政治教育学原理》，高等教育出版社 2007 年版，第 126 页。

保持着持续性的位移或变换，"活动空间充满着形态、质量、规模、秩序方面的变量。人生一世作为空间事物，是移动和静止的统一"①。伴随人的思想空间的不断拓展，人们在空间位移中接受社会空间规定性的同时也能够发挥自身的能动作用。因而，在思想政治教育的空间转向中，无论是从课堂空间到社会空间，还是从现实空间到虚拟空间，都需要我们在具体实践中审视人们释放个性化空间的方法，并对这一过程进行适当合理的形塑和安置，进而证明思想政治教育形成的诸多空间并不是彼此独立的实在性场所，而是具有连续性和总体性特征，最终将其视为重塑人的思想空间在差异性中走向辩证统一的实践支撑。

如果将思想政治教育看作一个特殊的社会空间体，那么它就是与各种社会空间关系都有紧密联系的一环，同时还是把握人的思想在整个社会空间关系中的位置及其现实位移的切入点。人的实践创造了各种社会关系，也塑造着自身的思想结构，多变的社会关系与人多样的思想结构难免会产生一定程度的冲突，并且冲突关系在全球化和智能化背景下会在更广阔的范围中放大。从根本上看，这种冲突是由于人们在参与利用空间生产与利用空间资源过程中出现失衡而导致的，进而有可能引致空间责任与权利之间的错位。人们在思想认识上的差异扩大，就容易形成"多"与"一"的对峙局面，并且"多"的社会关系和思想结构中，又呈现不同层次的动态变化，而在这些多样的思想空间及其关系中，只有"具有空间意义的思想是被人们认同的思想，那些不被认同的思想，存在于物质空间，但不一定存在于思考者的思想空间"②。其中，"具有空间意义的思想"重点强调的是空间的意义，也就是它对人的思想空间结构产生了影响，而所谓空间意义的显现必然以人的思想空间为参照系，具体体现在思想政治教育实践的步骤安排中，确定目标、拟订方案、构思轮廓、设计细节等各环节都关涉人的思想变化状态和规律，这些环节的关系体现了建构思想结构的空间逻辑，以此确定哪些是受教育者需

---

① 胡潇:《空间正义的唯物史观叙事——基于马克思恩格斯的思想》,《中国社会科学》2018年第10期。

② 马列光:《思想的空间与原理》,中国经济出版社2011年版,第86页。

要认同的思想观念并使这些观念融进他们的思想空间结构中。

就思想政治教育的空间转向而言，面对与其密切相关的空间生产和资源利用过程中人的思想空间与社会空间不一致和非同构现象，需要以社会空间的规范性来引领和完善人的思想空间自发产生的消极部分，这是思想政治教育在空间转向过程中推动实现教育目的的深层内容，也是理解和叙述思想政治教育过程所不可或缺的辩证逻辑。

（三）思想政治教育实践过程中多种空间的交互变革

思想政治教育及其实施过程以社会空间关系与人的思想空间结构为参照系，这就必然涉及思想政治教育内在的空间结构问题，这种空间结构在社会整体空间中不断建构，受到各种社会空间单元及空间关系的影响。思想政治教育的空间结构就是思想政治教育空间与其他社会空间、思想政治教育诸要素内部之间的相互位置关系和集聚分散程度，思想政治教育的空间演进是其在社会空间中的空间单元格局变动、空间要素分布变更、空间结构转变的整体有序过程。"意识形态作为一种群体世界观与价值观统一的认知系统，它与群体的存在相伴随，是一个社会群体的公共性概念"[1]。思想政治教育的理论研究与实践工作对于传播意识形态具有重要作用，"坚守高校宣传思想工作阵地，关乎意识形态工作的未来"[2]，故而思想政治教育必然带有社会公共属性，一方面，思想政治教育空间在社会各种空间中生成，并与社会空间相交互；另一方面，思想政治教育空间是一个开放、共享、流动的活动空间，既融入了整体社会空间环境，又具有独特的空间体系，具有其自身的独特性。空间在思想政治教育当中所起的作用，并不同于西方现代教育通过建立组织机构来规训空间主体或攫取资源，而是表现为促使教育中的主体在走向现代社会化的过程中，能够认识和把握传统知识体系的当代作用。这有助于对开放、共享和流动的空间资源进行系统整合，进而在个体的思想空

---

① 贾英健：《意识形态的实践本质及其人类公共性理想的复权——马克思意识形态批判的价值维度及其精神实质》，《理论学刊》2007 年第 12 期。

② 王永贵：《新时代意识形态建设的创新逻辑》，《马克思主义与现实》2019 年第 3 期。

间形成和拓展中塑造理论性权威和个体性主张共存的形态。思想政治教育空间不能被当成脱离一定社会公共场合而独立存在的实体，应该被视为人的主体性话语和价值得以生成的社会性场所；不能将普遍存在的准则用作指导思想政治教育空间建构的普遍法则，而应诉诸社会主流意识形态力量来予以建构。

从思想政治教育在整个社会空间结构中的位置来看，思想政治教育是连接人的思想空间与社会空间的中介，而思想政治教育空间自身又随着社会空间和人的思想空间变动而发生变化，所以思想政治教育空间的发展是能够彰显实质性意义的实践过程。在思想政治教育空间、社会空间和人的思想空间三者关系中，社会空间始终处于核心地位。在特定的社会发展阶段和背景下探讨思想政治教育的空间转向，必须牢牢把握思想政治教育空间、人的思想空间同社会空间之间的密切关联，并探寻这些空间的结合方式以及发生转向的进度。社会空间结构变动和空间关系的多样发展决定了当下人的本质属性，因而社会空间也是思想政治教育空间发展的基础。随着社会空间在现代化拓展中现实性与虚拟性交互趋势的凸显，思想政治教育自身空间发展也呈现新的格局，"在现实与虚拟并存格局中的思想政治教育是集理论生产空间、思想交流空间、行动交往空间彼此渗透、重叠交织在一起的大格局"①。这里所谓的思想政治教育大格局，一方面指明了思想政治教育与社会空间、人的思想空间发展的关联，另一方面也厘清了思想政治教育空间在社会大格局中发展的现实逻辑。思想政治教育大格局在空间转向中具体表现为空间格局的创设与转型，也在一定程度上推动了以往的教育空间从面对面的交互走向多维立体性的共同体构建。在这样一种空间格局中，我们立足于思想政治教育空间化的基础，进一步揭示出主体的思想结构更加清晰和社会行为更加规范的态势。这些理念与原则的加强，促使主体不断地被融合进社会空间，融入一种人民共同实践的空间当中。

人的行动交往空间是思想政治教育空间发展的首要前提，它一方面要以

---

① 卢岚：《论思想政治教育变革的空间转向》，《思想理论教育》2017 年第 3 期。

在现实交往实践中直接生成的资源来反作用于思想政治教育空间，另一方面要通过交往实践改变社会空间来影响思想政治教育空间的变革。人的空间交往实践的合理性在于符合现实的人的本质要求和人的自由全面发展的需要，"交往实践到处生根、到处落户和到处开辟市场，使一切空间在生产中转变为交往关系的空间样态"①。人们通过空间交往实践形成了一定的社会交往空间，同样人们在创造社会交往空间时制定一定的交往规则、形成一种交往的意识与精神，这些能够满足人的生存发展的要求。学者们在探究人的行动交往空间时也达成了一个基本共识：思想政治教育的空间转向本身就意味着存在一种与过去教育场所有差异的空间形态以及人们对这种形态本身的认可。作为思想政治教育空间转向主要关注的对象，人的交往空间与其所处社会空间和全球化空间密切相关，比如全球化的推进形成了"方法论国家主义"（methodological nationalism），突出民族国家在空间尺度中的作用②。但是不同于西方现代性与全球化"合谋"构成的意识形态关系，思想政治教育对人的交往空间的把握，并不是要建构自身在交往实践中的意识形态权威，而是要将社会主流意识形态融入人的日常生活和思想空间中，并在其中对人的交往空间的动态变化发挥引领性作用。思想政治教育空间转向的结果不只是影响新的社会转型，而且表征着人的社会生活和思想空间的各种影响因素被深刻剖析的事实。从这一意义上讲，思想政治教育的空间转向，实际上是对人的思想空间与交往空间等诸多形态及其交互变革的认识论反思。在现实交往与虚拟交往并存的格局中，人们默认现有的交往规则或交往精神在碎片化的空间中更加"分散"，线上和线下的空间交互重新塑造着原有的交往格局，人们在身份认同方面面临集体焦虑的困境，此时思想政治教育获取的信息是人的交往空间影响了人的思想交流空间，进而影响人的思想空间发展和结构的形成。在当今时代，思想政治教育空间已经延伸到虚拟空间中，人的思想实践和虚拟行为逐渐占据了网络虚拟实践的空间阵地，这对人的交往实践和思想

---

①　任平：《论空间生产与马克思主义的出场路径》，《江海学刊》2002年第2期。

②　N. Brenner, *New State Spaces: Urban Governance and the Rescaling of Statehood*, Oxford: Oxford University Press, 2004, p.38.

交流具有重要作用。

社会空间是思想政治教育空间发展逻辑的理论和实践基地，是思想政治教育理论生产空间的基本依据。"交往和沟通是社会空间形成的真正前提"[1]，任何社会空间单元的塑造都诉诸不同主体间的结构性交往实践，并且社会空间结构的变动随着人的行动交往空间和思想交流空间的活跃也会引起思想政治教育的关注。社会空间应该如何建设以及建设成何种形态？对这些问题的探究绕不开人们对社会空间变化形态和所起作用规律的认识。然而现实中的社会空间虽然伴随主体而生并具有一定的思想政治教育功能，但个体在参与公共社会空间的建设中所具有的关系特性并未得到深入研究，导致诸多社会空间的建设并未形成高度自觉的状态，需要更高层次的思想政治教育给予理论指导。这就有必要从全方位、多角度来发掘社会空间形成的要素及其关系，推动思想政治教育在空间转向中将人的生存发展空间视为具有社会建构性的实践力量，促使思想政治教育空间关注生活具体的空间场景和资源。在空间转向视角下审视思想政治教育对社会空间的理论作用，目的在于让社会空间成为观察、理解和探讨人接受教育并转化为实践行动的基本向度，探索带有个体性意图和观念形态的表征空间，"即关乎日常生活的、直接经历的空间，是社会空间的生产"[2]，以帮助我们分析人的思想空间变化动态，探寻提升思想政治教育空间培育力量的策略，进而更好地推动社会空间的建设。

把握住社会空间的交往性实质和流动性特征，也就把握了交往的个性与群体性冲突的实质，其集中表现为个体间的观念矛盾、群体间的社会认同式微和责任淡漠。这些冲突得以滋生的根本原因是不同空间主体之间的利益冲突，这势必影响社会空间秩序的稳定和整个社会的现代化建设。针对这种典型冲突，思想政治教育从自上而下命令传达式的强硬执行向主体间民主协商、合作共赢转变，正是其空间结构从垂直的两极到立体式变动的写照，而

---

① 卢岚：《社会结构转型与思想政治教育的变革》，《安徽师范大学学报》（人文社会科学版）2014 年第 1 期。

② 陈时见、谭丹：《论比较教育研究的"空间转向"》，《比较教育研究》2020 年第 6 期。

这得益于思想政治教育自身空间结构更新的鲜活动力，即其理论生产空间的生命力。思想政治教育的空间整合了社会空间在某个时期较为稳定的合理价值形态和秩序，要对这些形态和秩序进行理论性加工、形塑，以使其成为考察人们思想空间走势的关键要素。

第四章　思想政治教育空间转向的逻辑与困境

　　思想政治教育是在时代演进中不断发展的一门学科和一项社会实践活动，必然受到社会发展大背景的影响，尤其是随着全球化时代的推进，智能化时代、景观化时代和消费时代等鲜明的时代图景也充斥着人们的日常生活空间，成为影响人们思想行为空间发展的独特存在。在传统的思想政治教育固定场所中形成的范式，难以全面把握和阐释当今时代错综复杂的人类思想意识问题及社会现象；以时间维度进行的思想政治教育，也不足以澄清由现代性引发的空间问题。思想政治教育的空间转向意在将空间概念引入理论研究和实践过程中，以空间思维来反思教育理论与实践，揭开思想政治教育被时间遮蔽的空间性存在维度。因为思想政治教育是一种特殊的实践活动，其逻辑展开着重展现了空间对主题体验的叙述。那么，思想政治教育自身是否具有观照这种空间现象的理论意涵，思想政治教育的实施过程是否考虑到空间存在的意义，以及其叙事范式是否随着外在空间环境和条件的变化而发生转变？这就要在分析思想政治教育空间转向的必要性和可行性之后，着重对思想政治教育空间转向的运行机制予以全面把握，对其带来的积极效应和面临的困境进行深刻剖析。本章主要从空间转向的逻辑展开进程、多维度的有利影响以及面临的"时代图景"及其现实困境、困境归因的角度进行分析，在梳理的过程中发现，思想政治教育关涉的一系列"空间转向"问题是与社会空间环境和外在条件密切相关的极具现实感的课题，这就启示我们需要在具体的思想政治教育实践中把握"空间转向"的逻辑。

一　思想政治教育空间转向的运思逻辑

社会转型和变化中的空间分化、扩展和冲击，孕育着思想政治教育空间转向的一个新的理论形态和学术贡献点，也体现思想政治教育与空间转向之间的多维阐释关系。在全球化背景下，社会空间构成思想政治教育的外在因素。时间被多重空间并置的结构所掩饰，人们的价值认同也随之失去连续性和统一性。这些都使得思想政治教育在现实生活中呈现出碎片化样态，需要从空间转向维度开拓更广阔的理论视野。

（一）思想政治教育空间观的嬗变与转型

思想政治教育空间观[①]是指思想政治教育在发展的过程中逐渐形成的对空间形态、空间的生产以及空间关系等议题的看法。思想政治教育的研究和实践对象是人，其实践具体作用于现实的人及其思想行为，思想政治教育空间观从本质上反映人的思想和行为的空间关系及动态结构。人的思想和行为是人类社会历史的产物，而人的思想、实践行为和空间在现实社会中形成了特定的结构性关系，人的现实关系又逐渐以现实与虚拟交互的时代性呈现出来，展现这一运思逻辑的特征。"借鉴布迪厄的空间观，教育空间除公共性空间外还可以看作个体性空间的叠加，以受教育者为中心，形成家庭教育空

---

①　关于空间观的问题，有论者根据布迪厄对空间社会学的反思性解读指出空间观是对某种空间的建构逻辑的理论反思和叙述。布迪厄指出，"作为包含各种隐而未发的力量和正在活动的力量的空间，场域同时也是一个争夺的空间，这些争夺旨在继续或变更场域中力量的构型"（〔法〕皮埃尔·布迪厄、〔美〕华康德：《实践与反思——反思社会学导引》，李猛、李康译，中央编译出版社 2004 年版，第 139 页）。还有学者指出，对空间观的理解，一般涉及空间主体、内容等要素维度。有论者从基础观、主体观和内容观三个维度概括空间观的基础性理论［参见丁大晴《习近平网络空间观的三个维度》，《重庆邮电大学学报》（社会科学版）2018 年第 5 期］。

间、学校教育空间和社会教育空间"①。思想政治教育的空间转向同样在特定的空间中进行，其结果也是空间生产和发展的产物，同时思想政治教育也在不断地拓展着空间。思想政治教育的空间具有内在的建构生成性逻辑，具体的实践活动及意义同其所依托的空间共同构成思想政治教育空间观的本体论基础。思想政治教育空间观表现为从历史性的空间观到现实性的空间观再到总体性的空间观这一基本推演趋势，因为脱离现实总体性的空间形态非但无法探寻人们日常生活空间的真实需要，反而容易与资本权力意志结盟，导致空间独具的理论特性消失殆尽，空间也就未能彰显现实历史变革的动力源泉和超越性的解放旨趣。这三种空间观念形态在思想政治教育发展过程中既各有侧重又彼此交叉融为一体。

第一，历史性的空间观：思想政治教育的发展观与空间条件。从一维的线性角度看，思想政治教育的各种空间都是一定历史实践的产物，而思想政治教育的历史实践又是通过具体的空间场景或空间情境起作用的。因而，思想政治教育的实践过程就是不断改变所处空间条件以形成具有效用的历史性的空间，此时线性的空间观维度呈现出单一性特征。历史唯物主义确实强调历史和时间维度在分析社会问题中的重要作用，马克思曾指出："时间实际上是人的积极存在，它不仅是人的生命的尺度，而且是人的发展的空间。"②所谓时间是"人的生命的尺度"，表明人在时间面前具有自主选择性，人在有限的时间单位内能够把握和开展的实践是表征人社会存在的尺度，而时间又是"人的发展的空间"，意指人在单位时间内有效利用资源和力量等来创造自身的空间形态，这是彰显了人的社会存在意义的发展观，它关注什么样的发展对人来说是有利的，包含着一种历史性的价值预设。作为一种历史性的社会实践活动，思想政治教育既总结以往各个时代沉淀下来的实践范式，又是当下时代空间条件发展的总和。列宁指出，"马克思的方法首先是考虑

---

① 陈炜：《教育研究的空间转向——基于社会理论空间转向的视角》，《教育研究》2022 年第 9 期。
② 《马克思恩格斯全集》第 47 卷，人民出版社 1979 年版，第 532 页。

具体时间、具体环境里的历史过程的客观内容"①，思想政治教育历史性的空间观与马克思的历史生成论和发展观是紧密相连的。

每个历史阶段的人都是其所处时代一切社会关系的总和，这就决定了思想政治教育要通过现有的一切社会关系的总和来研究人，进而开展对人的教育实践。然而，每个时代人的社会关系构成都是对前一时代既成关系结构的承袭和延展，且这一承袭和延展的实践又是在新的空间要素和条件的搭配下和对接中进行的，这意味着思想政治教育空间观首要表现为与历史阶段相连的空间发展观，启示我们在探索思想政治教育的空间转向中要在具体问题上把握教育发展的历史与现状，厘清其现实展开的逻辑，着重分析理论与实践中存在的问题，更好地结合空间发掘与空间拓展这两方面的成果。同时还需要研究思想政治教育的空间观如何在不同的历史背景与文化传统下同具体的空间相结合，以此才能够进一步保持将空间转向理论引入思想政治教育中的理论活力，进而在思想政治教育中发挥空间转向的现实作用，促使空间资源在思想政治教育的指引下进行合理流动，逐渐形成新型的空间拓展范式和实践样态。

第二，现实性的空间观：思想政治教育的矛盾观与实践批判。从二维的平面角度看，思想政治教育空间观体现在对思想政治教育空间与各种社会空间之间的矛盾及其内部矛盾的批判、反思和建构中。思想政治教育的现实空间矛盾体现在人的思想品德空间矛盾展开的过程中，这是现成思想不断发展从而取代并超越原有思想的过程，进而引发了一系列思想政治教育的现实空间矛盾。比如思想政治教育在学校内部、学校与社会之间以及不同社会区域间存在实践差异；思想政治教育在不同个体、群体之间存在差异；基于上述差异，在政治、经济、文化、生态等社会领域引发空间冲突。

思想政治教育的空间观本身就与对空间问题的观照和分析密不可分，体现在其与政治、经济、文化、生态等各个层面复杂叠加式的空间结构关联上，本质上是思想政治教育的主体意识和话语权在不同空间中进行配置和实

---

① 《列宁全集》第 21 册，人民出版社 1959 年版，第 121 页。

际表达的行为未得到合理确证而引发结构性问题。这些问题是思想政治教育空间转向逻辑展开必然要面临的现实的治理性议题，需要结合空间转向理论深入研究思想政治教育的现实空间形式及其观念形态。"我们通过把握思想政治教育在空间的特征，凝练其空间观念，精准揭示思想政治教育在空间的活动现象"①，但面对思想政治教育所涉及的多样性空间与人们具体实践展开的差异性空间化图景，不能漫无边际地对显露出的问题进行剖析，而必须基于人的具体实践并结合真实的空间体验展开现实批判，在此过程中逐渐使人摆脱马克思所指出的对于物质性空间的依赖，促使一种凸显个体自由个性的思想和实践空间得到扩展。然而，现实的空间观只是对思想政治教育空间关系进行宏观解析，即把思想政治教育置于一系列矛盾着的空间关系中。在一个平面中，有无数条线，或直线或曲线，形状各异，线与线之间由于角度的变化会产生相交，多到一定数量的线相交汇，就形成这个平面的中心。

在对思想政治教育的空间考察中，各种社会关系显现为多样线条，各种社会关系之间存有相互碰撞的关系，也集中呈现相互汇合的关系，汇合的中心就是思想政治教育在这个平面中所发挥作用的位置。各种社会关系的影响力犹如线条，在同一社会平面中有长有短，有曲有折，彼此之间存在矛盾，但它们的汇合处构成了未来发展的起点，同时也指明了彼此之间相统一的可能性趋势，这就是思想政治教育的位置和作用。"按照黑格尔的说法，辩证法只有在牵涉矛盾、冲突时才会呈现或存在；如果范畴之间还只是相互隔离、没有发生内在的相互否定和对立，就谈不上辩证法"②。决定矛盾关系的是事物间存在内在的相互否定和对立，这就必定涉及事物间最核心的要素，在思想政治教育的平面谱系中，现存的各种社会关系中最为突出的矛盾就是物质利益的矛盾和精神交往的矛盾，尤其是在全球化和网络化的推动下，社会各领域存在人的物质需要多样和精神交往空间多变的挑战和机遇，而"在观念上否定世界的现存状况并在观念中建构人所要求的现实的批判活动，则

---

① 卢岚：《思想政治教育空间转向的议题选择、概念互释与路径探索》，《中国矿业大学学报》（社会科学版）2023年第6期。

② 刘森林：《辩证法的社会空间》，吉林人民出版社2005年版，第2页。

构成实践活动中的理想型图景和目的性要求"①。因为事实上思想政治教育空间主要是由主体在一定理论和实践中构建而成的，具体表现为一个特定时期内，主体在同一平面上所表达的不同空间观的集合，而个人思想与行为演变历程的空间逻辑源于个体的思想和态度，是基于个体对其所处空间位置的认识而生成的，但关键还是在于思想政治教育对人的思想及其活动性空间同其所处物质性空间之间相互作用关系的协调。鉴于此，思想政治教育实践正是从符合现实的社会空间资源和条件出发，依据人的思想品德空间发展规律，制定客观的可执行的实践目标，即教育者对受教育者思想空间动态进行实践批判和建构，受教育者进行自我批判与建构以及新的社会关系再生产。

第三，总体性的空间观：思想政治教育的系统观与空间结构。从三维或多维的社会立体结构看，思想政治教育空间转向对整个社会关系及各要素的总体性把握和结构性解读，是对处在变动中的社会空间的及时确认，也是对思想政治教育自身空间的积极整合。在马克思主义理论视域中，总体性是把握社会运行规律的重要思维，马克思对人的本质的透视，对社会整个系统的洞察，都离不开对总体性辩证方法的运用。马克思主义的总体性方法见诸其对社会有机体和社会生产关系的分析中。马克思指出，"每一个社会中的生产关系都形成一个统一的整体"②，并且"单凭运动、顺序和时间的唯一逻辑公式怎能向我们说明一切关系在其中同时存在而又互相依存的社会机体呢"③。马克思形象地将社会看成一个有机体，即社会中各要素是社会系统的子系统，在一定的社会规律指引下推动并维持着社会总体系统的运转，各要素之间形成相互依存、相互作用的运行机制，而这些要素按照现有的社会秩序形成一定的社会关系结构，有秩序结构的社会关系使得社会运行呈现出总体性的逻辑。可见，马克思主张结构要素和结构关系对社会运行的状况和性质具有重要影响。马克思肯定社会历史的变革与人自我超越的能量具有一致

①　孙正聿：《马克思辩证法理论的当代反思》，人民出版社 2002 年版，第 108 页。
②　《马克思恩格斯文集》第 1 卷，人民出版社 2009 年版，第 603 页。
③　《马克思恩格斯文集》第 1 卷，人民出版社 2009 年版，第 604 页。

性，人从属于历史的总体，能够从一切历史现象中汲取把握现实的力量，这表明人的实践始终拥有在冲突中寻求统一、在矛盾中达成和解的内生力。诚如列斐伏尔所指出的："空间到处弥漫着社会关系，它不仅被社会关系支持，也生产社会关系和被社会关系所生产。"① 空间能够反映并生产一定的社会关系。思想政治教育空间同样具有现实的建构性力量，每个个体都具有自身独立的思想空间，社会也建构了客观空间形态，以与当下社会生产方式相符合、与人的空间关系需要和目的相契合。思想政治教育空间不仅指涉对主体进行理论和实践教育的物质场所，而且也是主体参与的教育实践与空间场所相互作用的结果，展现了一种将主体的理论与实践活动当成有机整体，以此考察其与客观世界之间关系的总体性方法。

在马克思辩证法的理论视界中，一切时代关于人自由和解放的叙事话语都隐含着对社会历史"实然"的反思和"应然"的诉求；人的存在状态在任何阶段都有局限，总是处于被反思和超越之中。黑格尔开启的辩证法体系宣告了传统辩证法二元对立结构的终结，使辩证法不再凭仗有限的主体理性，转而依附绝对理性实现两种形态的内在统一。马克思围绕社会生活规范性基础的实现方式的问题，对黑格尔辩证法的"简单形态"及其在现代社会中被误解和误用进行回应与反驳，并以"现实的人"的存在形态与存在根据的关系为问题链，推动辩证法的"合理形态"进入现实社会关系总体的澄明之境，澄清何谓批判的、革命的辩证法以及这一"合理形态"的存在前提。马克思对辩证法"简单形态"的揭示与"合理形态"这一前提性问题的阐述，表明他始终秉持对辩证法现成形式进行具体总体性的社会历史解剖，体现了他对方法论与历史问题意识之间存在关联的自觉把握，也更深层地体现了他探索人类解放与自由的规律的哲学智慧。马克思理论中体现的空间思想同样通过总体性的辩证法体现出来，"如果说公共空间来自保持空间秩序和适当使用空间之间的空间辩证法，那么，非常重要的是这也是表征的空间，

---

① Henri Lefebvre, *The Production of Space*, Oxford: Blackwell, 1991, p. 26.

这是政治活动能够顺利进行的、展示出来的领域"①，马克思绝不是根据抽象的空间理念来探讨空间，而是在辩证地把握空间生产的矛盾关系中发现其意识形态问题。马克思运用总体性的辩证法来证明人们拥有进入公共空间表达自身需求的权利，这体现了公共空间作为物质性场所是为群众服务的。

基于当今时代复杂的社会系统，要想把握全部生活的要素范畴，就必须厘清多元复杂的社会结构要素和结构关系，必须从空间的视角来对其展开结构层面的分析。列斐伏尔运用马克思主义的辩证法提出了空间的三元辩证法，即空间"一体化理论"②，包括物理空间、精神空间和社会空间，与空间形态相对应的是空间性实践、空间的表征和表征的空间。"空间性实践涉及既定社会构成中的生产、再生产、特定场域和整体空间特征。空间的表征则涉及生产关系以及在此关系上所建立的秩序，它所涉及的是一个既定构成中的符号、代码、意义以及知识体系。表征的空间涉及深层结构和内心的创造，它们为空间实践想象出各种新的意义或者可能性。"③ 它的空间生产以空间自身为对象，观照空间自身的结构和生产关系。思想政治教育空间的符号具有观念性特征，它不仅反映主体的社会观念形态，而且又是主体观念形式的表征。空间主要由各种形式的符号、代码、意义和知识体系构成，任何一种表征都具有特殊的象征意义。教育者与受教育者按照自身的思想、意志、观念和情感需要等对这些要素进行整合。

各种表征的符号组合而成的空间形态，不断生成理论创造和实践发展所需要的资源。比如社会空间为人的思想与行动创造客观环境并被人的观念所反映和加工，最终所形成的符号就具有了一定的空间表征意义。故而思想政治教育的具体空间形态，在主体的相互作用中能够转化为特定的表征空间，

---

① 〔美〕唐·米切尔：《城市权：社会正义和为公共空间而战斗》，强乃社译，苏州大学出版社 2018 年版，第 114~115 页。

② 〔英〕肖恩·霍默：《弗雷德里克·詹姆森》，孙斌等译，上海人民出版社 2004 年版，第181 页。

③ 王晴锋：《从列斐伏尔到苏贾：社会科学空间理论的发展》，《哈尔滨师范大学社会科学学报》2013 年第 2 期。

推动思想政治教育理论与实践中多元化的观点与差异性方法实现协同。为了更深层次地反思社会空间结构，苏贾提出了"第三空间"理论，包括"我们关心的是逻辑—认识论的空间，社会实践的空间，感觉现象所占有的空间"①。因此，将社会置于空间理论视域下，并不是说社会要素就存在于社会空间之中，而是指向各要素属于空间、寓于空间或要素本身的空间性。就当今的思想政治教育空间而言，它本身就寓于日益复杂的社会空间中，并且人们的日常生活空间、社会交往空间、虚拟实践空间、生态环境空间等交互形式在现时代愈发显现。

（二）思想政治教育多维空间的相互交替

应当明确，"人类实践的产生和发展过程实际上也是人类创造和利用各种空间概念的过程"②。列斐伏尔开辟了社会批判的空间路径，首先从一套精细的空间概念入手，包括"绝对空间""抽象空间""共享空间""矛盾空间""休闲空间""女性空间"等，这些空间概念是对社会问题进行空间化分析和批判的前提。思想政治教育在实施过程中连接社会空间和人们的思想空间，思想政治教育空间转向研究也必定要面向整个社会空间的系统结构，而思想政治教育本身又影响着人的思想空间和社会空间的发展。这些空间相互之间会产生一种分化或作用力，即社会空间逐渐分化成在场的空间和缺席的空间③。以始终在场的现实空间和缺席的虚拟空间为例，虚拟空间在智能化时代逐渐形成对现实空间的挤压，最为鲜明的表现就是人们日常生活越来越虚拟空间化；并且在虚拟空间的扩展中产生了时间被空间取代的现象，人们在虚拟空间中生活、学习和工作的方式处于不断变化之中。空间的交替性

---

① 〔美〕爱德华·W. 苏贾：《第三空间——去往洛杉矶和其他真实和想象地方的旅程》，陆扬等译，上海教育出版社 2005 年版，第 78 页。

② 田晓伟：《论教育研究中的空间转向》，《教育研究》2014 年第 5 期。

③ 参见〔英〕约翰·B. 汤普森《意识形态与现代文化》，高铦等译，译林出版社 2005 年版，第 76 页。

要求思想政治教育能够在空间转向中把握空间的时间化与时间的空间化相统一的现实可能。思想政治教育空间转向整体上从抽象走向具体、从较为单一走向丰富多样，相互交替作用的多样空间也能够推动思想政治教育的空间转向。一般而言，思想政治教育空间的社会表现有宏观空间、中观空间和微观空间三大类。

第一，从宏观空间角度看，思想政治教育空间表现为地理空间与思想空间两大类，两类空间相互激荡成为思想政治教育发挥实践效用的载体。思想政治教育首先在一些地理空间展开，有论者列举了一系列具有思想政治教育意义的社会空间单元，包括学校、城市图书馆、纪念园和名人故居馆所等公共空间，并指出"思想政治教育公共空间是所有人都有权利、有机会、有能力参与和享用的公共场所"①，这些具体的地理空间是思想政治教育活动得以展开的必要条件，也是思想政治教育空间生产的实践基础。

现实的思想政治教育活动首先发生在具有一些"公共性"的场所，在此过程中形成有关具体事物和事件的议题或讨论，进而展现个体思想空间的特性与这个空间单元内思想空间的共性，从而为思想政治教育活动和空间生产提供基本素材。思想政治教育活动还需进行思想层面的空间交流，"精神空间的绵延是思想政治教育实践运作的理论前提和表现形式"②，精神空间是思想空间的重要形式，它是地理空间的意义事件在人脑中形成的主观空间，映现并作用于现成的或正在发生的空间实践，具有相对独立的结构，这种精神空间结构是人的主观能动性较为发达的外显，能够对思想政治教育空间结构的调整提出预见性的要求。思想政治教育在宏观空间层面面临的问题，主要是现代空间生产过程中产生的资源在不同地理空间和领域内的结构比例失衡，同时也表现为教育者和受教育者在空间中的角色及话语关系存在差异，这其实关涉思想政治教育对于不同主体在策略上能否保持协调、平衡的问题，需要借助空间转向理论来探寻思想政治教育面临多维空间交替与分化的

① 展伟：《思想政治教育公共空间及其本质属性》，《教学与研究》2016 年第 8 期。
② 邓纯余：《社会空间理论视野中的思想政治教育》，《学术论坛》2013 年第 4 期。

原因并求索解决办法。

第二，从中观空间角度看，思想政治教育空间表现为社会空间、学校空间、家庭空间和虚拟空间，这四种空间之间呈报出日常与非日常、现实与虚拟的交叉性复杂联系。无论是地理空间还是思想空间，思想政治教育活动的展开都离不开社会空间这个整体场所和背景，人们在接受思想政治教育的过程中，也逐渐意识到自身的对象性实践从以往的自然空间向人化的社会空间拓展，并通过社会空间的物质生产与精神发展，使得空间保留人的思想意识的时代印记。人在社会空间中生存发展的实践塑造了一定的社会风气和整体的精神面貌，思想政治教育要综合考察这些现成因素，其空间生产也以此为实践依据。当前，思想政治教育正在以社会空间为整体背景构建全员的共同体意识教育模式，为人们思想空间发展奠定基础。

学校空间是思想政治教育最主要的承载实体。一方面，学校空间就是思想政治教育实践的主要领域，当今时代教育的发展呈现的趋势是：任何门类的教育都兼具传授知识和塑造价值这两项基本功能。另一方面，学校是文化思想的传承摇篮，是人的思想价值形成的重要基地，是研究社会现象和人的思想空间结构的专门机构。思想政治教育的空间结构主要形塑于思想政治教育工作的专门研究机构。学校空间并不仅仅为了进行思想政治教育工作而展开特定的叙事，还通过叙事来展现一定的社会规范、剖析一定的社会现实、传达主流意识形态的意义与启示。与社会空间和其他空间不同，学校空间是思想政治教育空间转向更为直接的显性载体，通过结合其他空间中出现的现象，在并置主题与变换聚焦的叙事中使得思想政治教育在空间结构中的地位更加清晰地显现出来。

家庭空间是思想政治教育空间结构中的根基。家庭是人们思想认识中最初的空间概念，也是最为基础性的空间概念，每个人思想价值的萌芽、成熟、反思和继承都贯穿于家庭中，家庭是环绕人一生的教育空间。有学者指出，就学生所处的学校宿舍空间而言，"这个空间可能在生产一种器质性的主体，但还没有开始生产一种功能性主体——只有家庭空间在生产着忙碌的以空间为目标的主体"①，家庭空间并不是社会空间的等比缩影，它的功能和目标确实是对学校空间的一种潜在取代，但它依然能够巩固生产者特殊的空间结构。这意味着相比于家庭空间，学校空间在培育学生空间情感和思想意识方面处于弱势，反而容易将学生卷入一种空间竞赛和博弈过程中。家庭空间则持续地塑造着个体，人在家庭空间中将社会权责阻挡在外，但这并不意味着人在家庭中不会受到权责力量的影响，只不过这种影响往往不具有侵蚀性，因而也会生产着家庭内部成员之间的空间关系。

自虚拟空间进入社会领域，思想政治教育的空间维度更加凸显，虚拟空间不同于现实的社会、学校和家庭空间，"它不是经历的条件，它本身就是经历"②。虚拟空间并不是基本的空间形式，而是社会空间、学校空间和家庭空间这三种基本形式的衍生物和新形式，学校空间和虚拟空间的融合就是一个典型的示范，"可以说高校网络舆情的迅速发展为完善思想政治教育开辟了新的空间"③。在虚拟空间中，三种基本形式的空间的影响将被放大和加深，虚拟空间也逐渐成为人们把握人的思维方式和思想品德的重要维度，不断催促"社会领域相应地向各种新的解释开放"④。它打破了传统的空间次序，海量、即时、广泛的信息充斥着整个网络空间，扰乱了虚拟与现实之间传统的对接和互动方式，因而，思想政治教育在网络意识形态空间阵地的实践就是思想政治教育空间结构的更新，以实现对虚拟空间与三种基本现实空间实践序列的调节，构建思想政治教育虚拟空间良性秩序。

第三，从微观空间角度看，思想政治教育空间结构表现为共同背景—人际交往—制度设计—诗性审美的层次序列，且四个层级的空间结构分别关涉思想政治教育空间的意识形态、交往关系、社会规范、社会和谐理念，以及人的思想空间的价值形态、交往实践、内在秩序感和审美观念。共同背景—

---

① 汪民安：《身体、空间与后现代性》，江苏人民出版社 2015 年版，第 161 页。

② 〔法〕R. 舍普：《技术帝国》，刘莉译，生活·读书·新知三联书店 1999 年版，第 98 页。

③ 孟莉：《网络舆情——高校思想政治教育工作的新视域》，合肥工业大学出版社 2016 年版，第 175 页。

④ 〔英〕杰拉德·德兰蒂：《现代性与后现代性：知识，权力与自我》，李瑞华译，商务印书馆 2012 年版，第 149 页。

般指关于事物认识和社会事件认识的共同知识背景，包括理性认识、价值观念和文化符号等，共同背景是思想政治教育空间形成的基础。人们在共同背景下进行各种社会实践，产生多样的空间关系，这是思想政治教育的空间实践得以展开的基本依据。在共同的实践背景中，人们进行各种思想沟通和交往实践，个体的交往差异反映在社会空间中，就产生了人与人之间、群体与群体之间的互动，形成多种相互关联又有边界的人际空间。"在思想政治教育过程中，人际空间的扩展直接体现了思想政治教育促进政治统治、协调社会关系、完善社会管理的重要作用"①。伴随全球化、城市化和智能化的迅速发展，人际空间的交往密度更大、交往对象结构更精密、各种空间之间的距离拉大，造成了整个社会空间异质性力量的扩大和空间关系亲密性的"褪色"，进而造成社会秩序的紊乱、增加社会制度重塑的难度。而每个个体"只有在社会结构中占据一个位置，并且以符合行为规范的方式与具有返乡身份的人互动"②，才能推动人的社会身份认同的形成和集体身份情感的建构。思想政治教育正是在促进社会规范结构完善的过程中建构着自身的空间结构。然而，当社会空间秩序规范的建设达到较为完善的程度，空间制度和机制在技术上的强度控制可能会造成"单向度的人"以及形成人与技术高度统一的思维模式和实践范式，人的存在与社会存在是适应和超越的关系，故而思想政治教育的空间生产也推动着人对社会空间秩序的反思和构建，最终建立起人的理性思考和诗性审美的思想空间结构。

在微观空间层面，人在空间生产过程中的思想和价值判断的问题得到重点关注，即思想政治教育空间不仅生产一定的空间资源、创造特定的空间环境，同时能够对其他空间中失衡和正义性问题予以揭示和反思，包括社会空间中的分配失衡、学校空间与家庭空间的区隔以及现实空间与虚拟空间的复杂关联等，使得思想政治教育空间成为重要集合点。因此仅仅通过改变空间资源和权责关系的组合难以从根本上解决人们思想与价值层面遭遇的问题，

---

① 邓纯余：《社会空间理论视野中的思想政治教育》，《学术论坛》2013 年第 4 期。

② 〔美〕亚历山大·温特：《国际政治的社会理论》，北京大学出版社 2005 年版，第 282 页。

只有以思想政治教育为引领来变革诸多空间的生产过程，才能指导人的思想结构实现改变并达至平衡和协调。

（三）思想政治教育叙事范式的空间转向

空间转向批判理论的核心要义是对社会问题的空间维度分析和批判方式的空间转向，在此过程中实现社会建制之空间路径的开辟。一种理论的解构和重构通常诉诸系统化的话语体系架构，进行具体事件的剖析和话语干预，因而，空间转向的实践最终要通过具体的"叙事范式"[①]完成。思想政治教育是主流意识形态传播的主要载体，话语权表达是意识形态的主要形式。思想政治教育空间转向的进程包括空间观念的嬗变和转型、各种空间关系的演变和建立，最终还是要通过系统的叙事范式培植其有效性实践的内生动力。思想政治教育实践的主要功能是增强人们对马克思主义意识形态和社会主义核心价值观的认同，探索并形成一套独特的叙事范式。思想政治教育叙事范式的空间转向是对以往基于历史性时间叙事的优先性偏好的反思，空间转向在本质上是对思想政治教育传统的批判与宣传路径的重新定位。

思想政治教育的空间形态、本体、结构和功能等基本论题，关涉以空间概念和空间化思维审视人的社会关系问题，根本上体现了思想政治教育理论探索及其思维方式的深刻变革。"教育叙事的空间转向是指将教育故事的书写建立在空间面向的基础上，将教育叙事中线性的、静态的经验存在转变为关系性的、动态的存在"[②]。思想政治教育叙事范式的空间转向也具有这种特征。在思想政治教育的叙事过程中，案例的展开遵循历史性的时间逻辑，虽

---

①　叙事是对具体事件的表述，范式原指某一共同体成员制定并执行的规则和理论体系，它是一种关系模式的集合，最早由库恩在 1962 年提出。叙事范式就是人们对具体事件表述的一种方法维度，它的基本理念表明，"叙事是修辞行为，也即劝说听众或诱发听众合作的行为"（参见邓志勇《叙事、叙事范式与叙事理性——关于叙事的修辞学研究》，《外语教学》2012 年第 4 期）。叙事范式的创立者 Fisher 认为，"任何说理，不论是社会的、正式的、法律的、还是其他的，都要用叙事"（W. R. Fisher, "Narration as a Human Communication Paradigm: The Case of Public Moral Argument", *Communication Monographs*, No. 51）。

②　闻天阳：《教育叙事的空间转向：实质意涵、出场逻辑与路径选择》，《当代教育科学》2023 年第 6 期。

然现实的叙事并非等同于文学理论的阐述，但思想政治教育在叙事过程中也能够形成特殊的范式，并在叙事过程中强化人的思想意识问题的指向性，提高叙事的功能性效度，同时也侧面展现人的思维方式和存在方式的多维性。社会空间的历史性变革带动了意识形态结构的变动，思想政治教育的叙事范式也推动了空间转向。

叙事主体的空间转向问题在思想政治教育空间实践中占有重要地位。叙事主体是思想政治教育叙事过程的主要发起者，叙事主体的空间转向主要表现为主体思想位阶和话语权差异的空间变化以及主体之间交往实践方式的空间化变动。所谓思想政治教育的叙事主体是指在叙事过程中具有实质作用、表达实际话语的叙事者，包括教育者、受教育者以及一些隐性主体，他们是思想政治教育叙事过程中的主要承担者，是叙事范式的制定者、遵循者和传播者。思想政治教育的叙事主体与思想政治教育的主体是两个既有联系又相区别的概念，后者只是在具体叙事过程中发挥一定的实践功能。

关于思想政治教育的主体研究，学界大体总结出比较典型的三种观点：单主体说、双主体说和多主体说。第一种观点特指教育者或受教育者在思想政治教育过程中的主体性作用，强调主体是个体性的生命存在并具有独特的思想空间，而个体性的主体叙事能够展示自身心理活动、塑造多样的人物形象，个体性主体在思想政治教育的叙事过程中，能够经常反思并对空间生成有自觉意识和全新的理解，从而推动思想政治教育空间重构。第二种观点体现了一种主体间性，有论者指出，"思想政治教育主体间性的主要内容是规范一个主体（教育者）与另一个主体（受教育者）的相互作用"①，这强调教育者与受教育者相互作用的关系，"主体间性思想政治教育强调教育者与受教育者都是思想政治教育的主体"，二者"不再是孤立的主体，而是与他人共在的自我，并与他人进行着平等的交流和沟通"，② 双重主体能够在空间中进行换位思考，承认并尊重其他主体，具有独立思维和自我创造能力，推

---

① 闫艳：《交往视域中的思想政治教育》，人民出版社 2011 年版，第 88 页。
② 马艳萍、张大伟、姜玲玲主编《新时代高校思想教育模式多元化构建探究》，吉林出版集团股份有限公司 2021 年版，第 81 页。

动彼此思想道德水平共同提升。第三种观点主张一种多元的主体关系模式，这在数智化时代的信息和资源共享层面得到鲜明体现，一方主体发出的信息能够通过互联网而被多方主体共享，一定程度上体现了多元主体之间的平等交往，这丰富了思想政治教育空间转向的主体性维度。有论者指出，"思想政治教育的主体分为导向性主体、主动性主体和受动性主体三种类型，即决策者、实施者和受教育者"①。可以看出，有关思想政治教育主体的不同观点，都是基于不同的空间场域的叙事议题而展开研究的产物。

伴随思想政治教育现实实践过程的推进，关于思想政治教育主体论题的研究将更加深入，主体性范围也将扩大，这既是思想政治教育理论与实践历史性延续的必然要求，也是叙事过程空间性拓展的必然结果。在叙事过程中，单主体说、双主体说到多主体说分别确认了各级主体在叙事过程中的话语侧重。一般而言，教育者是叙事过程的主导者，掌控着整个叙事过程的各个要素和主要环节，受教育者在叙事过程中传达自我思想、进行自我教育，决策者则根据既有的叙事状况和成果形成具有针对性的叙事范式。"思政课教学离不开教师的主导，同时要坚持以学生为中心，加大对学生的认知规律和接受特点的研究，发挥学生主体性作用"②，教育者在叙事过程中是能够发挥主导作用的主体，进而推动实现主导性与主体性相统一。除此之外，还有一些隐性的叙事主体，即他们不在叙事现场，但以间接的方式阐述事实，表达思想观念。比如某个图片或视频中的表达者的言行会对现场的主体产生一定的空间影响，这就是具有一定话语影响的"他者"③ 空间，他们虽然不是

---

① 林伯海、周至涯：《思想政治教育主体及其主体性的要素构成新探》，《思想教育研究》2011年第 2 期。

② 习近平：《思政课是落实立德树人根本任务的关键课程》，人民出版社 2020 年版，第 21 页。

③ "他者"是哲学中的一个重要概念，现当代西方哲学对"他者"概念的解读最为典型和多样。有论者指出了这一概念的哲学本质和基本特性，认为，"'他者'是一个典型的'关系'概念，主要涉及两对关系：自我（self）、主体（subject）与他者（other），同一（one）与他者（other）。在与自我、主体相对的关系存在中，他者具有四种基本特性：差异性（异质性）、从属性（客体性）、建构性和匿名性（平均化）"，并提出"他者是现代性生产——实质是一种同一性、秩序化生产——的'废弃物'。随着现代性这台大型机器隆隆向前运转，他者不断地生产出来，堆积成剩余现象"［徐先艳：《现代性的后果：（转下页注）

纯粹的主体，不具有主导性作用，但在数智化时代和虚拟空间中的应用价值较为突出，有助于提高教育效果。多元主体对叙事过程产生的影响也确证了一个事实：各级叙事主体话语空间逐渐由"一针千线"式转向交融式的多样场域，人们在广泛的社会交往中形成多种关系模式的交往空间，原来的决策者和教育者也要在与受教育者的交往中接受多样思想与话语的影响和重塑，这样的叙事过程有利于形成限制精英话语空间和拓展多元主体话语空间，既促进了各种话语交流交融、多元话语空间重叠，又与"他者"空间保持话语边界清晰的叙事范式。

思想政治教育叙事范式的空间转向由叙事主体的实践完成，总体依托具体的叙事过程，即依托叙事内容和叙事方法的相互转化和作用。在现实的思想政治教育叙事过程中，有时候会出现叙事者对细节无意识地忘却，叙事者由此难以与多维度的真实叙事内容形成切实联系。在此情况下要重思和再构叙事范式，必须明确空间转向对思想政治教育叙事问题域的观照，不能局限于某一特定主体或单一内容，应该从理论阐释的范式开始，从本体论、认识论、方法论和价值论等角度探索叙事范式所涉及的具体问题。而叙事主体能够推动思想政治教育叙事与诸多空间形成相互连接和贯通的关系，恢复被时间维度掩盖的空间叙事要素，澄清空间叙事的物质性、精神性和社会性特征，对于完善思想政治教育叙事范式的必然性作用，揭示思想政治教育叙事

（接上页注③）空间重组与他者》，《当代中国价值观研究》2017 年第 6 期]。也有论者从其他视角对"他者"概念及其社会属性提出相反的看法，认为不能将"他者"概念引向现代社会生产的同一性，其实质是非同一性、反同一性，应当考虑齐格蒙特·鲍曼的忠告："如果采取一种道德的姿态意味着对他人负责，如果，像埃马纽埃尔·列维纳斯所说的那样，道德意味着为他的存在……那么就肯定不能很好地与间断性的、碎片性的、插曲似的、不顾后果的生活相符"（Zygmunt Bauman, *Life in Fragments*, Oxford：Blackwell, 1995, p. 70）。"他者就是一种理念，今天的城市呼吁多元、包容与差异。……和谐不是'同一'，而是众多他者保持独立、自由的相互合作、共治与共享"[岳梁：《他者理性：当代城市空间建构中的公平正义》，《苏州大学学报》（哲学社会科学版）2014 年第 2 期]。笔者认为，在一种实践叙事范式的空间中，"他者"是对叙事过程产生一定影响的不在场的空间主体，在思想政治教育空间实践叙事中起着多样化作用，并不与现成的主体构成同一性，而是期许多样性、丰富性。

与其所关涉的诸多空间之间的逻辑联系及相互构造的机制。叙事内容是思想政治教育叙事过程的前提，内容的空间向度也是叙事范式转变的前提。叙事内容就是叙事主体在叙事过程中的行为表现、思想意识或价值观念的流露。

叙事内容的空间转向有两层意思：一是对叙事内容的认识从以往的历史性视角转向当前的空间性视角，二是从传统到现代的发展，具体内容的扩充展现了从理性抽象到生活世界的空间化转变。中国传统的道德教育或政治教育内容的构建理路主要是依靠理性对经验的总结，这就容易导致对生活世界的"脱离"，往往导向一种纯粹的知识化、抽象化和理想化的内容模式，这种叙事内容显然是主体片面理性思辨的产物。作为叙事主体，"不仅要用叙事来思考，也要用叙事来与人打交道，用叙事来认知其所处的世界"[①]。"因此，理性不仅意味着人们要尊重说理（reasoning），还意味着人们知道论辩问题的本质所在，不论如何互动，都要知道论题的形式和论题的检验方法，知道制约具体论辩互动的规则"[②]。思想政治教育叙事内容关涉一系列现象和事件，既需要人们对其进行理性分析和现实反思，也离不开价值层面的审视和规约，这体现了主体在叙事过程中对事件的独特理解和基本共识达成了辩证统一，使得思想政治教育空间不仅因为叙事内容序列的改变而彰显意义，而且因为思想政治教育原本的时间性安排在空间转向中的位置有所变更而彰显更深层的意义。

人际交往空间和思想交流空间关乎思想政治教育空间结构的形式，其结果是叙事内容在主体交往和交流过程中逐渐"丰满"，这也恰恰反映了思想政治教育叙事内容价值的空间转向这一基本要义。交往是处在不同体系和位置中的主体相互作用的实践活动，交往在叙事过程中表现为主体间相互作用，为同一空间中的不同主体提供相互理解和认同的现实条件。在不断适应时代发展的过程中，思想政治教育的叙事内容确实存在空间分析的迹象，逐渐实现对社会总

---

① 邓志勇：《叙事、叙事范式与叙事理性——关于叙事的修辞学研究》，《外语教学》2012 年第 4 期。

② 邓志勇：《叙事、叙事范式与叙事理性——关于叙事的修辞学研究》，《外语教学》2012 年第 4 期。

体空间的观照和对日常生活空间的洞察。"作为属于过去社会的沉淀物，社会记忆容易被唤醒，影响和改变现实，为思想政治教育叙事的建构提供'事、境、情、理'"①，在整个人类历史的思想教育和文化传承过程中，通过讲故事来进行说理或传播价值是经常使用的叙事方式。

在当今时代的思想政治教育过程中，讲故事也是阐释社会现象和解决人们思想困惑的基本方式，只不过在多重空间的交叉影响下，思想政治教育的叙事范式也要朝着突出空间记忆和影响的方向转变，因而记忆不仅表现为文本记忆和语言记忆两种基本类型，而且存在于各种现实的空间中。多重空间的融入，不但能够使一个民族的历史记忆被延续，还能形成一种跨越时空的当代境遇，从而保证思想政治教育的叙事有效开展。因为在共时性的同一空间中，叙事内容存在于生活世界中，但它在空间上同叙事主体不是依附性的关系，事实上，叙事内容与人们现实生活的展开过程形成同构性关联。怀特认为，"真正受过教育的人应该是一个最有活力的人，用自己的全部热情去追求他所选择的生活，并全力以赴地投入到他的生活规则及其包含的各项具体内容中去"②。这就是说，当下生活所展现的内容都是思想政治教育叙事所关注的对象，都是人们进行生活实践和价值评判的基本维度，因此也就构成了叙事范式的基础。

在促进思想政治教育叙事范式空间转向的过程中，起决定作用的是叙事方法或手段。列宁曾指出："在探索的认识中，方法也就是工具，是主观方面的某种手段，主观方面通过这个手段和客体发生关系。"③ 方法是具体内容顺利呈现的必要条件，叙事方法的转型也是思想政治教育叙事范式转变的内在动力。这种叙事方法的转型是对传统灌输方法的"祛魅"，重新厘定其功能边界。作为思想政治教育的常用方法，灌输在叙事过程中时常扮演着权威的角色，具有一定的时代意义，诚如夸美纽斯的"印刷说"所指出的："知识可以

---

① 温小平：《新文化史视域下思想政治教育叙事研究》，光明日报出版社 2022 年版，第 56 页。
② 〔英〕约翰·怀特：《再论教育目的》，李永宏等译，教育科学出版社 1997 年版，第 138 页。
③ 《列宁全集》第 38 卷，人民出版社 1959 年版，第 236 页。

印在人心上面，和知识的具体形式可以印在纸上是一样的。"① 灌输方法的实质是预先规定了具体的实践内容和过程，这在一定程度上容易导致实践空间的封闭性。因而，"在日常生活中，我们批评某人说他被灌输了，言下之意即就人的思想或行为的某些领域而言，他的大脑封闭了，他的信仰之门也将因此不再对合理审视而开放"②。这种一成不变的灌输会催生技术规训下的思想封闭空间。经过几十年的改革，以灌输为主的填鸭式方法已逐渐向参与、讨论、活动等更开放、多元、互动的综合性方法转变。

在叙事过程中，多维交往模式比单方面的阐释更能增进理解和认同，实际上还是离不开交往行为的作用。思想政治教育叙事中的任何个体在表达自身独特性观点的同时，也作为特定空间中的一员存在并产生影响。同一空间中的不同主体由于受同一叙事内容的影响，会形成共同的思维方式、行为习惯和思想品德。因此，每个主体的独特性在同一空间中会更多地表现出叙事的共性，由此每个处在一定叙事空间中的个体，在与其他叙事空间中的个体交往时产生新的叙事内容，进而生成新的思想。由于"思想政治教育的叙事话语说到底不仅是其包含的情感，更因为它是一种情境性思维，它竭力将一般的人类状况置于特殊的经验之中，并试图把经验置于时间和空间之中"③，故而最开始设置的叙事内容会持续性地、潜在地对主体产生影响，也会直接影响主体对客体的认知和认同，最终使得多方主体的想象空间得到解放、话语表达空间得以构筑，进而推动更加开放、共享的实践空间的形成。

二　思想政治教育空间转向的现实困境

由于思想政治教育的空间转向缺乏方法论的自觉，其仍处于漂浮不定的状

---

① 〔捷〕扬·阿姆斯·夸美纽斯：《大教学论》，傅任敢译，人民教育出版社 1957 年版，第178 页。

② I. A. Snook, *Indoctrination and Education*, London and Boston: Routledge & Kegan Paul Books, 1972, p. 38.

③ 杨立蛟、常春、邵勇：《思想政治教育学科前沿问题研究》，山东大学出版社 2021 年版，第74 页。

态，并衍生出思想政治教育空间生产的诸多问题，包括社会空间碎片化及空间区隔给思想政治教育带来消极影响、公共政治文化空间的整齐单一化倾向与人们思想空间发展多元需求之间存在结构性矛盾等。这些现实困境从根本上反映了人们在思想政治教育过程中对社会主流意识形态的认同差异化和多样化的问题。

（一）数智化时代人的现实空间与虚拟空间的含混

思想政治教育的空间转向始终围绕人的思想空间发展实际状况展开，而人的思想空间发展又主要表现为思想空间结构的层次变动和话语表达空间的拓展。前者主要受到意识形态空间多元发展趋势的影响，后者则一方面受到前者的影响，另一方面受制于主体自由空间的生产实践，两者之间也形成互相影响、互相构建的关系。在人类文明发展的进程中，人的思想空间随其所处社会环境及各种因素的变动而改变。总体上看，人的思想空间与社会空间是互为表里、双向创造的过程，这源于人类现实的实践逻辑。

人的生产实践和交往实践创造并拓展了社会空间，也创构并延展着人自身的身体、思想和精神空间。在科技革命和智能化生产方式的推动下，我们已经进入人工智能的信息革命时代。"在人类文明发展史上，从来没有哪一个时代能够像今天这样人们彼此沟通那样地便捷、获取资讯那样地迅速、了解世界那样地及时、相互关联那样地密切"[①]。今天我们已然迈进数智化时代（互联网时代），数智化时代的主要特征有交互性、开放性、迅捷性等，它们主要依附人际交往、思想交流、新业态生产等多样新型空间实践得以呈现，之所以说形成了新型的空间实践，是因为人们日常生活的这些实践就是此在空间，而数智化时代的存在空间是技术生产力及其生产要素衍生和形塑的新的空间场域，这种新的虚拟空间场域不仅是人们现实生活图景的延展，更是在相应的空间位置存放着人们日常生活的"现实镜像"，其虽然是虚拟的景

---

① 王国华：《互联网时代"众创空间"构建的理念与方法》，《北京联合大学学报》（人文社会科学版）2016 年第 2 期。

象，但也是对现实空间的映射。因此，数智化时代的实践推动了虚拟空间与现实空间的交叉和重叠，形成了关系错综复杂、结构不断更新的日常生活空间。人们通过对网络载体或网络工具的运用活跃在现实与虚拟的双重空间中，这也给思想政治教育的空间转向带来了一些现实困境，同时也带来了新的空间转向的挑战。

数智化时代现实生活空间与虚拟空间之间的含混主要体现在多重交往情境叠加所造成的困境，参与虚拟空间实践的是生活在现实空间的人，这就给思想政治教育的空间转向研究带来一些难题。所谓虚拟空间，就是以各种信息技术为中介，由参与虚拟空间的主体、技术和虚拟空间结构共同形成的空间形式。虚拟空间交往就是主体在虚拟空间中的交往实践形式，它形塑了虚拟空间在人们新的日常生活空间中的主要特征。相比于现实交往模式，虚拟交往不但具有开放性、共享性和平等性等优势特征，而且具有隐蔽性、匿名性和自由性等鲜明属性，这是吸引越来越多的人进行虚拟交往的主要原因。例如 VR、AR 等智能技术为人的交往提供了沉浸式的体验渠道，主体在此过程中身临其境而忘乎现实与虚拟的边界。这就给思想政治教育空间转向在教学任务上带来一定挑战，进而给学校"在顶层设计上考虑线上和线下活动的相辅相成关系带来一定难度"[1]，即对参与虚拟空间实践中的主体进行教学既是形式又是内容、既是手段也是目的。这就需要思想政治教育在空间转向中能够发挥智能化手段的优势来加强双重空间的资源整合和利用，探索出一种将受教育者在虚拟空间中的沉浸式体验反馈于现实空间并反作用于教学过程的模式。这些特征也是人们日常生活陷入各种困境的重要诱因，以致形成一种现实生活空间与虚拟交往空间相重叠的双重空间以及现实交往与虚拟交往相互作用的双重交往模式。

虚拟空间交往模式的引入容易使交往陷入公共性困境，这是思想政治教育空间转向在处理人与人之间的交往空间关系过程中面临的基本困境。既然

---

[1]　董康成、顾丹华：《新时期大学生思想政治教育实践路径研究》，吉林大学出版社 2022 年版，第 160 页。

社会交往是人们存在和发展的重要形式，也是社会空间发展的重要推动力，那么，数智化时代更加开放的交往实践就必然促进人们交往手段和技术的快速发展，其总体态势是极大降低了交往主体的准入门槛和表达条件，并且在某种程度上为交往主体提供了话语表达的自由平台。"互联网的出现没有了时间约束，可以全天候、全方位进行互动，让人类的社交得到了彻底的解放"[①]。这同时也提升了思想政治教育空间转向的时效性，青年学生的自我意识确实在虚拟空间交往中得到一定程度的增强，同时他们对于虚拟空间实践活动的需求也能够帮助教育者审视自身的缺陷，比如对受教育者网络意识缺乏和对信息把握不透的问题进行及时解决。

主体之间以及主客体的关系不再像现实空间中那样清晰和简单，这在一定程度上对教育内容的权威性形成冲击。受教育者对自身参与虚拟空间交往活动的素质是否达标存在不少疑问，对虚拟空间的信息也缺乏一定的判断力。一方面，任何人只要懂得基本的网络知识就能够利用这项技术进行交往，然而，现实实践中这种交往技术的硬性条件还是会将一些"草民"等主体拦在门外，这就容易导致现实交往与虚拟交往在融合中形成信息不对称、信息不传递等差序格局，绝大部分人处于现实与虚拟之间的灰色地带，但也有少部分人仍"滞留"在现实交往领域。另一方面，任何人都享有网络信息的获取和传播权，这一事实背后依然隐匿各种意识形态话语权和价值观念引导间的明显差异，不同的主体在虚拟空间接收信息看似更加平等，如教育者接收到的信息，受教育者也可以接收，甚至受教育者掌握的信息更多更全，但受教育者由于缺乏对错综复杂信息资源的分析和整合能力，往往无从辨别现实空间信息与虚拟空间信息的真伪。这实际上折射出虚拟空间迅速发展与现实空间制度设计和主流意识形态归置等规范性力量之间存在供给不足的结构性矛盾，进而使得思想政治教育在从现实生活空间转向双重交往空间时面临理论阐释失效和实践乏力的困境。

技术的发展和普及可能会导致交往空间的公共性困境，进而引发人们交

---

① 于超：《大学生思想政治教育理论与实践创新研究》，吉林大学出版社 2021 年版，第 71 页。

往空间关系的矛盾，这是思想政治教育的空间转向所面临的又一困境。人们在虚拟空间中彼此默认的"平等""正义"等交往空间关系实际带有片面性、欺骗性，对于置身虚拟空间的交往主体来说，他们在进行虚拟交往时，由于掌握的资源有差异而处于不同的空间位置，而这些"所谓的'受众'只不过是被视为'市场'的假象群体，最终也无法逃脱暴露于大众文化面前的'原子化'个体命运"①。虚拟空间本就是各种利益群体创立的生产空间，各个交往主体就是消费的"受众"。各交往主体尽管在表面上能够与现实生活中不能接触的主体进行无障碍交流互动，实际上还是会受到精英主体的空间支配；并且各种交往主体在社交平台上进行暂时的个性化表达，最终能产生较大公共空间影响力的却还是少数。同时，这种矛盾的交往关系还会影响人们在现实生活世界的交往关系，"交往活动生生不息地建构着交往关系，使之从互动状态不断凝聚为存在状态。交往关系是交往活动双向建构、双向整合的产物"②。数智化时代的交往关系则是以多向建构的立体物理方式呈现，并具有非对称性。

交往主体在虚拟空间中形成的交往关系、在现实生活中形成的交往关系，以及线上线下交互形成的错综复杂的交往关系，其总体特征是具有鲜明的不确定性，尤其是混乱、差异和冲突等消极影响因子会给思想政治教育处理这些复杂的交往关系造成干扰。"虚拟交往与现实生存发生互动，并在人们的生活交往中改变了人们的思维和行为模式"③。这在青少年学生群体中表现得更为明显，他们惯于通过匿名的交往方式在虚拟空间中表达和展现自我，但与此同时，他们的思维方式和思想品德形态在虚拟与现实空间交互融合的模式中被网络中的即时体验和主观表述所主导。厘清这种个体体验的主观表达就成为思想政治教育空间转向分析虚实交融空间形态的关键所在。思

---

① 〔英〕奥利弗·博伊德-巴雷特、〔英〕克里斯·纽博尔德：《媒介研究的进路——经典文献读本》，汪凯、刘晓红译，新华出版社2004年版，第93~96页。

② 任平：《走向交往实践的唯物主义：马克思交往实践观的历史视域与当代意义》，人民出版社2003年版，第87页。

③ 林瑞青、范君：《异化与重塑：网络社会责任生存研究》，九州出版社2020年版，第235页。

想政治教育既要维持现实生活空间稳定的社会关系，又要引导人们在进行双重空间交往时建构起合理秩序，而人们整体显现的主体意识和这种意识显露的分散性特质则会对抗和消解思想政治教育的虚拟空间所发挥的作用，这就是思想政治教育空间转向在面临人们的双重交往空间时所遭遇的困境，也是思想政治教育空间转向力求突破虚拟空间困境的必然要求。

数智化时代交往空间关系的复杂矛盾进一步引发交往的伦理困境，这是思想政治教育空间转向面临的直接困境。每个时代，人们的社会交往都有其特殊的符号表征形式。马克·波斯特将人类社会交往的符号时代划分为三个阶段，一是"面对面的口头媒介交换阶段"，二是"印刷的书写媒介交换阶段"，三是"电子媒介的交换阶段"，而"符号交换形式的变革具有直接而深刻的伦理意义"。[①] 用符号进行的交换或交往涉及三个基本问题：身份的表征问题，交往的形式问题，以及社会的秩序问题。这是关乎人们存在和发展的基本伦理问题，具体指向"伦理正义"[②] 的问题。当然这也事关现实空间与虚拟空间之间交互模式的价值合理性问题。数智化时代虚拟空间的符号身份造成了人对自身身份认同和意义的困惑，"对身份认同的体验，也包括对自我的准确认知，认识到对自己的想象，并区分和对抗他人施加的想象"[③]。虚拟空间交往实质上是个体由于个性化表达的需要而开展身份和思想等信息交换活动，与现实空间的根本不同在于隐匿了物质交换的实质，是当今青年个体性原则和主体能动性的外在表现形式，它表征的是人的生存空间对传统实践性线索的"加速肢解"。

---

① 〔美〕马克·波斯特：《信息方式：后结构主义与社会语境》，范静哗译，商务印书馆 2000 年版，第 12 页。

② 有学者分析了亚里士多德的"伦理正义"观念，指出"'伦理正义'就是个体在城邦生活中获得自由发展空间和普遍认同的社会现实，意味着社会总体之善为个体能力的发挥提供了有效的制度保障，意味着个体行为能够在共同体中获得真实的认同"（高广旭：《"伦理正义"的解释力——马克思主义观研究的思想背景和可能视角》，《道德与文明》2018 年第 6 期）。亚里士多德的"伦理正义"具有普遍性与特殊性辩证统一的意义，体现了古典哲学理论对古希腊城邦生活中个体与群体之间伦理关系的把握，这对我们处理人的现实空间与虚拟空间之间的交往关系有一定启示。

③ 莫宏伟、徐立芳编著《人工智能伦理导论》，西安电子科技大学出版社 2022 年版，第 65 页。

意识是每个人与空间实体互动而构建的空间世界，它也是人们在空间中获取身份和位置的途径，虽然人的主体意识空前增强，但人同时也产生一种无规定、不确定的空虚感。人在虚拟空间中的个体性体验和主观能动性更多依靠自我确定而非外部技术力量规定，但虚拟空间与现实空间的交叉影响导致人们难以明确界定真实的自我意识和情绪，给思想政治教育的空间转向提出一定要求：帮助个体在错综复杂的空间存在中不断划分自己与世界、无意识之间的边界，同时也使他们意识到并能够接受一定程度上的自我迷失，以便以后在新的关系和经历中能够认清自我并成就自我。

人们在虚拟空间的各种符号身份与现实生活空间中的身份往往有差异，这种差异也反映在人的心理和精神世界中。当自我身份建构的差异凸显，人的自我认同和意义建构就会削弱，这就加大了思想政治教育进入人的思想空间、对人的身份空间进行塑造的难度。虚拟空间的符号交往导致一定的社会伦理失范。"再生产策略的目的就是在于维持间隔、距离、阶级关系，并且在实践中促成对构成社会秩序的差异体系进行再生产。"① 布尔迪厄的场域理论是一种习惯性的空间策略，他认同社会秩序差异体系的生产和再生产，揭示出空间主体的群体性冲突，符号的使用把人们塑造成一个群体的成员，也放大了主体之间的群体性冲突和风险，进而引发信任淡漠、社会责任缺失、舆论攻击、空间暴力和道德绑架等负面现象，严重影响到整个社会的伦理秩序。

伦理秩序"涵盖了对生命权、健康权、休息权、隐私权等人本权利的尊重与保护，是个人在某种伦理秩序中生存与发展的重要保障"②。人们在虚拟空间中如果缺乏相互尊重，就难以维持和谐、平等的交往实践。从某种程度来说，相比于现实生活空间各种冲突而言，这些困境更易引发特定的伦理事件，挑战思想政治教育空间转向中的作用机制。这也就提出了思想政治教育

---

① 〔法〕P. 布尔迪厄：《国家精英——名牌大学与群体精神》，杨亚平译，商务印书馆 2004 年版，第 4 页。
② 王炎：《社会主义核心价值观的元价值及其释宪功能》，东南大学出版社 2021 年版，第 122 页。

如何在兼顾原有的社会主体系统时重构纳入虚拟空间的伦理世界的问题。"虽然其形态构造的是虚拟空间，但也必须坚持以主流意识形态为主、价值为先的原则，同时把握好虚拟体验的量和度，避免教育对象沉迷于感官体验而形成娱乐主义倾向"①。思想政治教育的空间转向要回应这一挑战，就需要强化价值引领，完善社会主流意识形态和价值观的塑造方式。

人工智能及其进一步发展给思想政治教育的空间转向带来了机遇和挑战，这就需要我们立足于"教育史上的重要拐点"②，深入思考并持续解答在人工智能迅速发展的时代该培养何种人才，以及如何使人在现实空间与虚拟空间的交互作用中准确把握自身定位的问题。"人工智能时代来临，高校思政教育这一大学生思想引领主阵地更应顺应时代发展"③。当代青年学生是使用人工智能产品的主要群体，他们与人工智能技术"相遇"，不仅使得智能产品被推广和普及，而且也扩展了现实空间与虚拟空间交互作用的领域。青年学生在虚拟空间中的表现同其在现实空间中的思想和言行及其变化密切相关，他们在现实生活实践中的思想或情感，往往通过智能化的虚拟平台进行阐述或宣泄，这就需要我们通过智能化的手段和技术对他们的行为方式进行一定程度的引领，使现实空间与虚拟空间中的思想政治教育实现完美结合，将实践展开过程中的主体从程式化的教学环节中解放出来，彰显全过程和全方位育人的要求和特点。"人工智能正在成为形塑思政课教学的新的教学环境"④，这就需要在具体的实践中基于云计算、强力算法等人工智能手段将虚拟空间中的丰富资源运用到现实空间中，不断提升思想政治教育空间的感染力和主体的沉浸度。

---

① 刘星焕、何玉芳：《以数字化赋能"大思政课"建设的内在机理、现实梗阻及实践路径》，《理论导刊》2023 年第 10 期。

② 〔加〕迈克尔·富兰、〔美〕玛丽亚·兰沃希：《极富空间：新教育学如何实现深度学习》，于佳琪、黄雪锋译，西南师范大学出版社 2016 年版，第 63 页。

③ 徐菁忆：《人工智能时代提升思想政治理论课教学质量的研究》，天津大学出版社 2021 年版，第 2 页。

④ 罗永宽主编《新时代高校思想政治理论课建设研究》，武汉大学出版社 2022 年版，第 371 页。

（二）景观化时代视觉空间对人的批判意识与诗性思维的消解

景观化在表层意义上指的是对景物进行观察、拟象的自指性活动，它是推动景观社会化的一种社会实践活动，并逐渐造就景观社会。随着数智化时代的到来和新型媒介的广泛应用，景观化时代进入人们的日常生活空间。日常生活空间逐渐置身于各种景观环境之中，而身在其中的人在意识上却处于一种似有似无的游离状态，这源于景观化时代各种社会景观形成并构造着多种多样的空间结构。因而，要弄清景观化时代的意识形态或价值观念的生产逻辑和运行机制及其对思想政治教育空间生产和转向的影响，先要厘清景观化时代中的各种相关概念。德波在《景观社会》中从马克思主义的商品经济逻辑出发，认为新的资本生产已经将关注点转向以影像媒介为主要载体的景观生活，从而引申出景观社会的批判理论①，旨在恢复真实的日常生活空间和情境。这揭示了由资产阶级主导的从生产逻辑转向消费逻辑的现实，这一转向过程的关键就是运用各种媒介生产的视觉文化。

尼古拉·米尔佐夫曾指出，"当今人类的经验比过去任何时候都视觉化和具象化"②。他看到了人类生活经验的获得路径，也揭示出充斥人们日常生活空间的视觉文化，即"一种以形象符号为中心，以普遍的视觉性为基本特征的生活方式"③。而视觉文化塑造人们生活方式的实践逻辑是通过不断生产景观文化实现的，即人们在构造各种景观过程中形成物质、精神关系以及创造物质和精神财富。从整个现代社会空间结构上看，"媒介制造的景观造就了消费的视觉化，而景观的不断生产又让视觉景象化"④。景观文化与视觉文化密切联系，悄然改变着社会空间的生产方式和人们的生活方式，人们的社会生产和交往实践日益依附的景观及其思维方式的景观化，显然既是对更为

---

① 参见〔法〕居伊·德波《景观社会》，张新木译，南京大学出版社 2017 年版，第 99 页。

② 〔美〕尼古拉·米尔佐夫：《什么是视觉文化》，倪伟译，载陶东风、金元浦、高丙中主编《文化研究》第 3 辑，天津社会科学院出版社 2002 年版，第 1 页。

③ 陈旭红：《视觉文化与新的生活图景的构建》，中国社会科学出版社 2015 年版，第 3 页。

④ 孙全胜：《当代社会如何是一种景观？——评居伊·德波的〈景观社会〉》，《社会发展研究》2014 年第 2 期。

复杂现实状况的遮挡，也是对人的自主批判、思维意识和诗性审美空间的遮蔽，更是对思想政治教育空间转向过程多种可能的单一化处理。

景观化时代形成的以媒介为基本手段、以视觉文化为主要载体的景观文化一定程度上隐匿了日常生活的真相，消解了人的批判意识和精神内涵品性。人的批判意识是对社会空间发展结构的认识及对其背后起主导作用的意识形态的反思。马克思认为，资本逻辑支配的意识形态是一种为统治阶级辩护、遮蔽现实社会关系的精神力量，是一个否定性的概念。西方理论研究者在马克思主义意识形态批判理论的影响下形成了包括社会学、心理学和教育学等在内的关于日常生活领域的批判理论及实践。德波认为，景观社会就是意识形态演化的顶点，旨在通过意识形态批判来解构景观社会各种物质、文化的景观化过程中衍生的意识形态因素。在景观化的社会中，随着媒介的不断发展和传播，"意识形态不再是话语，不再是空洞的理论，而是人们的日常行动，是固化在行动中的权力关系，是灵魂技术学，即支配肉体的权力技术学"①，日常生活中各种物质、精神等生产生活实践都在趋向景观化。

人们接收到的实物和信息大都以被媒介加工处理后的视觉文化呈现出来，人们之间的相互交往也越来越依赖视觉文化的形式展开。然而，"太多人造的文化景观不仅淡化了文化的多样性，还使当地的环境失衡"②，同时也给现有的思想政治教育的空间系统带来一定威胁，当人们对物的认识和感知主要以影像为中介呈现出来时，对人们来说，物的影像价值就比其基础的使用价值占据更主要的地位，现实生活世界中的物及其使用价值对于人们来说变得不再重要，类似于广告中物的影像反而对人和社会产生重要的影响，景观化的社会也成为一种新的社会空间形态，致使人们之间的交流变成了一种围绕景象而展开的"单向度独白"。

景观社会存在景观文化和人的自我景观化相互作用的泛景观化现象，它

① 王晓升：《权力、话语与意识形态——意识形态的叙事效果分析》，《哲学动态》2012年第3期。

② 〔英〕约翰·萨卡拉：《泡沫之中：复杂世界的设计》，曾乙文译，江苏凤凰美术出版社2022年版，第72页。

逐步吞噬置身其中的人的理性批判思维和辨析意识。"马克思将意识哲学作为哲学批判的武器，预设个体是自我意识的存在，不仅具有自身的独立性和主体性，而且能够表达各自的看法和观念，使自身权益获得保障"①，马克思认为个体性的批判不应该停留在对现实社会的批判上，还需要辐射到人类未来理想社会的建设上。在当今时代的现实社会中，人的个体性批判意识所指向的终极价值旨趣理应与人类社会整体发展规律的解放意蕴相符合，具体表现为在对自身所处空间的批判中把握空间建构的可能条件。但是大众传媒的景观化技术运用却造成了人们思想空间和精神领域的部分空洞化，形成了人们对景观社会的顺从和依赖。人在景观化过程中的意识形态和价值观念的主体性在出场时得到一定程度的"张扬"，主导者或传播者与接收者或大众消费者之间的主体间性也显现出来，那些试图传播某种价值观念或意识形态话语的主体，利用媒介的固有属性制造符合大众心理感官需求的视觉文化，以引导并最终控制着大众的消费取向。

景观化媒介的推广也让广大受众走在景观文化的生产前线，他们开始利用媒介进行自由意志的表达和进行交往实践，愈益享受并沉溺于这种自由的活动表象。视觉主体之间存在的比较突出的交往现象是，人们热衷于谈论各种社会事件，即使此类事件与自己毫无利益关联，常见的形式是围绕某一公众人物或公共热点事件展开争论或论战，而对人物本身或事件真相的深层理论探讨则相对不足，长此以往形成一种为了主观意愿而罔顾客观事实的讨论，并制造了一批毫无社会实践意义的视觉文化的虚假交往形式。诚如德波指出的："景观，作为现存的社会组织，是历史和记忆瘫痪的组织，是对在历史时间基础上树立起来的历史的放弃，它是时间的虚假意识。"② 视觉文化的传播者本就缺乏对传播对象的反思性设计，只是为了从形式上吸引大众的注意，这就容易导致视觉文化传播趋向平面化和碎片化变异，再加上视觉文化多样化和信息来源的多元化，接受者的视觉逐渐麻木，这催促其接受并受

---

① 刘同舫：《从应然到实然：马克思社会批判的价值取向转变》，《南京政治学院学报》2015年第2期。

② 〔法〕居伊·德波：《景观社会》，张新木译，南京大学出版社2017年版，第101页。

视觉文化信息的操控，景观文化内蕴的价值预设反倒成为人们批判的唯一对象，而人们主动的批判意识和思辨性活动被掩饰，人们思想空间和精神领域的真实性被遮蔽了。

景观文化和视觉影响对人的批判意识的消解，敦促思想政治教育空间哲学关注人与空间的批判性关系。"无孔不入的形象构筑了当代人们生活的第二重物质空间，同时也构建着人们的精神空间，它成为人们的日常生活资源，成为人们沉醉于其中的符号情境，成为文化的仪式。"① 当视觉文化发展成为人们日常生活的活动仪式，其就像宗教一样具有强大影响力，而那些没有经过反思的视觉文化设计和没有批判的接受与意见表达，无视景观文化背后的意识形态和整个社会空间格局的时代性变动，就会导致主体自觉批判意识的缺失和对主流价值观的认同不足，陷入了精英与大众之间二元对立的窠臼。这实际上是对主体批判意识的遮蔽，以此来掩盖现实空间的本质地位和力量，"马克思在资本批判中展示了社会存在中事物的本质所具有的关键特征，这些思想对于清除以往人们关于本质的错误判断有重要指导意义"②。人在对自身所处空间的本质认识上，由于受到景观文化的影响，难以抓住社会空间中的特殊因素，即影像背后的目的论设定，更无法理解社会空间中景观现象本质上是社会实践的产物。以往的思想政治教育实践依随传统哲学教科书中对于景观文化的应对思路，试图从景观背后探寻一个超越具体形态的空间本质，最终推动人对景观所依托的空间本质有所认识，其所寻找的景观空间的本质归根结底是缺乏实践根基的。这对于诉诸想象、抽象和实践进而撬开人的自由自觉思想空间的思想政治教育实践活动来说，难免会形成一定冲击。

在景观文化意识形态隐蔽传播的过程中，思想政治教育自身的发展也会遭遇繁杂多元的意识形态话语空间挑战，并且在激活受教育者批判意识的过

---

① 陈旭红、梅琼林：《当代视觉文化传播语境中的审美生存及其意义》，《新疆社会科学》2011年第1期。

② 孙迎光：《马克思主义认识论与思想政治教育现代化建构》，《南京师大学报》（社会科学版）2019年第5期。

程中也要面对透视景观文化影响的深层空间结构性力量，这也是思想政治教育自身需要深层探索的空间转向要求。在空间转向的批判理论视域中，本质主义受到反本质主义的冲击和质疑，后者意图干预人们对景观空间的本质的把握。思想政治教育的空间转向则与纯粹的空间转向批判理论不同，并不会影响人们对本质的认识，而是要明确思想政治教育的实践能力，促使人们在实践中认识景观文化的空间本质，逐渐恢复一种对于缺乏流动性的平面化世界的批判意识，这种批判意识的觉醒也为思想政治教育探讨如何在景观文化中把握人的思想品德提供了方法论指导。

景观化的技术延展和视觉文化的感性过渡一定程度上遮蔽人的诗性思维。所谓诗性思维，是一种"既存在于诗中又与诗同体的""先于概念又非概念的东西"[①]。诗性思维在通过概念形成理性的分析和表达之前就可能存在于人的脑中，它在形式上类似于诗歌，具有强烈的文学表达性和感知性。诗性思维对人的发展具有重要意义，它是马克思论述人的全面自由发展的内在尺度。"五官感觉的形成是以往全部世界史的产物"[②]"使人具有日益旺盛的创造潜力，并创造出提升五官感觉的日益丰富的艺术资源、使人的感觉对象日益丰富多彩"。[③] 而现实生活中人们诗性思维被遮蔽的主要原因就在于"未理解人受拥有感所支配的实质"，即人在物化的社会中安于现状地生活。"思想政治课教学应该培养学生的诗性思维，教育要帮助孩子找回诗心就要倡导诗性之思"[④]。诗性思维其实体现的是人们对空间本体与喻体之间关系的独特认识，人通常先感受到具体的景观文化现象，通过抽象思维抛却景观的个别性差异，探寻不同景观之间的共性，从而实现对景观本质的把握。诗性思维是由此及彼的联想，基于人们对景观的感悟来"制造"出弦外之音。思想政治教育的空间转向并不是要将学生培养成为诗人，而在于增加学生的诗

---

① 〔法〕雅克·马利坦：《艺术与诗中的创造性直觉》，刘有元等译，生活·读书·新知三联书店 1991 年版，第 91 页。

② 〔法〕雅克·马利坦：《艺术与诗中的创造性直觉》，刘有元等译，生活·读书·新知三联书店 1991 年版，第 318 页。

③ 孙迎光：《马克思诗性思维与当代教育的传承》，《南京社会科学》2017 年第 4 期。

④ 孙迎光：《思想政治教育新论》，上海三联书店 2014 年版，第 247 页。

意，如果缺乏诗意，学生能感受到的世界就只剩下物的实体性空间。

　　景观化表现为日常生活方式的庸俗化，从地理景观角度看，景观化一般分为自然景观的景观化和人文社会景观的景观化，二者在景观化的过程中达成基本统一。在我国城市化的进程中，自然景观与社会景观的变化大致呈现出由自然向社会过渡的现象，在此过程中人们反过来重视对自然景观的筑造，具体涉及建筑拆迁与重建、乡村的重组与规划以及进行自然景观的设计与改造等。这种景观化过程背后蕴含的生产逻辑正是资本发展和人的发展要求相协调的虚幻假说，对此，哈维指出，"粗鄙的日常生活实践和话语影响着城市生活，把他们从自由地交织了对良好生活和城市形态充满情感和信仰的宏大比喻意义中清理出来是很困难的"①。人们原有的空间位置是长期存在差异的现实地理场所，景观化过程比如"筒子楼""火柴盒"等同质化住所的形成，一定程度上实现了人们地理位置的机械化整体性重组，也一定程度上导致人们日常生活的平庸化。景观文化和社会现象的出现实则是商品和广告对人们日常生活空间的逐步占有，人们在景观社会空间中的话语表达也呈现一定的级差，景观制造者在这一空间中的话语形式表现为不间断的自我褒扬，促使人们对景观的趋赴并逐步形成对其隐性的控制力，使人们陶醉于其中并逐渐走向异化。从居住的场所到社会实践活动的开展场地，景观现象越来越突出，实际上也是人们越来越多地进入景观社会中进行生产和生活的写照。人们开始流水线的操作实践、了解到周边多种多样的空间格局，"过多的信息是精神消化不良。如果我们在这条路上远行"②，就会逐步陷入平庸的虚无主义。

　　一旦人们的日常生活方式趋向平庸化的整齐重组形式，人们超越现实的诗性思维空间也就被掩蔽。"景观是物质上的'人与人之间分离与疏远的表达'"③。景观社会通过各种视觉文化来生产、包装着人们的生活场所，现实的生活空间被各种视觉文化填充，人们对身边的事物视而不见，却对异乡

---

① 〔美〕大卫·哈维：《希望的空间》，胡大平译，南京大学出版社2006年版，第153页。
② 〔英〕劳伦斯·甘恩：《尼采》，巩可欣译，生活·读书·新知三联书店2021年版，第73页。
③ 〔法〕居伊·德波：《景观社会》，张新木译，南京大学出版社2017年版，第136页。

景观心生向往，并将注意力"放到"其他空间中。人与自然之间、人与人之间、人与世界之间形成了以视觉文化为支撑的关系，造成人们身体空间与感知空间的分离，也导致人们对现实交往关系体验的断裂。马克思说，"人不仅通过思维，〔Ⅷ〕而且以全部感觉在对象世界中肯定自己"①，这说明人能够通过感觉在现实世界中创造想象的空间，并且在想象空间的建构中，人们产生了对时空的无限遐想，主要原因在于人们受到视觉文化的影响。当视觉文化的感性过度发展，人们的感性妄想也就麻痹了五官感知能力，一切实践出发点都是娱乐，人们自然而然就陷入浮夸的身体感觉追求而淹没掉身体的自由本质，失去了理性和知觉。

　　一切具有深层内涵的文化创造被视觉影像的娱乐景观化所颠覆后，社会积极发展的动力源泉也在一定程度上被消解掉，导致人的创造性实践的衰退和人的诗性思维的消解，超功利和超物质的诗性思维或审美已经逐渐被边缘化，人的本质的完整性、高尚性悄然褪色，这样的困境也让思想政治教育在景观媒介的冲击下逐渐失去位置感的确定性和秩序感的坚定性。诚如德波所指出的，景观社会空间对于主体而言，只能够被静观而不能使人参与其中。在景观化过程中，人们个体性的思维空间和社会空间被同化为一个抽象的思辨场域——对景观的沉迷优于实践行动、思辨高于现实参与，体现了景观内在的拜物教机制。景观生产了虚假的生活空间，同时制造出对人和世界无形的控制力量，而这种控制力量的作用和影响真实存在②。视觉文化造成社会文化体系的断裂，也就容易使思想政治教育陷入由现有景观社会结构主导的逻辑，成为某种文化资本的符号，这是思想政治教育的空间转向必须破解的难题，并且更大的挑战在于难以厘清这些文化相交织的复杂状态。

（三）消费时代的现代性焦虑成为思想空间强势的集体性凝滞

　　生产与消费是社会运行和经济发展的两个基本环节，在数智化时代和景

---

①　《马克思恩格斯全集》第3卷，人民出版社2002年版，第305页。
②　参见〔美〕道格拉斯·凯尔纳编《波德里亚：批判性的读本》，陈维振等译，江苏人民出版社2005年版，第69页。

观时代，社会空间与人的空间生产包含空间消费的基本意蕴。伴随社会空间生产的扩大和生产技术、生产方式的更新，空间中诸事物的生产也逐渐转向空间自身的生产。数智化时代虚拟空间就是人们交往的新空间关系的生产转向，景观化时代视觉文化的空间生产也给人们带来了新的空间体验，这就是列斐伏尔空间生产理论的基本要义。从"空间的生产"到"空间生产"，这种现象在数智化时代和景观化时代得到极尽描摹。在空间生产的逻辑进程中，列斐伏尔也指出，"空间像其他商品一样既能被生产，也能被消费，空间也成了消费对象"①，譬如，人们热捧的景点旅游、馆内主题活动等空间体验，就是对空间本身的消费，并且当空间生产逐渐发展成依附空间消费的主导内核，即"由生产的空间转移到空间的消费"② 时，空间消费也就成了影响社会空间和人的空间发展的主要因素，这种情况随着消费时代的到来而暴露无遗，并且空间消费更多体现在人们的日常社会生活中。

"消费时代"是波德里亚提出的一个概念，依循景观化时代视觉文化图像的生产逻辑，波德里亚看到了媒介在引导大众消费中的重要作用，指出"消费时代"是景观化时代视觉文化或图像发展的必然结果。波德里亚在《消费社会》的开篇就指出，"橱窗、广告、生产的商号和商标在这里起着主要作用，并强加着一种一致的集体观念，好似一条链子、一个几乎无法分离的整体，它们不再是一串简单的商品，而是一串意义"③，而且，就消费环境而言，"环境是总体的，被整个装上了气温调节装置，安排有序，而且具有文化氛围"④。他认清了景观社会空间生产背后的逻辑在于规定未来的发展方向，这些消费品就是具有某种象征意义的景观化的同义反复，它已成为制造现代人虚假的精神消费需求的强制性符号。因而，消费时代就是"消费主导生产，生产要围着消费转的时代，商品供应必须揣摩消费者的心意不断创

---

① 包亚明主编《现代性与空间生产》，上海教育出版社 2003 年版，第 50 页。
② 包亚明主编《现代性与空间生产》，上海教育出版社 2003 年版，第 50 页。
③ 〔法〕让·波德里亚：《消费社会》，刘成富、全志钢译，南京大学出版社 2000 年版，第 1 页。
④ 〔法〕让·波德里亚：《消费社会》，刘成富、全志钢译，南京大学出版社 2000 年版，第 1 页。

新的时代"①。随着消费时代的推进，单纯的物质消费已经不能够完全满足人们的消费需求，精神消费成了人们更高层次的追求。然而，人工智能和景观的作用使得人们的消费观念越来越娱乐化和世俗化，在空间概念上淡化了人们思维观念和思想品德的意识形态色彩，由智能和景观衍生出的空间也成为一种特殊的消费品。

在商品经济极大丰富和社会生产快速发展的背景下，消费的空间元素浸润于人们日常生活的各个空间，创造了以大众消费和符号消费为主要形式的消费文化，并且在全球化信息化运动的推动下，消费文化已经席卷世界各国和各个生活空间。从经济发展的阶段来看，改革开放以来，中国逐步进入生产社会与消费社会并存的社会发展阶段；而从文化发展的基本态势来看，中国社会发展俨然出现人们的消费需求日益增长和消费文化多样的趋势，这一发展阶段的到来和趋势的形成有其独特的内在逻辑。从社会关系和社会结构的流变趋势看，它呈现出一种对社会政治秩序和主流意识形态的依附，与人们渴望通过现实的关系网避开不公正的消费可能性之间存在矛盾。然而，波德里亚已经明确指出，即使已经清醒认识到了这些矛盾以及消费时代对人的潜在压抑，人们也不能通过批判和拒绝消费来从中实现解脱。因为一旦进入消费时代，社会"立刻就像把一个奇特且无攻击性的植物品种引种进来那样，把它们收编进自己的民俗中"②。人们意识到的种种矛盾和异化也会立刻在消费演变成时尚中烟消云散。消费通过符号和编码建立了一个人们交换和交往的空间结构，这导致消费对人们而言，并不仅仅是在物质或精神上满足了人的生存、发展、享乐或审美等需求，事实上人们沉浸在自身需求得到满足的消费步骤中。恰恰因为这一符号构建的空间结构，人们的日常生活空间越来越紧凑，并被集中塑造和控制。

中国特色社会主义进入新时代，我国社会主要矛盾已经转化为人民日益

① 杨晓莲：《消费时代与建构现代新感性——从马尔库塞的新感性理论谈起》，《华中师范大学学报》（人文社会科学版）2006年第4期。

② 〔法〕让·波德里亚：《消费社会》，刘成富、全志钢译，南京大学出版社2000年版，第181页。

增长的美好生活需要和不平衡不充分的发展之间的矛盾。当前，随着社会主要矛盾的变化，社会经济发展的主要任务也发生相应改变，社会空间中物质生产力和精神文化生产力有效释放，但还存在发展不平衡不充分的问题。新时代，社会主要矛盾总体上仍然是人们的需要与生产发展之间的矛盾。只是人们对美好生活的需要在日益增长，而社会发展依然存在不平衡不充分的消极因素，这也显示我国的消费社会结构在发生变动。人们的物质消费得到满足，就会产生强烈的精神需要；在各种消费文化的充斥下，外来和本土、旧有和新生、主流和非主流、真实和虚假等各种各样的文化现象充斥社会空间，影响人们的精神认知和价值认同，使得人们陷入一种集体的现代性焦虑。

消费确实具有独特的意识形态塑造功能，这源于消费的基本特征。消费的确具有满足人们物质和精神等层面需求的社会功能，但人们的需求在消费中得到满足并不意味着消费与生产之间的不平衡不充分矛盾完全得到化解，消费时代仅仅让人们进入这一社会空间之中以熟悉消费规则从而进行生产和生活。消费过程中的意识形态与人们现实生活中意识形态的根本不同在于，它突出了差异和多样性而非促进有机统一，企图通过差异性的区分来解决现有的矛盾。故而消费的意识形态在形式上表现为人们消费行为中无意识的调控机制，凭借符号和编码使不同主体在消费过程中形成相适应的竞争性关系，人们在消费社会中要想不被疏远，就必须融入消费洪流当中，最终处于无意识地被控制状态。

现代性是人类社会发展进入特定阶段的特征，不同民族和国家实现现代性的路径就是现代化的过程。在吉登斯看来，"现代性是一种风险文化。这并不意味着社会生活比之以前的惯常生活更为危险，因为对发达社会中的大多人而言，情形并非如此。相反，无论是由外行行动者还是由技术专家来组织的社会世界，风险概念都是基本的"[①]。在社会发展的现代性阶段，社会生产在加速发展：不断征服自然资源，创造社会景观文化，尤其是在消费社会

---

① 参见〔英〕安东尼·吉登斯：《现代性与自我认同：现代晚期的自我与社会》，赵旭东、方文译，生活·读书·新知三联书店1998年版。

中，现代消费理念充斥人们的日常生活空间，逐渐遮蔽并控制着人自身活跃的主体空间，引发人的现代性焦虑。人的现代性焦虑首要表征为身体焦虑，即人的身体对消费的依赖和真实体验感的消解。人的身体本身就是一个具有独特结构特征和文化属性的空间，它是社会空间生产的前提，诚如列斐伏尔所指出的，"空间的生产，开端于身体的生产"①。当人们参与到社会生产和交往过程中并形成一定的空间关系时，人的身体就被置入空间的内部结构。在此过程中人们也愈发认识到自身对于现代消费空间的依赖程度逐渐提高，人们的身份就不再仅仅由现实的多维关系所决定，这一定程度上消解了现实空间中来自家长、教师和社会规范等的权威观点的影响，但制造了消费本身的现代性权威。

在消费时代，人身体的生产空间与消费空间并存，并且消费主导着人的身体空间位置和结构。人的身体一方面处在一定的物理空间，另一方面处于消费社会所设置的虚假空间，人们的身体受到各种符号空间消费的牵动，形成了异质的身体空间。人类的生命与历史的交融均在其中发生，这种关联本身也是异质的②。就身体空间本身的消费来说，现代消费理念和日常生活的关注热点也日益显现出对身体、性、色情、肉欲等物质交易的肤浅偏爱和迎合，一定程度上泯灭了人的身体空间多样的生产功能和社会文化属性。伴随着人的身体焦虑而来的是现代人的身份认同焦虑与自我悖论。在消费社会中，人们的空间位置发生整体变动，处于一种地理空间位置上"漂"的状态，人们的社会关系也表现为一种不稳定的陌生人社会关系。

社会关系的经常性变动是人的身份认同焦虑的主要诱因之一。此外，人的身份认同困境还表现为人的本质的虚无，人转向"自己的'处身性'，人的本质不再是一些抽象的形式原则，而是充满肉体欲望和现代感觉的'生命'"③。部分人越来越沉溺于各种消费空间，如酒吧、网咖和 KTV 等带有

---

① Lefebvre Henri, *The Production of Space*, by Donald Nicholson-Smith, Oxford：Wiley-Blackwell, 1991, p. 170.
② 参见包亚明主编《后现代性与地理学的政治》，上海教育出版社 2001 年版，第 21 页。
③ 王岳川：《中国镜像：90 年代文化研究》，中央编译出版社 2001 年版，第 333 页。

特定象征意义的符号消费空间，反映人们追求短暂快感和游戏人生至上的消费需求和心态，而这种消费需求实则是消费时代给人们制造出的虚假需求，即"那些在个人的压抑中由特殊的社会利益强加给个人的需求：这些需求使艰辛、侵略、不幸和不公平长期存在下去"①，这些都属于虚假需求，其背后蕴含的消费文化进一步导致人的需求的异化：为了使产品被消费而生存，人们心甘情愿成为享受这种符号消费和虚假需求的精神奴隶，进而也就失去了对生存意义的追问和自我确认的能力，在更深层次上表现为人们在消费空间中的交换和交往活动确实消解了身份认同的连续性。以往人们的个体空间与社会公共空间交互作用，即使自身的空间位置发生了变化，也能够认识到自身不变的真实身份。但在消费空间，人们更多体验到的是娱乐性和新颖性，难以调节自身与消费体验的相处模式，也就无法认识并体验到个体空间与社会公共空间之间由于相互连接而共同变化的连续性，最终失去了对自我身份的认同。

消费时代人的现代性焦虑主要体现在人的话语表达空间的边缘化。在消费时代，"主体往往借助于消费性质的空间实践，来对现实社会中占主导行为的意识形态"②进行支配，以此改变或强化自身的社会地位。在当今的消费社会中，以自由时间为表征的休闲体验，尽管"在经济上是非产性的，但却是一种价值生产时间——区分的价值、身份地位的价值、名誉的价值"③。因而，自由时间在一定程度上可以充当符号与内涵交换的中介。休闲者在消费社会中向人们展现出自身时间的无用性，自由时间只不过是购买奢侈品等追求高档消费的时间的富余。休闲在此过程中也就成为依靠空间来感受时间的范畴。在消费社会的一体化的空间中，人们无法拥有对时间的自由支配，时间仅仅被当成区分商品使用价值的标签。因此，人们即使在消费社会中处

---

① 〔美〕赫伯特·马尔库塞：《单向度的人》，张峰译，重庆出版社1988年版，第6页。

② 夏雨禾：《微博空间的生产实践：理论建构与实证研究》，中国社会科学出版社2013年版，第289页。

③ 〔法〕让·波德里亚：《消费社会》，刘成富、全志钢译，南京大学出版社2000年版，第154页。

于倦怠状态，试图从无尽的消费活动中解放自我，最终仍难以获得自由的时间来享受真正的休闲，毕竟休闲本身在消费社会中依然只是一种表征价值的符号，结果人们在这种对商品价值的追求中被迫一再陷入无尽的循环当中，具体表现在：各种符号消费理念将其背后的意识形态话语渗透到消费者的思想空间中并使其浑然不觉，以此形成话语表达的强势空间。

从人的社会实践过程看，现代性发展赋予人们很多观念：人的主体性、人的个性、人的解放和自由表达，就如柄谷行人阐释的现代性必定塑造"具有内在深度的人"[①]。然而，消费时代则瓦解了这样一种时代精神和人文关怀，它宣扬趋利避害是人的本能，并因此造就了彰显各种空洞价值的生产商，而"消费者只能在来势凶猛的大众文化面前，接受意识形态的'洗礼'，他们缺乏稳定的社会交往，也没有机会作公开的自我表现"[②]。因而，消费时代人们在面对消费文化主导的意识形态时被边缘化，在整个社会空间中处于话语表达的弱势地位，丧失了具有内在深度的批判性与超越性，进而沦为马尔库塞指责的消费控制下的"单向度的人"。这既是意识形态话语转向大众文化话语过程中所滋生问题的延伸与变形，更是转型期社会主要矛盾变化背景下中国人的话语问题在消费空间中的投射。由消费主导的经济发展现状与我们在新时代所追求的经济高质量发展要求相悖，也阻碍人的全面自由发展和思想政治教育的空间推进，这不啻为人的消费伦理和人性关怀的停滞或倒退。只有将其放在中国特色社会主义主流意识形态的历史和现实背景中进行审视，才能作出更加合理的解释，这就对思想政治教育提出了新的要求：必须将目光从人的生存发展"应该如何"的彼在空间拉回到"现实是什么"的此在空间，在复杂的虚拟消费空间中关注人的现实生存图景。

---

① 〔日〕柄谷行人：《日本现代文学的起源》，赵京华译，生活·读书·新知三联书店 2003 年版，第 1 页。

② 〔英〕奥利弗·博伊德-巴雷特、〔英〕克里斯·纽博尔德：《媒介研究的进路——经典文献读本》，汪凯、刘晓红译，新华出版社 2004 年版，第 93 页。

三 思想政治教育空间转向的困境归因

思想政治教育的空间转向所面临的现实困境，要求我们在历史唯物主义的理论基础上，理清空间生产的知识和抽象性的意识形态之间的区别，以空间生产逻辑为核心进行历史唯物主义的溯源，通过对思想政治教育空间生产进行前提性分析，以及确定思想政治教育空间生产与社会空间发展之间的内在关联，发掘困境的深层诱因。

（一）信息资源空间生产与配置的非正义性运转

信息资源的空间生产及配置过程中的非正义性因素是当前思想政治教育空间转向研究与实践过程遭遇各种阻碍的主要原因。从互联网时代、景观化时代和消费时代在中国现代社会发展阶段的基本特征看，其空间发展逻辑与对人们日常生活实践引导与控制的逻辑是统一的，运用的手段就是对各种空间资源、资本和资产的空间配置进行争夺、开发和利用，以生发出能带来社会价值的劳动、土地、资源、科技和数据等空间。其中，资源空间是一个总体性的历史概念，恩格斯认为，"劳动和自然界在一起才是一切财富的源泉，自然界为劳动提供材料，劳动把材料转变为财富"[①]。能够转化为价值的资源，不仅包括天然生成的自然资源，还指向劳动（包括劳动力、技术、知识、文化等因素）资源。因而，从人与自然的关系看资源空间的生产发展，人类社会的资源空间大致经历三个发展阶段：劳力资源阶段、自然资源阶段和信息资源阶段。当今时代，我们已经进入以知识和科技为主导的信息资源发展阶段，创造了多样的信息资源空间，其具有鲜明的敞开性、吸附性和流变性特征，既关注能否满足社会和人发展需要的问题，又指向人对信息资源空间持续的强烈依赖，表现为信息资源空间生产的不正义性和资源配置的不公正现象。

[①] 《马克思恩格斯文集》第 9 卷，人民出版社 2009 年版，第 550 页。

信息资源空间的生产过程中存在一些非正义性现象，我们可以从空间的不同维度和领域展开分析，具体涉及信息资源的空间生产过程和信息分布的地区和企业行业领域。

首先，从全球化的信息资源空间生产过程看，我国的信息资源空间生产处于一种相对被动的态势，信息市场开发得不充分、信息网络正在持续构建。在信息资源空间建设渠道上，国外先进的生产技术和机制在输入过程中也制造了一些信息差，容易使我们在技术和理念的移植、培育中花费巨大成本，并且还使我们面临核心技术相关的壁垒和限制。虽然国家和地方政府部门在信息资源空间生产中具有主导权，"我国政府拥有对政府信息资源的版权，并且其开发利用也主要是由政府部门及其下属的事业单位来完成的"①。但是市场在制造和获取信息资源中也发挥了一定作用，这种开发主体及其长期的重技术、轻内容，重制造、轻服务的生产模式，造成信息资源空间的开发利用和有效供给不足，也滋生了一些信息污染和较低的信息附加值产业，这是人们在吸收各种信息资源过程中受到虚假、片面信息误导的重要原因。

其次，在地区和企业行业领域，由于缺乏全面准确的信息，信息资源空间生产和结构调整存在盲目性。"空间正义问题往往来自经济、政治、社会、文化、传统等多种因素，空间正义的实现需要由规范上述社会关系的整个法治体系融贯发挥作用"②。信息资源空间不仅是当今时代知识或文化等因素发生变化的场所，也是当今时代人们社会实践和社会关系表达的产物，空间塑造着社会的基本形态，这种非正义聚焦于信息分布的非平衡和不协调的问题域。信息资源空间生产中的非正义在一定程度上也是对社会实践和社会关系中非正义问题的映射。空间正义作为社会正义的组成部分，是社会正义的空间化表现。因而，信息资源空间中的非正义问题也需要通过有意识的社会实践来予以解决。思想政治教育的空间转向需要与空间规制进行联动，既包括对微观空间的塑造，也包括对宏观思想的形塑。运用思想政治教育的空间影

---

① 赖茂生、麦晓华、曹雨佳：《我国政府信息资源开发利用模式创新研究》，《图书情报工作》2014年第6期。

② 靳文辉：《空间正义实现的公共规制》，《中国社会科学》2021年第9期。

响力对信息资源空间自我运行失灵而导致的空间非正义问题进行修正，这也是思想政治教育空间转向的重要内容。在市场高度自由化的今天，大部分企业的信息开发和利用是为了迎合大众需求，对信息资源的开发和深度创新研究不足，以致在国际上各种信息资源的空间争夺战中竞争力疲软，处于劣势，这就为西方有害信息侵袭和渗透提供了可能，也给我们自身的信息研究、开发和安全管理等带来挑战。

此外，信息人员，包括政策制定者、后台操控者和大众消费者是信息资源空间生产的关键要素。人们虽然已经成为网络信息资源的接收者，但是对信息资源在国民经济增长和人们日常生活发展中的创新驱动作用缺乏深刻的认知。一方面网民和社会组织利用新媒介制作、发布或在一定范围内传播信息资源并对社会公共空间秩序产生影响；另一方面企业或技术在后台预设的路线图，也在限制或操控人们的信息资源空间生产权，这势必会削弱人们对日常生活中各种信息资源的敏感度和对既有资源的反思。以信息资源对人的阅读空间的影响为例，其对个人的冲击力是相同的，但个人在对信息资源的态度上却呈现出差异性，有些人能够辨清真伪，充分意识到阅读在扩充自身思想空间方面的基础地位，通过阅读能够形成并勇于输出自己的观点，能够主动为自身营造良好的思考空间；有些人则完全沉浸在信息资源营造的丰富空间内容中，难以对现有信息进行筛选、追问或质疑，陷入一种"正义是强者的逻辑"的桎梏之中，最终无法产生对信息资源的正向反馈。

无论是互联网时代、景观化时代还是消费时代的空间生产，其运行逻辑都能在马克思主义视角下的交换价值理论中得到解释，其问题实质都是马克思主义关于劳动异化的论述在现代社会的新式出场。信息资源空间的生产与配置紧密相关，即人们的信息资源空间生产权与获取信息资源权，同被配置权紧密联系。人们在空间生产权上缺乏表达的自觉意识和影响力，在资源配置中也就同样处于弱势地位，两者互为因果。

我国信息资源配置存在区域差异，在信息设施完善方面存在东西部和城乡间两大差距，地方的网络普及程度、公共场馆设置和信息共享等工程建设方面的差距虽然在缩小，但仍需加大协同发展的力度；在关注信息和获取信息的能力上，市场自由化对新媒体的影响力逐渐增大，大众媒介对人们日常生活的传播兴致也日益增加，但商业化信息传播方式的灵活多样性特征，容易造成人们在获取信息与理解信息之间存在脱节，使得区域信息资源配置差距更趋复杂、人们对"科层制"①式的信息获取差距在缩小，但这也只是形式上的正义，而非实质性的正义。

实质性正义是指"保障所有个人享有机会均等的信息权利"②，即信息资源的社会最大化共享，而现实的差距表明大多数人依然在信息资源配置中处于弱势地位，即"那些不能有效利用信息的群体成为这个意义上的信息弱势群体"③。而这不仅源于信息资源的共享程度不高，还源于人们获取信息资源的能力和素质有限，以及受教育水平存在差异。尤其是当思想政治教育载体、方式、方法的创新不到位时，人们由于看到不公平的社会表象而难免产生心理上的失衡，滋生社会怨恨、仇视等消极心态，引发社会空间的网络公共事件。

马克思认为，"资产阶级，由于开拓了世界市场，使一切国家的生产和消费都成为世界性的了"④。资本逻辑所构造的世界图景完成了一次生产和消费的世界性循环，即从外部空间到内部空间，再到全球空间。在当今时代，信息资源空间所显现的循环"圆圈"历程不仅体现了资本的新形式，也使得资本逻辑获得了新内容，信息资源成为知识文化和价值传播与交流的主要因素，而危机因素成为其中不可分裂的一部分。信息资源空间在生产和配置中由于不平衡和不协调而引发危机，一定程度上也反映了信息资源空间本身的边界，揭示了空间的资本逻辑和权利逻辑的界限。

---

① "科层制"一般具有以下特征：一是组织内部分工明确，二是组织内部接线明确，下级接受上级领导，三是组织成员必须具备专业技术资格，四是组织内排除私人感情（参见苟欣文、邓新民、蔡敏《互联网技术与马克思主义传播：基于价值观与方法论的研究》，中国社会科学出版社 2017 年版，第 123 页）。

② 温芳芳：《信息资源配置协同制度的价值取向》，《图书馆建设》2014 年第 11 期。

③ 苟欣文、邓新民、蔡敏：《互联网技术与马克思主义传播：基于价值观与方法论的研究》，中国社会科学出版社 2017 年版，第 152 页。

④ 《马克思恩格斯文集》第 2 卷，人民出版社 2009 年版，第 35 页。

马克思认为，随着资本攫取的剩余价值减少，资本主义基本矛盾就难免引发危机。资本遮蔽和缓解危机的办法就是不断生产和扩张空间，以此实现危机的转移。信息资源空间同样也将自身的危机转移到剩余的空间中，以人们对空间信息资源获取的差异来制造他们之间的空间级差，从而实现信息资源的再度循环化。在马克思的批判理论视域中，虽然没有将空间生产作为一个独立的研究主题，但他已然将空间视为基本扩张的有效形式。从马克思对基本生产及其造成工厂和城市空间变化的批判性反思中可以看出，空间主要聚焦于地理层面。当代信息资源空间的生产和配置之所以能够暂缓马克思所指出的矛盾与危机，原因在于信息资源的生产不仅仅发生在地理空间，而且在地理空间和思想空间的交互影响中，走向了信息资源本身作为空间的生产。

诚如大卫·哈维在《希望的空间》中所说："资本向来就是一个深刻的地理事件，如果没有内在于地理扩张、空间重组和不平衡地理发展的多种可能性，资本主义很早以前就不能发挥其政治经济学系统的功能了。"[1] 因此，对信息资源空间生产和作用逻辑的分析，能够有效解释在互联网时代、景观化时代和消费时代背景下思想政治教育空间转向所面临的困境。信息资源空间的生产中潜藏着深刻的资本逻辑对空间的控制力，而在信息资源空间的配置中蛰居着现代社会的权力逻辑对空间的区隔，人们的思想空间在交流中始终存在一种隔膜。在这双重逻辑的作用下，人们进入信息资源空间的资格被权力所统摄和掌控，在其中从事社会实践的大众时刻面临不安全和不稳定性，缺乏对空间的自主意识，陷入一种空间上的"贫乏"感。主体对信息资源及其衍生的知识或文化等存在认知和获取上的差异，是形成这一现象的主要原因。

（二）信息资源在传播与发展过程中的话语裂隙

信息资源空间生产和配置的非正义性运转导致在传播和发展过程中不同主体在话语的表达、信息获取等方面存在裂隙，这是当前人们社会实践和社

---

[1] 〔美〕大卫·哈维：《希望的空间》，胡大平译，南京大学出版社 2006 年版，第 156 页。

会关系中存在各种矛盾冲突的主要原因，也是思想政治教育在宣传、践行马克思主义理论包括社会主义意识形态时面临空间话语阻塞的直接原因。福柯坚持实证主义的主体观，把哲学看作一种人们对当下、现实、自身进行诊断的活动，而诊断活动一般来说是历史的、具体的、真实的、多样性的和创造性的实践活动，而无须探寻貌似深奥、玄虚实则空洞、僵硬的世界本源、最高原则、终极目的[1]，福柯的主体观旨在恢复主体在空间中的本来面目，倡导捍卫实证主体的话语权，这是实证研究方法在审视信息资源空间话语中的运用，使人们在信息资源空间中清醒意识到从符号过渡到意义的必要性，这种实证主体主要是通过话语叙述而在空间中进行定位的，而非某种意识对主体进行直接的定位。信息资源的空间生产是当今时代知识或文化得以传承与发展的重要载体及基础，也是一个时代的思想空间得以延续的基本载体。信息资源对于重构当今社会的知识体系和文化形态具有重要作用，但同时也引致了一系列问题。

思想政治教育的空间转向对信息资源空间的构建具备引领性功能，其背后依托的是中国式现代化道路和中国特色社会主义主流意识形态，其中人类文明新形态为信息资源的整合提供了广泛发展空间。由于信息资源空间是一个庞杂的系统，形成于特定的社会历史发展过程，其具体内容也在不断变革和更新，并且伴随社会历史和文明形态的变迁，其价值取向也呈现出多元性和差异性，加上信息资源有其背后的数字化逻辑，其在与人既有的思想和文化空间统合中容易滋生裂缝。互联网时代、景观化时代、消费时代以及即将到来的人工智能时代，都是社会加速发展的重要表征。但任何社会发展阶段及其特殊的阶段性表征都是社会发展的产物和动力机制，推动经济社会发展，也造成了人们日常生活空间的零散化、物质化和碎片化，引发社会各层面的人的空间实践及其发展问题。其中最突出的问题就是人们的思想空间发展与现实生活空间的矛盾，即人的思想观念遭遇社会空间拓展带来的诸多冲击。究其原因，一是人们的思想话语权在社会空间中处于被动地位，二是社

---

① 　Michel Foucault, *Histoire de la folie à l'âge classique*, Paris: Editions Gallimard, 1972, p. 206.

会空间中的文化断裂现象导致整个社会话语体系产生裂隙。

空间话语权既指向阶级话语权力的执行空间，又含有大众话语权利表达空间的意蕴。福柯考察了知识、权力与空间的关系，建构出权力的空间理论，指出话语权与社会空间权力系统之间的关系。他认为社会空间中话语权的弱化是社会关系"分化、不平等、不平衡的直接结果，反过来它们又是这些分化异化的内部状态"①。话语权发生在一定的社会关系系统之中并受其影响。同时，福柯又指出了话语权的社会特征："褒扬某一阐述形式而相应地贬低其他；授予某些人提供知识断言特权的制度许可，而相应地剥夺他人"②。话语权是对空间关系的现实反映，福柯对空间话语权在整个社会关系系统中位置的认识具有一定的合理性，统治阶级一般是社会中整体具有较高知识水平、掌握整体意识形态主导权的实践主体，通过法律、政治性的规范手段实现其话语主导。

福柯并没有对大众的话语权的恰当性等具体问题进行阐释。哈贝马斯则从交往的角度论述了"话语民主"的交往权，即以话语表达解决社会分歧和冲突，这是对大众话语表达的理想化设计。"话语—权力理论改变了传统的语言工具观，其关注重点不在于演说主体及诠释语义，而是致力于分析这些话语、观点和立场背后所隐藏的支配性的权利关系"③。因而哈贝马斯的话语实际上指的是同主体权力诉求密切相关的言语方式和阐述形式，或理解为言语活动的产物，言语活动与一定时期的文化、历史和教育等有着深刻的内在关联，与主体思想空间的建构和变动也存在密切联系。

由于主体自身思想空间的建构各有不同，他们受经济、政治和文化等领域的影响也存在差异，加上人的思想空间具有生产性和创造性特征，这使得个体性主体所获得的话语权与群体的话语权不可共享。这表明话语权已经渗透到人们具体的生活生产实践中，塑造并规范着人的存在方式，给思想政治

① 〔法〕米歇尔·福柯：《性史》，黄勇民、俞宝发译，上海文化出版社1988年版，第76页。
② 汪民安等编《福柯的面孔》，文化艺术出版社2001年版，第125页。
③ 黄柏刚：《性别的语言之思——女性主义批评的语言维度研究》，华中师范大学出版社2016年版，第124页。

教育的空间转向带来一定调整，实际上这也是互联网时代、景观化时代和消费时代思想政治教育空间转向遭遇困境的主要原因。

从我国社会话语权的演变进程来看，改革开放是话语主体发生重大更迭的时代节点。在改革开放之前，中国社会的话语权设置以国家为主导，这既与传统国家治理观和价值观等历史因素有关，又是国家与社会发展的规制要求。改革开放以来，随着政治体制改革的逐步推进，社会大众积极发挥主体作用，社会各界参与民主生活的积极性、主动性得到激发，在获取信息资源和话语表达权方面抢占先机的是各种媒介机构，新闻媒体等社会多样舆论媒体在社会价值观念传播中影响力的扩大及话语权的转移显示出更加开放、多样的特征。大众在社会公共领域事务中的话语表达权也日益得到法制化保障，公民参与社会表达的权利意识和积极性也有所增强。然而，从整个社会信息资源空间的传播和发展进程来看，不同话语主体间仍然存在一定的话语裂隙。这启示思想政治教育的空间转向需要关注细微的话语空间，因为不同主体之间都可能形成多种话语沟通的关系。

思想政治教育要解决的难题是澄清这些关系性存在，更重要的是掌握多样关系在空间中的转化规律，对互联网时代、景观化时代和消费时代背景下的思想政治教育空间转向的困境分析也是如此。因为思想政治教育在把握人的思想空间和社会空间的过程中需要明确三种主要时代背景的影响力，从而将其批判性思维反映在具体的空间实践之中。"康德是自己站在不同的地位上进行观察，从而在认识视角上造成差异，接着建立一种视差"[1]。这种视差对于思想政治教育反思三种时代背景具有一定影响，它启示思想政治教育在空间转向中既要承认三种时代背景"相互渗透"，又要看到三种时代背景的独立存在及其效应的差异，这给思想政治教育空间转向在具体实践中实现对三种时代背景的"整合"和"跨越性批判"[2] 带来了一定难度。

随着社会主义市场经济发展自由化程度的不断提高，不同市场主体在社

---

[1]　祁涛：《返回的步伐：马克思政治思想的方法与论域》，复旦大学出版社 2020 年版，第 59 页。
[2]　参见〔日〕柄谷行人《跨越性批判》，赵京华译，中央编译出版社 2011 年版，第 2～3 页。

会空间中的竞争关系也逐渐凸显和深化，这就造成了社会利益分化和社会结构的变动，不同社会组织和不同阶层群体在社会空间中所占的位置及其相互间复杂的社会关系就不断精细化、差异化，不断生成异质空间或导致话语空间的异在性，话语权行使的不平衡性凸显。关于人们的现实话语权，从实践层面看，处于社会空间顶层的人在信息资源的获取和话语表达上享有优先权，而处于空间底层的人的话语则受到漠视。由于具体的相关法律规定没有完全制定或不完善，人们的话语权受限，大多数话语表达与实际影响力之间存在差距。从法律法规对人们话语权的设计和保障层面看，并非所有法律规定的公民权利都能通过话语表达获得关注。人们的生命财产权往往不仅有法律的保护，还能得到媒介等的保护，而人们在有关热点事件评论等自由表达领域则缺乏自觉意识和实际能力。在这样一个新的话语空间格局中，那些具有优先权的主体往往成为在利用市场机遇和新兴媒介上具有优先权的群体。他们利用"掌握的符号资本行使权力，从而掌握着'话语权'"①，进而改变了人们的日常生活空间，改变了人们的思想空间，造成了"文化及社会生活层面的断裂"②。在全球化、信息化、市场经济的大背景下，国家、社会与个人层面的文化和价值取向差异逐渐增多，主要是因为多样社会思潮的活跃和主流意识形态话语式微，因为马克思主义理论特别是社会主义意识形态话语在传播与发展的过程中没有及时把握人们的思想空间发展动态。

思想政治教育既是传播意识形态的工具，也有促进人全面发展的根本价值功能，兼具工具理性和价值理性：如果工具理性不足，就会影响到人的价值的发挥和实现；同样，如果没有依从价值理性这一内在机制，也难以保持前者的传播活力。在现实的话语传播内容上，思想政治教育还未做到贴近受教育者的日常生活空间，理想化、政策化的内容往往容易遮蔽受教育者隐蔽的思想空间，也就难以反映全面的社会生活；在话语传播的方式上缺乏灵活性，思想政治教育并未将解决人们的思想问题与人们的现实生活问题紧密结

---

① 贺建平：《媒介权力与司法监督》，《上海大学学报》（社会科学版）2004 年第 4 期。
② 郑杭生、洪达用：《中国转型期的社会安全隐患与对策》，《中国人民大学学报》2004 年第 2 期。

合起来，"以单向灌输为主、居高临下的传统传播方式势必失去大量受教育者"①。同时，话语传播的技术也不完备，虽然思想政治教育已经在抢占网络空间意识形态话语阵地中做了不少探索，但"以意识形态为内容的思想信息与其他信息最大的区别在于它一般具有浓厚的政治性色彩。"② 因而，其在实际执行中的政治性、思想性与艺术性融合度不高，对受教育者的吸引力、影响力和渗透力也就不足，往往造成受教育者在某种思想政治教育空间中进行即时性娱乐的同时丢失批判性维度。

（三）思想政治教育空间变量"内卷化"的被动制约

思想政治教育空间变量"内卷化"③ 的被动制约是其在社会空间中实施效力低下的内在原因，也是思想政治教育工作方式和叙事过程的空间转向受阻的根本原因。变量一般指数学模型或是在社会学结构分析中引人的概念，是在分析过程中可变的因素，是可以进行或大或小、或增或减、或变或稳等灵活处理的因素，任何一个空间结构都有其内在的空间变量及相关构成关系。对思想政治教育的空间转向的研究是要将人的思想空间发展置入整体社会空间结构中进行考察，实质是对影响人的思想空间发展的内在空间要素进行考察，而任何社会空间单元都是多维的，并且"任何社会的观念形态都是立体的构成"④，影响社会空间的要素是不断变化的，由此，这些要素在对人

---

① 苟欣文、邓新民、蔡敏：《互联网技术与马克思主义传播：基于价值观与方法论的研究》，中国社会科学出版社 2017 年版，第 64 页。

② 李春会、赵继伦：《马克思主义大众化传播的受众诉求与话语建构》，《重庆社会科学》2011年第 3 期。

③ "内卷化"是经济学和社会学领域的专有词语，一般指在市场经济背景下，依靠复制模仿而缺乏自主创新的发展模式所出现的经济边际效应递减的现象，这种发展模式在市场空间饱和后会导致利润与日俱减。借助这一理论，有学者指出在教育领域也有内卷化现象，包括内生型内卷化和外源型内卷化，前者指"尽管外部性的资源不断投入，但只是数据上的增长，其质量本身没有得到发展"；后者一方面指教育对其他理论范式或外界相关实践模式的模仿，另一方面指外界空间对教育内部空间的强制性挤压和改造导致教育走上了"内卷化"道路（参见徐艳伟《农村教育的内卷化及其破解》，《继续教育研究》2017 年第 2 期）。

④ 张开焱：《叙事范式意识形态分析的洞见与问题——詹姆逊叙事政治学主符码评析之三》，《马克思主义美学研究》2014 年第 2 期。

的思想空间产生相关影响时就具有了变量的意义，它们既直接推动社会空间结构的变动，也间接影响人的思想空间结构的构造。

在思想政治教育的空间转向中必须重视对空间环境的优化，充分发挥空间环境中的变量因素在塑造结构中的主导作用，既要合理利用社会空间中的积极变量来促进思想政治教育工作的展开，以社会经济这一基本变量的变化和发展为实际依据，教育人们将自身思想空间扎根于现实的物质生产和经济发展空间之中，激励人们开拓进取；又要同各种错误的思潮相对峙，创造出充分体现平等观念和民主意识的空间环境。事实上，当今时代以人工智能为代表的大数据和物联网技术就是具有这种特征和功能的空间变量，致使人们在参与过程中呈现出一种"内卷化"的交互状态，并将继续对社会空间产生剧烈冲击，推动人的思想空间整体转型。

在思想政治教育的实施过程中，基本要素包括主体、客体、介体和环体。其中环体是影响思想政治教育实施过程的外在环境因素，也塑造着思想政治教育的内在空间结构，进而影响人的思想空间结构。而"实践理论要同时考虑外在性的内在化和内在性的外在化的双重过程"①。故而，在实际的思想政治教育实施过程中，其内在空间结构与外在环境要素形成双向影响，即变量互动与重构。在这一过程中，思想政治教育既是话语实践的媒介，也是实践产生的结果。在外部空间条件和人的内在结构属性等变量的交织影响下，思想政治教育的空间变量也面临一定的"内卷化"困境。

思想政治教育的空间转向是围绕不同空间、不同主体思想和行为而展开的思想政治教育工作，这是近年来思想政治教育理论与实践研究的热点。大学生思想政治教育、网络思想政治教育等的空间转向更是思想政治教育理论与实践的热点。与以往的思想政治教育相比，思想政治教育空间转向的现实可能性在不断拓展、教育对象的群体覆盖面在不断扩展，多维空间的教育工作展开也体现了一定的时代气息，但与此同时也衍生了一些在空间转向过程

---

① 〔法〕皮埃尔·布迪厄、〔美〕华康德：《实践与反思——反思社会学导引》，李猛、李康译，中央编译出版社 2004 年版，第 282 页。

中对时间维度过度依赖的现象，对思想政治教育空间与时间之间的关系关注不够。思想政治教育的空间转向增加了对现实的诸多空间之间的"内卷化"问题的关注，这是其夯实自身理论基础和提高解释力的重要保障，其中包括对社会主流意识形态、中华优秀传统文化和社会主义核心价值观等思想观念领域的关注和审视。

作为思想政治教育空间变量的主体、客体、介体和环体，它们之间的"内卷化"能够帮助思想政治教育取得新进展，对于不断完善思想政治教育学科体系、扩展思想政治教育学科建设视野、推动思想政治教育学科工作具有积极意义。以思想政治教育的载体为例，"思想政治教育载体的客观性和主体性是相互联系、缺一不可的。一种形式能否作为思想政治教育的载体，不仅取决于它能否满足思想政治教育载体的基本条件，还取决于社会发展的要求和人们对这种形式的认识"①，思想政治教育领域中的"内卷化"就是内外部空间环境和具体变量交互影响，容易导致教育质量与投入成反比，这在思想政治教育的空间观照中也有鲜明映现。

思想政治教育实践活动的有效性一直是学界努力探索的问题，它不仅涉及这项活动实施力度与资源投入的数量，也与自身发展的质量有关，即思想政治教育基本功能的发挥与其投入实施的力度表现为正相关，涉及是否不断推动人们道德水平的提高，人们是否对传播内容保持高度、持续认同以及对社会多样价值观念形态是否能进行反思、批判。实践证明，思想政治教育在这些方面的成果不尽如人意，它的实践空间受到外在空间的挤压和自身空间变量的制约，空间变量也呈现一定"内卷化"的作用形式。在思想政治教育的空间变量的"内卷化"的作用下，个体对社会的认同会无意识地将其他个体对自身的认同性作用予以遮蔽，意图用自身所在群体形成的价值观念来对其他群体的认知产生影响，导致不同群体之间产生一定的误解和信任的缺失。处在一定社会发展阶段和时代背景中的思想政治教育，在整体的理论研究和实践展开的过程中，会使得不同群体在相互依存中形成深刻的价值认

---

①　郭鹏：《思想政治教育网络传播研究》，武汉大学出版社 2022 年版，第 125 页。

同，外部交往能够推进其认同感的形成，从而保证个体的思想空间与社会空间的有效交互和平稳运转，推动思想政治教育空间转向和生产效率的提高，进一步提升思想政治教育的有效性。

就外源型的"内卷化"来说，社会空间中存在一些抑制思想政治教育空间生产的变量，尤其是在全球空间不断拓展和持续开放的背景下，社会空间中越来越多的要素成为参与思想政治教育过程的变量。随着空间实践的延展，各种形式的空间格局也在发生变化。

一是全球空间逐渐扁平化，共享的空间环境和技术支持为一切信息资源的传播、获取提供了可能，也削弱了地理空间的重要性，弱化了我国经济、文化等领域的自主创新性，我国在借鉴外来技术、文化等过程中也被迫吸附了其价值观念和意识形态。"全球空间安全管理应该是为所有希望在不侵犯他人权益的前提下利用这些公共空间的人建立国家行为的制度或标准"①，但现实的全球空间在发展过程中却带来一些管理和制度上的挑战，逐渐扁平化的全球空间，体现了不同民族和国家的主体在全球政治、经济、科技等领域的斗争，有些民族和国家的主体在整个思想空间的建设上具有创造性并能够创设出独特的公共空间，但由于这种空间与全球空间既有的规划目标存在差异，在发展过程中容易遭遇压制且面临被消解的危机。

二是社会空间日益碎片化，资本在空间中的扩展表现为对空间核心位置的抢占，开发信息资源空间越来越成为市场的战略发展规划，进而主导着企业的发展策略。在政治、经济、文化等社会空间的角逐下，原有小范围的市场空间被打破，弱势群体在此过程中面临进一步的空间挤压和边缘化。"社会空间是一种社会秩序的空间化，换言之，社会秩序的空间隐藏在空间的秩序中，且蕴含着政治意义"②，社会空间既是社会秩序不断完善的历史性产物，也是思想政治性生产行为的结果。资本渗入社会空间并发挥一种隐性的支配作用，必将引致社会权利与社会关系的变化，以及社会关系中价值观念

---

① 〔加〕拉姆·S. 贾克、〔美〕约瑟夫·N. 佩尔顿：《全球太空管理》，刘红卫、付康佳、王兴华等译，中国宇航出版社 2021 年版，第 234 页。

② 曹琳琳：《资本空间的伦理研究》，上海三联书店 2021 年版，第 33 页。

的转变，这在哈维对资本的三次循环理论分析中已经得到证明，空间、权力和思想意识之间的辩证关系，实质上是人类在一定社会空间中竞争与合作等具体实践过程的空间产物。在渐进扁平化、碎片化的空间格局中，核心空间与边缘空间的交叉越密切，两者权力的差距就越大，思想政治教育空间就是在这样一种变动的外在空间因素的辐射下逐渐被遮蔽。这就导致了思想政治教育空间范围越是扩大，其空间范围内的优势越是被抢占，并渗透着那些外在粉碎性力量的消极作用。

就内生型"内卷化"来说，思想政治教育还要依循权威性和政治性在日常实践中进行渗透的思路，这对于实现自身空间变量的有效整合提出一定挑战。主体变量影响空间生产的质量，每个主体的社会属性不同，其行动方式、心理动机也存在结构性差异。在思想政治教育实施过程中，主体的空间话语权及其影响力与空间生产为正相关关系，即具有较大影响力的主体，其话语往往能获得更多的认同；主体又具有"内卷化"心理的缺陷，由于缺乏创新精神和实践经验，主体往往在承续传统和利用外来成果的过程中形成一种异化的人格：社会内部间的信任瓦解、主体的自我认同和社会认同失效等。"在进行思想政治教育主体的理论研究过程中，存在一种主体的定位问题，即统一教学活动中不同环节的教学主体定位和功能性认定"[①]。思想政治教育的理论与实践展开是主体与客体共存的一个综合性系统运转的过程，这一系统运转的状况主要取决于其结构认定和功能的承载，而主体的定位及对其功能的认定相互依存。

在思想政治教育的空间转向中，主体同样是有独立见解并形成自我思想空间的人，空间转向所针对的又是现实的人，只有教育者的自我主体性与受教育者的自我主体性在空间转向中互为表里，他们才能进一步意识到各自的承载功能。情境变量也影响着空间生产的效果，情境变量是影响主体参与空间生产的重要因素，经济、政治、历史和文化等理论知识的情境在主体的传播实践中占较大比重，但人们在这些方面的交往互动较少，而一般的社会热

---

① 孙丽娟：《新时期高校思想政治教育理论与实践》，延边大学出版社 2021 年版，第 46 页。

点或话题等生活事件容易在主体间形成"蝴蝶效应"的互动潮。传统的思想政治教育对理论知识有明显的叙事范式侧重，表现为常规理论研究和传播，但难以将创新成果转化为人们喜闻乐见的生活话语，这就进一步导致空间变量的"内卷化"。

第五章　思想政治教育空间转向的路径取向

在互联网时代、景观化时代和消费时代三大主要时代图景下，社会空间的发展、人的思想空间发展，以及思想政治教育空间转向的相关研究都面临一些挑战，这一现实图景揭示了当前整个社会空间结构和空间关系的复杂多样性和人们思想空间的流动性和可塑性特征，也显示出思想政治教育在构建系统空间分析结构上缺位，主要包括对信息资源空间生产与配置的非正义性运转的认识不足，在宣传、践行马克思主义理论特别是社会主义意识形态时存在空间话语阻塞，内在空间变量生产"内卷化"。这导致主体自由自觉的意识及活动的缺乏和空间关系失调。因此，我们需要从创造实质性空间、铸就开放型空间、重建正义性空间和培植生态型空间等方面研究思想政治教育空间转向问题。

一　思想政治教育空间转向的原则

社会空间的拓展在一定意义上就是现实的人不断追求自身发展的空间、不断张扬自我个性化思想空间的过程。思想政治教育的空间转向路径要塑造具有确定个性的人，使其获得一定的空间自由。人在社会空间的发展过程中，并非独立的个体，而是共同体的成员。思想政治教育空间转向的基本原则包括空间自由与规则调和的原则、生产效率与公平兼顾的原则、主体理性与德性融合的原则以及空间生产与人的发展统一的原则。

（一）空间自由与规则的调和

空间自由与空间规则是重建正义性空间需要考量的两大基本要素，而空间自由与规则又是相互构成、相互作用的关系体系。扩大空间自由必然会对现有的空间规则形成一定程度的冲击，而空间自由延展的边界又需要以新的空间规则来予以规训，两者的调处就成为构建正义性空间的基础路径。正义性空间的概念源自对"空间正义"概念的省思和使用。伴随着西方人文社会科学研究视角的空间转向，"空间正义"的概念在空间批判的理论语境中逐渐被发现。马克思对空间正义的论述见诸其对资本主义生产方式及资本主义意识形态主导下的社会空间发展模式的分析和批判。马克思将人类社会发展划分为三大阶段："对人的依赖性和自身的非独立性"社会；"以物的依赖性为基础的人的独立性"[①]；"社会—个人"的"自由个性"得到全面发展的社会。这是由独立个体到地域性群体、世界性共同体的空间演化过程，而这一过程必将遭遇空间扩张带来的空间形态的等级化、同质化和社会空间的对立与断裂。"在马克思理念的意义上，全面发展的人类自由包括参照伦理规范和他设的欲望来选择我们的欲望，这样我们所有的欲望都在一个整体里互相联系，并以幸福为目标被人们所追求"[②]。但是人类的欲望及需求具有多样性和层次性，人的思想空间生产和社会空间的拓展也相应呈现出多元性。

由于主客观原因的限制，人们不能总是满足自身全部的欲望。如果人们能够从广泛的意义上来控制欲望并在实现欲望中获得自由，但又没有其他形式的理由可以成为人们做出选择的依据，那么欲望本身就成为选择的基础，人们在这一基础上也就难以构建自身自由的思想空间。马克思关于人的全面自由发展的理论，最终指向人能够有选择地追求自身合理欲望和建构自由空间，从社会合作的角度把握人们参与市场交换的空间自由，这超越了黑格尔

---

① 《马克思恩格斯全集》第 46 卷（上），人民出版社 1979 年版，第 104 页。
② 〔澳〕伊安·亨特：《自由社会主义：以罗尔斯和马克思为基础的另一种社会理想》，凌菲霞译，天津人民出版社 2021 年版，第 155 页。

的反思性自由。故而，马克思认为，以人们社会劳动为基础的空间生产，除了依靠自身自由的选择之外，还要依据一定时代的正义规则，由此才能保证人们完全自愿地形成社会整体的合作。在此基础上，马克思恩格斯指明了一条"全世界无产者，联合起来"以构建"自由人的联合体"的空间革命道路。

西方的空间转向理论研究者提出的"空间正义"理念主要是在马克思主义空间理论基础上，从城市与地方的微观层面探索空间正义的具体形态。列斐伏尔就提出城市权利的行使是保障公民自由的根本；哈维则提出要进行空间结构和制度的变革，以消除城市与地区间的不正义；苏贾也认为，空间研究的目的就在于"帮助第三空间中的边缘人改变空间生产和社会结构的不平等，摆脱边缘地位，建构一种空间正义"①；迪克奇在《正义与空间想象》一文中提出了空间正义的辩证法，旨在区分空间正义性与生产正义性这两个概念，在他看来，前者主要指的是依循空间化扩展造成的非正义及其发展取向，强调社会空间生产过程的正义性，而后者突出的是空间自身的正义性。

在思想政治教育的空间转向中，重建正义性的空间既要破除空间生产的非正义现象给人们社会认同带来的阻碍，又要尊重和包容不同社会空间的话语表达权，这就既要保障空间自由，增强人们对价值资源和空间表达权的自觉意识，又要加强空间秩序部署，避免任何群体性或系统化的空间暴力等超越自由边界。毕竟在思想政治教育空间转向的过程中，人的思想空间呈现出不断扩展并与社会空间相适应的良好趋势，这有利于保障主体思想空间的自由度。思想政治教育对主体思想空间动态发展的认识和接受，不仅源于人的思想和行为反应，而且源于其在与人的日常生活空间接触中有意识地调查并研究思想空间的变化。比如"普通教受场合与严肃教受场合不一样，普通教受场合更容易产生接受受教育者思想反映的意愿"②，因为一旦受教育者发现自身的思想空间被社会空间所容纳和接受，其就会主动配合社会空间发展并作出积极反应。这就要求教育者在思想政治教育的空间转向中对自身、对

---

① 〔美〕爱德华·W. 苏贾：《第三空间——去往洛杉矶和其他真实和想象地方的旅程》，陆扬等译，上海教育出版社 2005 年版，第 87 页。

② 张世欣：《思想政治教育接受规律论》，上海三联书店 2005 年版，第 297 页。

象、环境和内容等要素的关系予以把握，并从中寻求最佳空间交融的时机。

对空间自由的强调有利于保证思想政治教育空间最大限度的优化和发展，进而助力正义性空间的构建。空间自由的实现有赖于有效融合空间生活多样性和消解空间关系的不确定性，诚如马克思所指出的："各种自由向来就是存在的，不过有时表现为特殊的特权，有时表现为普遍的权利而已。"①普遍的自由具有社会空间不断拓展的合序性和结果上的合理性，但自由在不同发展阶段仍主要由复杂的主客观空间条件决定，尤其是在现阶段，思想政治教育的内外空间发展样态错综复杂，不同主体对理论的掌握、运用程度不同，这也反映了人们在社会空间中的话语表达权行使的自由度以及享有自由的内容存在差异，而这一差异又主要源于人们所处空间结构与环境的多样性。实现最大程度的空间自由需要对思想政治教育的空间条件进行再思考，空间的变动日益迅速，而只有少数主体能够把握社会空间提供的话语表达机会。为了使更多人享有自由权利和机会，必须促进人们主动适应和超越充满不确定性和流动性的空间，进而使其能在各个空间方位上进行自由实践。空间自由能够最大限度发掘、开释人的思想空间潜能，但并非无节制地扩展，比如"互联网其实可以扩大思想政治教育的空间、打破教学的时间，不再受课堂地域及授课时间的限制，将二者恰当地融合能够有效地推进高校思想政治教育的现代化发展"②。互联网对思想政治教育空间的拓展不仅仅旨在突出自由向度，为了防止人们沉迷于互联网空间，思想政治教育也有意识地积极建构互联网规则的管控体系。

对于人的思想空间发展而言，只有在自由的空间中，在凸显个体自由意识的空间布局和环境中，人的创造性思维才更易得到激发并发挥作用。而个人的思维自由、思想自由，以及对传统的革新、勇于创新也是社会发展的必要条件，并且这几个主要方面的自由也构成了思想政治教育空间发展的活力之源。保障主体的思想空间自由就要激发人的空间自由意识，克服在既定规

---

① 《马克思恩格斯全集》第 1 卷，人民出版社 1995 年版，第 167 页。
② 连那：《新时代高校思政育人体系建设研究》，吉林大学出版社 2021 年版，第 74 页。

则约束下的无意识，包括对自身所处空间的无知——恰如柏拉图在"洞穴隐喻"中描述的囚徒对自身与影子之间关系的无知一样。同时还要消除对他人空间的无知，要意识到每个人都有他人不具备的空间资源和力量，也要明白他人的思想空间中存在自己难以触及的领域——就像"洞穴隐喻"中那个掌握了真理却不被囚徒理解的哲学家一样。

空间自由的核心是实现人的自由全面发展。马克思认为，理论上的自由与社会现实的自由都得以实现，才能获得全面的自由，也就是建立起人与人的全面自由的社会关系，即"人终于成为自己的社会结合的主人，从而也就成为自然界的主人，成为自身的主人——自由的人"。① 保障自由就要促使人们保有对自由的信念，以达成自由之最根本的目的和价值追求。哈耶克提出保障自由最为重要的问题在于，"人们应重新坦白地面对如下事实：个人自由仅有付出代价才能被保护，就每个人而言，人们必须有牺牲相当多的物质财富和思想准备来保护个人自由权利"②。这种基于社会竞争性的自由观念，尽管不一定适用于当今时代人们思想空间的发展，但对于思想政治教育在空间转向中有效评估个人对自由的渴望以及保障人们现实的自由权利具有重要启示，有利于引导人们自觉认同保障社会整体自由的合理设计。

空间规则是促进空间正义的重要保障，也是保护空间自由环境和主体空间自由意识的基础。"自由只有在规则之下才有可能，因为正义的规则恰恰否定了专断意志的存在"③。任何空间自由的发展都具有一定的界限，问题是该由谁来划定界限？空间规则具有最恒常、稳定的作用，"规则或者体现了事物的规律性要求，或者体现了相互交往的人们一定程度上的共识"④。规则一经确立就具有了相对权威和稳定的社会意义。空间规则对自由也具有密切的引导和规范作用，人们对多样的、不确定的生活空间的适应和扩展主要是基于对既定规则的参考，人们思想空间潜能的发掘和自由表达也必须借助一

---

① 《马克思恩格斯文集》第 3 卷，人民出版社 2009 年版，第 566 页。
② 李先敏编译《哈耶克自由哲学》，九州出版社 2011 年版，第 92 页。
③ 徐邦友：《自由：发展可能性空间的扩展》，中国社会科学出版社 2016 年版，第 20 页。
④ 徐邦友：《自由：发展可能性空间的扩展》，中国社会科学出版社 2016 年版，第 127 页。

定规则的理路，而实现人全面自由发展的终极目的就必须抑制人在现实发展阶段上的"异化"或"物象化"倾向，也就必然要依赖规则的价值指向。之所以如此，原因在于理论上的自由与社会空间中的现实自由存在差距。现实的空间条件对空间自由的限制，人们对自由的误解与滥用、对绝对自由的幻想与追求等困境，一度造成人们追求自由的不及或过度，也造成思想政治教育空间的"去中心化"，或者走向边缘化。这就需要创立新的空间规则。

生产与生活的空间资源是人类得以生存和发展的必要条件，知识、思想和技术也是当今人类的思想空间得以存在与拓展的重要基础，空间规则使人的各类空间得以更好存在。按照当今社会的整体发展水平，正义地获得并享有一定的空间资源和权利，是每个人自身空间得以持存的基本要义，更是社会空间应当满足的基本条件。空间规则的功能正是在于促使社会保障个人不分性别、不分种族地对空间资源和空间产品享有选择和获取的正义权利。"强调'空间的正义'，也必然强化对公民创造'空间生活表现形式'权利的维护"①。这也体现了空间规则鼓励人们开辟新的空间来创造自身的生存方式。思想政治教育的空间转向，需要极大地满足人们对于创造自身美好生活的思想空间的生产需要，帮助人们塑造愈益鲜活灵动的空间生活表现形式，在此过程中也使空间正义不再是超越时代的乌托邦形式，而是在空间规则与自由的调和下所形成的一种符合现时代的真实空间形态，具体有如下三方面的表现。

首先，空间规则通过划定个体空间来保护空间自由，个体的空间只有在规则的干预下才能受到整个社会空间力量的关注，这个体的自由才能得到保护。"空间正义的提出，明确了空间生产的基本价值取向"②，也赋予了思想政治教育空间规则以价值旨趣。在思想政治教育空间规则的引导下，人们获取和配置空间资源的问题能够得到有效解决，并且空间资源配置也能够尽量走向均衡化和中性化，从而在多维空间中构建不同主体之间和谐共生的

---

① 孙江：《马克思的空间生产思想及其当代意义研究》，苏州大学出版社 2019 年版，第 225 页。
② 刘兆鑫：《空间政治：城市公共空间的生成逻辑与治理政策》，中央编译出版社 2019 年版，第 89 页。

关系。

其次，空间规则划定权利边界、调处权利行为以保护空间正义。在诸多观念形态侵袭的过程中，人们对自由的要求空前增多，对思想政治教育空间生产实践与社会空间多样形态之间的矛盾可能会产生质疑、进行抨击。因而，只有明确规定边界和限度，才能保证空间自由不会演变成新的强制手段。空间生产与再生产是资本主义及其生产方式不断生成和延续的内在机制[①]。思想政治教育的空间规则与空间自由的关系须建立在意识形态话语体系与教育实践基础之上，在人类思想发展的空间化过程中，社会空间的全面扩展带来的整体性风险，亟待思想政治教育通过空间的全面渗透和自我延伸的引领性来予以解决。

最后，空间规则要促进社会合作以扩大空间正义。通过社会合作，人们就能够实现对个体狭隘权利和利益的超越，践行多方互利互补和共享的价值观，促使规则从手段向目标转换，从而保障社会稳定和正义。然而，在不断扩展的陌生人社会空间中，就必须依靠普遍认同的空间规则。空间规则保障了当今社会发展系统中的正义属性，将人的思想空间生产当成社会空间系统可持续发展的内在有机组成部分。思想政治教育的空间规则为人的思想空间与社会空间的持续性交互提供理论支撑。

（二）空间生产效率与公平的兼顾

空间生产是思想政治教育空间转向的基本实践遵循。正义性的空间符合人们基本认同和发展的实际需要，而生产效率和公平是空间生产的根本指标向度，在此意义上，只有兼顾效率与公平的空间生产才能真正形成正义性的空间。为此，必须从效率与公平的关系入手，改进思想政治教育空间生产的发展模式。然而，在空间自由与规则的调处过程中会面临各种挑战，如对既得利益者空间权益的调整乃至降格，对理想化分配公平的过度追求等，进而引发新的社会关系冲突。"只有不断发展空间生产，提高空间生产力，这些

[①]　林清：《空间生产的双重逻辑及其批判》，《哲学研究》2016 年第 9 期。

矛盾才能逐步得到解决。在确定的意义上，空间正义不是超越历史阶段的乌托邦想象"①。空间正义并非指向恒定的绝对的正义，它在各种现实条件的影响下不断变动，这样才能保持空间发展的活力，这正是历史唯物主义关于人类社会发展阶段性规律的"要求"。

在唯物史观的理论视域中，马克思的空间正义始终以隐匿的方式贯穿于对社会生产力发展以及将劳动力具体融入社会生产过程这两个中心论题的探讨。马克思认为社会发展的根本动因是生产力和生产方式的变化，进而揭示出资本主义社会生产的基本逻辑支配着经济时代的基本转变和空间生产这一演变规律。生产力和生产方式的变化具体表现为一定时代的阶级矛盾、社会组织和社会关系之间的辩证运动，这些要素在社会生产的长期推动下会逐渐催生模式化的空间思想意识。有学者认为，生产方式的空间思想效应表现为"生产方式是可以表达社会整体的理论对象，它表达了一种功能化的发展结构，本身既不是形式的也不是静态的，这样一种结构本身隐含着（社会）矛盾的（经济）原则，它'忍受'着作为一种结构的解构必要性，或其自身的解构化"②。马克思在《资本论》中论述商品交换时也谈论了生产的正义性问题："生产当事人之间进行的交易的正义性在于：这种交易是从生产关系中作为自然结果产生出来的……只要与生产方式相适应，相一致，就是正义的；只要与生产方式相矛盾，就是非正义的。在资本主义生产方式的基础上，奴隶制是非正义的；在商品质量上弄虚作假也是非正义的。"③

马克思此时已经意识到生产方式的变化对探索空间正义的必要作用，并将生产方式视为衡量空间正义与否的准则，以此对资本主义生产关系的独特性进行总体性审视，进而分析资本逻辑统摄下经济社会发展的动力和经济危机发生的根本原因，抨击资本主义空间生产的非正义性，实际上批判了资本主义空间生产方式背后的资本主义意识形态。马克思在批驳过程中揭示出空

---

① 王志刚：《马克思主义空间正义的问题谱系及当代建构》，《哲学研究》2017 年第 11 期。

② Pierre Vilar, "Marxist History, a History in the Making: Towards a Dialogue with Althusser", *New Left Review*, Vol. 80, 1983.

③ 《马克思恩格斯文集》第 7 卷，人民出版社 2009 年版，第 379 页。

间正义的形成离不开对自然环境与人造空间、整体空间和部分空间之间的利益关系的协调，强调消除不同空间的区隔与利益分化，使资本在全球范围内获得自由流动的资质。这有利于突破长期不公平的空间等级体系，也有助于促进中心与边缘地区合作发展，在空间生产过程中能够兼顾效率和公平。

空间正义在不同发展阶段的具体表现形式和实现程度均不同，总体上呈现曲折发展的态势，其内在症结在于空间生产力与生产关系的动态糅合，也就是存在生产力的效率与分配关系的公平问题，这也是空间生产进程与其满足生产目的之间的关系问题。"今日，对生产的分析显示我们已经由空间中事物的生产转向空间本身的生产"①。这表明"空间本身的生产明显不同于物质生产资料生产：它不是起于物的生产，而是起于空间规划；在规划的基础之上，以空间为对象进行生产"②，空间生产已然转变为以空间自身为对象的生产，它就不再是以物质获取为直接目的，而是旨在揭示空间的主体性和社会性特征，力图在空间中渗入人的主体性生产意志和再生产的力量。在思想政治教育的空间生产中，简单的理论与实践内容生产已经无法满足人们思想空间发展的需要，这就要诉诸空间本身的生产发展，目的在于改变那种遮蔽了空间与主体之间关系的状况，最终实现空间主体的全面自由发展，包括增加人们的社会认同，实现人们思想空间全面发展与社会空间全面进步的统一。

在思想政治教育的空间转向中把握空间正义，也即要确保空间正义的价值被主体所感知和认同，这就必然会显示出以下几个特点。第一，思想政治教育的空间构建目的是促使人的思想空间的生产与社会空间发展的需要相适应。空间是人的思想和行动高度聚集的场所，空间的首要功能就是满足人们思想交流乃至交锋的需要；并且空间在此基础上还需满足人自身独特的价值需要与追求，给人带来精神层面的享受和推动更高层次的反思。正如马克思指出的，精神需要在物质需求得到极大满足后将会不断增加，这就需要思想

---

① 包亚明主编《现代性与空间的生产》，上海教育出版社 2003 年版，第 47 页。

② 严从根、孙芳：《教育空间生产的资本化及其正义思考》，《教育发展研究》2017 年第 3 期。

政治教育空间为人们提供越来越丰富的精神资源。第二，思想政治教育空间在实现人自身空间发展需要的过程中，必须把握好个体性思想空间发展与社会空间整体延展之间的矛盾关系。人们在参与思想政治教育活动时不仅能够改造自身的思想空间，而且创造出全新的思想政治教育空间景观，这种新创造的空间作为一种生成环境，对人的发展起到了隐性的制约作用，人们对自身创造的空间的效率与公平有更深切的体会，也会产生更深刻的认同。故而思想政治教育空间与人自身的发展之间是既相互依存又相互制约的统一体。

将思想政治教育空间生产理解为在主体性、社会性观照下空间本身的生产，本就是走向正义性空间的过程。探究空间生产的主体性、社会性意义，内在要求空间"主动地卷入到形成和维持不平等、不正义、经济剥削、种族歧视、性别歧视和其他压迫或者歧视的事件之中"①。空间的主动性依托主体的能动性和社会性实践，即空间本身在人们的社会实践和社会关系中得到生产和再生产。因而，实现空间正义就必然要提高空间生产的效率、提高空间关系的公平程度。提高空间生产效率即推动空间公共化、扩大空间主体群体，提高空间公平程度就是要改进空间生活和配置方式，规范社会公平价值取向的知与行。空间生产中的公平蕴含着一定的空间伦理价值关系，可以从马克思主义价值哲学的理论视域中得到解释。空间生产中的公平体现着空间的正义性、属人性和多样性等价值旨趣。

马克思基于历史唯物主义视域，认为社会公平正义是生产方式批判与价值反思辩证统一的结果，效率来源于实践，公平也同样产生于实践。伴随着对实践与认识关系问题的深入研究，马克思将公平价值视为一个通过协调利益关系来获取的实践议题，空间生产的公平价值既不是一个实体性范畴，也并非一个属性范畴，而是一个关系范畴，公平存在于同效率的"关系态"之中，即它在本质上是人们追求生产效率的历史与现实的有机融合。空间生产是人们在具体的实践活动中对空间资料进行重置或重构，来创造出满足人类

---

① 〔美〕爱德华·W. 苏贾：《寻求空间正义》，高春华、强乃社等译，社会科学文献出版社2016 年版，第 4 页。

物质或精神等需要的空间发展模式，"是感性的人的实践活动实现了自然的人化，人们在实践活动中建立的交往关系使人成为社会性存在"①，因而空间生产的公平价值的中心议题就是人们通过理性的空间生产和日常生活，来获取对自身空间生产的选择权，最终实现人的全面自由发展，证明人的空间生产效率与公平相辅相成的价值关系，毕竟公平的价值观念根源于社会空间生产与人的思想空间发展的关系中。因此，构建思想政治教育空间生产的效率与公平体系，必须彰显人的价值属性和追求。这体现了符合人民群众利益的应然状态的公平原则和实然状态的效率之间的逻辑统一，同时也启示思想政治教育的空间转向需要从解决效率提升过程中衍生的问题的角度来阐述价值空间公平的理念。

提高空间生产效率有利于消除思想政治教育空间生产中的空间区隔和同质化的空间非公平正义等现象，这是空间生产的主体范围不断得到扩展的结果。尽管社会上具有思想政治教育意义的空间和场所对人们都是免费开放的，但这些空间的内外格局却吸引人们不自觉进入其他附加型空间进行消费，比如吸引人们进入娱乐型、休闲型空间，这是资本利用空间生产的手段进行空间剥削的表现，容易导致人们产生一种把对思想政治教育空间的"过场性观光"当成实质性认同的错觉。在市场化的推动下，人们日常生活空间也日益出现同质化、标准化生产的现象，这种可复制的空间消解了人们对历史文化的体验意义，正因为此，提高空间生产效率要致力于推动空间的公共化，"当教育空间成为公共空间的时候，进入教育空间的人们凭借的不再是资本实力，而是作为人的身份"②。社会空间是人们共同生活的联合体，思想政治教育空间也是由一定思想和行为主体塑造的共同体，这就要求汇聚众多主体思想实践的智慧，保证其广泛参与到空间生产的规划、设计、监督等整个过程。

马克思寄希望于通过实现空间公平正义来消解资本逻辑主导下的不平

---

① 姚新立：《资本空间化的历史图景及其当代批判》，苏州大学出版社 2020 年版，第 29 页。
② 严从根、孙芳：《教育空间生产的资本化及其正义思考》，《教育发展研究》2017 年第 3 期。

等、非正义，即"在协作和对土地及靠劳动本身生产的生产资料的共同占有的基础上，重新建立个人所有制"①，人们在积极参与空间生产并对空间生产资料和成果共同占有的过程中能够实现对空间非公平现象的矫正。由此我们可以推断出，实现空间生产的公平价值有赖于人们改变对空间的占有和使用方式。在现实思想政治教育空间中存在同质化生产倾向，一方面，人们追求满足娱乐性和消费性欲望，另一方面，人们的思想空间在与社会空间的交互作用中促进整个空间生产的结构逐渐完善，进而建立起空间生产的效率与公平互相确证的辩证联系。当人们能够在空间生产过程中体验各个环节时，思想政治教育就不再是被动接受，而成为人们实现自我价值和社会价值的主动需要。

推动空间公平有利于减少空间生产中出现的生产分化和配置不平衡等非正义现象。随着中国共产党和社会各界对思想政治教育工作越发重视，思想政治教育的空间生产的效应在融入整个社会空间的过程中也逐渐扩展，空间资源也越来越丰富。然而，问题在于空间信息、资源的配置没有完全体现公平。尽管城乡地区以及各地区的中心与边缘地带的空间建设正在朝着这个方向发展，但不公平非正义的现象仍然存在，进而造成空间关系的不平等，"空间里到处弥漫着社会关系，它不仅被社会关系支持，也生产社会关系和被社会关系所生产"②。思想政治教育作为传播马克思主义和引领人们认同中国化时代化马克思主义理论及价值的实践，本身也是具有表征性意义的空间，即通过思想的表达与价值的指引来实现对人们的劝导和引领。

在当今时代，信息资源对于空间生产的资源具有重要的奠基作用，其来源的可信度和安全度对人们认识和认同的形成产生重要影响。尤其是在全球化的信息传播过程中存在一种信息顺差的态势，这要求思想政治教育引领人们对于空间生产中信息的流动和价值的认同从被动走向主动，让人们在空间生产中参与价值形象的建构过程，这也是让传播者与受众处于一种实时互动

---

① 《马克思恩格斯文集》第 5 卷，人民出版社 2009 年版，第 874 页。

② 包亚明主编《现代性与空间的生产》，上海教育出版社 2003 年版，第 48 页。

关系中的重要路径。空间生产与社会关系的生产过程具有一致性，只有在相对公平的社会关系中，才能保证信息、资源的优化配置，这就要求转变空间生产方式，通过对权利和义务的适当安排来促成良性社会关系，以形成空间正义的生产与配置，从而促进空间因素、现实环境、社会关系、人的空间的再生产，更好地服务于人的全面自由发展。

（三）空间主体理性与德性的融合

重构公平正义的思想政治教育空间，关键还是要依靠空间主体力量的自觉显现和自主推动，将主体的思想行为状况置入空间的视角进行拷问，这就必然涉及对其内在精神空间、心理空间和人际交往空间等空间维度的观照，这些空间既依仗主体对社会空间的心理反映，也离不开主体之间，主体与自然、社会等维度的空间互动实践。因循这两大类主体的生活空间维度，空间主体的理性与德性实践就成为构建公平正义空间的必要关切。

空间生产的公平正义具有鲜明的时代性、民族性特征，不同民族、国家和地区有关实现空间公平正义的思想体系和情感表达方式存在一定差异，生存于其中的主体对空间生产的理性认识和自我德性价值的养成，也呈现多样化趋势。比如"西方社会重视个人本位，正义观念围绕竞争和契约展开。而中国重视集体本位，正义观念围绕人伦与和谐展开"[1]。激活思想政治教育的空间主体理性认识与促进德性养成，需要尊重主体的差异性和多样性。处在一定空间中的主体的差异性和多样性，必然要求多元主体参与空间生产。获取空间权益时自觉遵循开放性、自由性和共享性原则，在此过程中也对空间生产所受的资本化与权力化影响形成一定抵制和消解，推动人的思想空间流动、信息空间资源的流动和社会空间的流动等畅通无阻，推动思想政治教育的空间均衡发展。因而，空间生产使空间本身更好地成为连接主体思想空间并且与社会发展要求相适应的载体，空间主体则是促成这一载体生产和发展的核心要义。

---

[1]　赫曦滢：《马克思空间正义思想及其当代价值》，《理论探索》2018 年第 3 期。

正义性的空间"既注重凭借市场分配空间资源以达成最大的经济效益，为空间投资主体利益服务，同时也承认空间生产本身所蕴含的伦理意义，即能推动社会空间结构走向完善、公平正义等"①。空间生产要同时把握生产效率与分配公平的维度，伦理性价值便是正义性空间的基本旨归。诚然这里所说的伦理性不是狭义上的人的道德生活的基本属性和要求，而是所有与社会实践的生产和交往关系密切相关的伦理价值尺度，它是被社会关系总和所塑造的人的伦理规定。这一规定性意义上的空间生产对于正义性空间的作用不仅是对某种空间的复制、同化，而且是改变并超越主体所处空间的关系模式，由此进一步彰显主体理性和德性实践的人文力量，赋予空间生产以可持续性的发展血液和动力。

马克思认为，空间的公平正义应遵循分配平等的劳动关系原则。"在共产主义社会高级阶段，在迫使个人奴隶般地服从分工的情形已经消失，从而脑力劳动和体力劳动的对立也随之消失之后；在劳动已经不仅仅是谋生的手段，而且本身成了生活的第一需要之后；在随着个人的全面发展，他们的生产力也增长起来，而集体财富的一切源泉都充分涌流之后，——只有在那个时候，才能完全超出资产阶级权利的狭隘眼界。"② 实现空间公平与效率之间的协调统一，既要从主体的理性维度识别并消除不对称的阶级关系和权利关系，又要从主体的德性维度维持其对公平的持续追求。随着现代化的发展，人们对生存空间的公平具有越来越高的要求，并采取一定的手段来维护自身的空间权益，这种形式在现代社会呈现出更加普遍的多样性，这启示思想政治教育在空间转向中要将公平正义渗透到人们日常生活空间的细枝末节中，建设共治共享共管的空间，让空间充满人文情怀。

在思想政治教育的空间转向中，主体的理性和德性实践指的是教育者、受教育者在参与相关教育实践环节的规划、设计和操作、反思等过程中展现主体性的活动，并在主体交往互动的过程中确定一定社会关系，以促使主体

① 孙全胜：《合理分配空间资源 实现空间正义价值诉求》，《中国社会科学报》2017 年 8 月 1 日。
② 《马克思恩格斯文集》第 3 卷，人民出版社 2009 年版，第 435~436 页。

自身的空间生产日臻成熟。这对于空间生产也具有不可替代的作用，既敦促着思想政治教育空间生产实践始终以人的发展实际为根本发展方向，也规定着空间生产的具体实施步骤和结构构造的方向，这正是正义性空间构建的基本要求，而只有给予主体"以弹性化、人性化的发展空间"，才能"营造出主体性模式实施的可能环境"。① 主体的理性和德性实践与空间生产环境是双向构成的相融关系，反过来说，弹性化、人性化的空间环境也是在主体性实践中生成的。空间生产的核心价值主要依靠人的理性生活来实现，"康德基于主体理性之下的自由，有其自律性的内在驱动，是一种显现在意识领域的纯粹主观形式，远离现实的客观经验世界"②。尽管他完全摒弃了功利性的实践驱动，但他对于主体基于内在理性自律来展开生产生活实践的论述，对于当代思想政治教育的主体在空间生产中展示自身内在理性具有重要启示，即人们对于社会空间的生产和聚集效应有理性认识并产生共同的利益需求。处在现实生活世界中的主体并不表现为单一的生命存在而表现为复杂的复合主体，是主体理性与德性之间复杂关系的复合整一，而这归根结底是"主体德性认知和社会价值的有机结合而来的主体性复合"③。这将会使主体在思想政治教育空间转向中承担起多维的实践功能：不仅要实现中华优秀传统文化背景下的思想内化，而且经由理性省思而走向德性内源自返，这也是当代思想政治教育推动主体实现自由空间的现实路径。

人们总是生活在具有一定秩序的社会空间中，相互之间能够形成反映当下时代特色的空间关系，并且总是在一定思想政治教育的实践空间中见闻习染。任何健全的社会空间都具有相对正义的思想政治教育功能，这主要是因为一个健全的社会空间的建构过程趋向人的合理性与合德性。而空间的正义性也在不断丰富以趋向完备，这就要求在空间生产中逐步发掘并激活空间主

---

① 董玉辉、赵海平、李艳：《高校思想政治教育创新的主体性空间》，《现代教育科学》2009年第3期。

② 贾志雄：《从承认到自由：霍耐特承认理论研究》，中国财富出版社有限公司2022年版，第101页。

③ 徐宝锋：《〈礼记〉诗学思想研究》，南开大学出版社2017年版，第113页。

体的理性自觉。理性自觉的实践是主体实现空间形塑的实践先导，理性自觉要求增强主体的空间意识，理性地参与空间生产，并实现自身思想空间的发展。面对全球化大背景下互联网时代、景观化时代和消费时代等"时代图景"空间的侵袭，在多元文化价值交融、碰撞的过程中，人们要具备"海纳百川"且理性审视的辩证思维。面对全面深化改革中的破旧立新现象，人们要有包容而创新的科学态度，面对主体自身个性化需要增加的态势，也要具备保持个性且反躬内省的理性自觉。主体只有在具体的实践活动中才能彰显其自主性、自觉性和创造性。

在思想政治教育的空间转向过程中，主体除了以自己的内在需要为准则去认识和改造空间，通过对空间资源的占有来展现自身力量，而且在创造空间的同时不断地改变自身，在不断拓展自身所处空间的过程中创造和生成新的需要和本质，这些需要和本质会积淀成主体的内在品质，表现为主体的德性。"德性是主体对自身与社会整体利益必然性的把握。他通过对这种社会关系必然性和应然性的驾驭，实现对自身的道德本质力量特征的实在占有，从而成为一个有道德的主体"①。主体作为一种合乎德性的存在，在多样复杂的社会时代背景下，具有维护良好社会关系和促进社会利益整体发展的需要，这又产生于主体对自身空间生产与其他主体和社会空间相互关系的理性认识。故而主体的德性在根本上仍是一种理性的精神和观念，需要思想政治教育引领主体将理性的精神和观念转化为实际行动，以彰显其德性价值。

在理性与德性相融合的视角下把握空间正义，思想政治教育不仅拥有一整套宏大叙事体系，而且推动实现教育具体空间实践中的正义"在场"。"对于当代中国而言，空间正义的主题不是讨论与解决制度性对抗的问题，而恰恰是在坚持和发展中国特色社会主义制度的意义上，消除现实社会建设进程中不公正的空间问题"②。人们处在社会转型时期以及空间形态与空间关系发生变革的时期，面对空间发展中产生的非正义现象，张扬理性是主体性

①　高平平、黄富峰：《传播与道德》，湖南大学出版社 2005 年版，第 82 页。
②　王志刚：《马克思主义空间正义的问题谱系及当代建构》，《哲学研究》2017 年第 11 期。

实践的首要前提。具体而言，人们要正视社会空间发展中的不同情境，能够认识到积极的成果和消极的因素都是人们需要理性审视的内容。这也关涉不同主体空间权利边界的变动问题。我们既要保证主体合理行使一定的空间权利，又要在相关法律制度空间内赋予主体以一定的义务、责任，权利和义务整体运行能够保证主体生存空间发展的逻辑自洽。

主体的权责意识也是保持自身理性空间意识的基准线，以此保证主体在思想政治教育空间生产过程中对目的、手段、价值追求与现实路径等关系要素有所反思和批判。对主体理性在空间生产中作用的强调，实则体现了思想政治教育的理性回归，即"思想政治教育作为意识形态的载体，要随经济社会发展而与时俱进，既要被社会成员所认可，也要尊重与满足社会成员的主体性、精神性、价值性需求和物质利益的情感诉求"①。这实际上符合思想政治教育由社会本位向主体本位现代性转化的需要，思想政治教育的空间转向同样要满足这一转化需要，引导学生在独立思考中创造有价值的思想空间，引领他们对社会现象和热点问题进行理性分析并进行深度解答。

德性是理性选择的向善的品质，德性的基础是理性，人的德性不是与生俱来的，而是被后天逐渐成熟的理性所选择与激发，故而彰显人的德性的社会实践活动要在理性的指导下进行，这就决定了符合德性的社会实践活动也必须将恰当的手段和明确的目标涵容在内，并且将德性作为这一手段和目标内在的特殊规定。在全球化和社会转型的背景下，在价值多元和道德矛盾的突发时期，推动青年价值观培育的合德性转向，总体上必须坚持教育实践的工具性和目的性的统一，使明确的目标和恰当的手段体现在青年价值观的培育过程始末，其中目标和手段都必须合乎青年之德。人的本质需要是在一定的社会关系中得到满足、实现全面自由发展的需要，而社会的本质要求就是实现人的发展和社会整体进步。"教育上合乎需要的一切目的和价值，它们自身就是合乎道德的"②。

---

① 任凤琴、崔玉敏：《思想政治教育专题研究》，九州出版社 2021 年版，第 56 页。
② 〔美〕约翰·杜威：《民主主义与教育》，王承绪译，人民教育出版社 2001 年版，第 378 页。

　　培育青年价值观在本质上迎合了"人是目的"的内在要求，培育青年价值观必须合乎德性，培育青年价值观的目的是促进青年形成符合自身发展要求和社会基本道德规范的价值观，使其成为当下社会实践和未来社会发展中的中国特色社会主义核心价值观的传承者和践行者，这一目的的实现离不开一系列具体目标的确立。"对于个人来讲，帮助个人回归本心，坚守诚信，从而形成人人讲诚信、事事有诚信的良好社会风气"①。

　　关于培育目标，按照培育对象可划分为个体目标、群体目标和整体目标。每个人的德性被激发的程度有别，所谓个体目标就是要针对单个人的价值问题实施专项培育，以保证每个人在价值观培育的队伍中不掉队。群体目标是对群体中暴露出的问题实施集中管理，以培养小群体的思想意识为样本，如对社区居民价值观及其表现进行调研，分析并设计培育方案。整体目标则针对社会整体的价值危机实施强制治理，以带动整个社会空间良好风气的形成。

　　按时间尺度可划分为近期目标、中期目标和远期目标。每个人的德性被激发的时间和层次不同，近期目标要求人们在较短的时间内掌握关于价值观的基本理论知识，正视现实中的价值观问题。中期目标要求人们经过一段时间的学习认同价值观的基本理念，反思价值指导缺位的现象并查找原因。远期目标要求人们在不断努力中坚定信仰，抵制并解决价值危机，领悟并自觉践行正向价值观。

　　德性趋赴是主体空间发展的道义性基础。就主体的伦理价值维度而言，在现代社会中显露出的空间生产非正义现象，实际上就是主体个体性多样化、差异性的需要和主体整体性抱怨产生矛盾，其中隐含着一种将不正义归咎于他人和社会甚至希望自己不劳而获或者获得更多的伦理观照，这会导致主体在内在心理和思想空间方面"怠惰"、主体之间交往空间的无序，进而导致思想政治教育空间实践的低效。合理处理主体的空间权责关系，重构正

---

① 徐秀娟、高春花：《当代中国社会诚信道德的缺失与重构——以社会主义核心价值观建设为视角》，《伦理学研究》2016 年第 4 期。

义性的空间，首先要构建主体内在健全的心理思想空间和主体间稳定的交往空间，以发挥主体的德性力量。罗尔斯认为，"道德人格以两种能力为其特征：一是获得一种善观念的能力，二是获得一种正义感的能力。当其实现时，前者表现为一项合理的生活计划，后者则表现为一种按某种正当原则行为的起调节作用的欲望"①。这就对主体德性实践提出了人格和道德品格上的要求，当主体都能形成一种建立自我道德空间的德性自觉时，其也就能生发出对正义性空间的道德情感和信仰，从而产生主动追求社会正义空间的欲望并愿意付诸行动。

　　思想政治教育空间转向在具体内容的选择上要关注并满足人的思想品德培育和发展需要，尤其是关注和分析如何优化青年学生思想品德空间，"只有关注并满足大学生的思想品德成长发展需要，才会使大学生真心亲近思想政治教育，自愿主动接纳教育内容，才会在教育过程中彼此合作与互动"②。青年学生一般分为个体主体和群体主体两大类，其在空间生产中的德性也彰显为个体主体的德性与群体主体的德性两种：前者主要指作为个体的人所具备的思想品德及其能够提升的空间，是个体在空间生产实践中表现出来的比较稳定的道德价值倾向；后者指的是一定组织所具备的整体德性品质，在空间生产的实际过程中也体现出一定的社会整体价值取向。从两者之间的关系看，群体或组织主体的德性对于个体主体的德性具有规范作用，个体对群体或组织的认同感与归属感在思想政治教育的空间转向中会形成吸引力效应并得到强化。

（四）空间生产与人的发展的统一

　　构建正义性的空间依赖正义性的空间生产方式，正义性的空间生产以空间主体的发展为目的，又依靠主体的实践力量推动创新发展。尤其是对于思

---

① 〔美〕约翰·罗尔斯：《正义论》，何怀宏、何包钢、廖申白译，中国社会科学出版社2009年版，第564页。

② 贺光明：《心理学视域下大学生思想政治教育有效性研究》，湖南大学出版社2021年版，第56页。

想政治教育而言，做人的思想工作是本职，在现实的空间转向过程中，全面关注人的空间发展也是其空间生产的前提。将空间生产与人的发展视为相互统一的过程，是重构正义性思想政治教育空间的根本遵循。单个人的发展是人类社会整体发展的价值基础，更是一个需要不断探索的终极课题；推动人的发展也是思想政治教育的使命和责任，且思想政治教育有明确的实现人的发展目标的实践路径，即在马克思主义关于人的发展理论观照下，针对现实社会空间中人的发展实际做出战略判断和设计。"如果每一个社会生产方式都有自己独特的空间，那么单从一种生产方式向另一种生产方式转变时，就会伴随着新的空间生产，于是空间生产有着自己的历史演变过程，社会空间具有历史性"①。在哲学史上，社会空间长期处于被历史时间遮蔽的状态，在思想政治教育过程中，人们对社会空间的意识，也只有伴随空间转向才能逐渐被唤醒并增强。思想政治教育的空间转向不仅仅是将空间从被时间遮蔽的状态中呈现出来，而且将多样的空间及其相互转变的样式都纳入空间生产的过程，探索并揭示人思想空间的实际生产规律，而人在这一过程中也能够逐渐实现自身全面而自由的发展。

马克思关于人的发展理论立足于对人的本质的深刻认识。他分别从类的角度、社会关系的角度对人的本质进行了历史性的解读，抓住了随着社会制度和社会关系结构的变化、人的本质也在变化的实质，也掌握了发展需要对于彰显人的本质的内在逻辑特征，认为人的本质即人自己的需要。"如果说自由自觉的活动是人的类本质，社会关系的总和是人的现实本质，那么，我们可以说人的需要是人的内在本质"②。人能进行自由自觉的活动、在一定的社会关系总和中逐渐实现并获得自身本质，都体现了人内在的需要本质。人有生存的需要，于是人们制造了基本的生存工具，占有一定生存空间；人有发展的需要，于是人们完善现有的生产方式，创造出不断前进的发展空间。"劳动不仅仅是人的本质，也是人的内在需求，而人与人之间的交往与联系

---

①　姚新立：《资本空间化的历史图景及其当代批判》，苏州大学出版社 2020 年版，第 31 页。
②　赵长太：《需要与人的发展》，《理论月刊》2005 年第 9 期。

也是人性的需求"①。判断一个社会空间的生产是否合乎人的本质，关键要看其在多大程度上满足人全面自由发展的需要以及给予人多大的自由空间。而每个个体在不同的社会空间条件下、在自身的不同发展阶段有不同的发展需要，并产生不同的劳动需求，这就催生了人的发展需要的个性化特征。从人的社会化整体发展进程看，人的发展需要一定程度上是整个社会进步的不竭动力。与空间生产突出或必然的结果和效应不同，人的发展更多强调的是以空间为依托来实现自我目的的积极建构过程，关注人在某一特定的空间中如何将现实资源转化为促进自身发展的积极要素。也正因为如此，将人自身空间的发展与现实社会空间生产以及共产主义发展终极目标联系起来，成为思想政治教育空间转向的重点内容。

从"社会关系的总和"来理解人的本质与人的需要的内在本质之间的密切关联，能够揭示空间生产与人的发展之间的深刻关系。因为人有生存发展的需要，所以在人的社会空间生产过程中，逐渐形成、扩大人们之间的生产和交往实践，也就产生一定的空间关系，塑造着人之所以成为人的本质规定。"决定人的本质的社会关系不是单一的，而是多方面的，包括经济的、政治的和文化的关系"②。在一定的社会空间中，人们的社会关系主要表现为空间关系，人在多层次的空间关系中获得多维度的空间规定性，全面把握人的本质与人的生产方式，必须将人放在以空间生产为基础的各种关系中进行综合考察。

马克思关于人的本质理论为思想政治教育的空间转向在现实中把握和分析人们的认同问题提供了科学指导，即具体通过人的行为表现来分析其思想空间的变化时，要将其放在具体的社会空间中，置于复杂的空间关系中来予以审视。随着人自身需要的空间和社会关系空间不断发展、相交，人的思想精神空间也就产生了与所属社会空间的认识差异，出现或积极或消极的认识形态，以及与此相对应的行为模式。积极的思想意识和行为能够揭明人自身

---

① 胡雨晗：《论马克思人本质观的实践向度》，光明日报出版社 2022 年版，第 24 页。
② 徐俊：《高校大学生思想政治教育认同研究》，华中科技大学出版社 2022 年版，第 77 页。

需要的空间与社会关系总和性空间之间的关系，促使空间生产与人的发展有机统一，而消极的一面则会遮蔽人自身需要的空间与社会关系总和性空间之间的关系，导致空间生产与人的发展"东趋西步"，表现为人们对所处社会空间的责难与对现实生活困境的逃避，对日常生活空间中思想政治教育影响的躲避，进而造成思想政治教育空间生产的封闭化和"内卷化"。这种消极反应的实质是人们"在接受教化中，个体开始社会化，在改造和发展既有社会关系及其文化中，个体开始个性化，如此人也创造了自身。正是从此意义上我们可以说，人是他的生存空间"①。个体社会化的个性化的需要和发展是社会制度和文化开放与完善程度的重要表征，而不合理的个性化需要和发展又会造成空间生产发展的不正义，阻碍社会空间的发展。

在思想政治教育的空间生产中，既要保障主体的个性化发展需要，又要促进人们主动融入社会正义发展的伟大事业进程。思想政治教育的实践展开必须从空间的角度整体把握主体的思想空间与交往空间的发展动态。只有主体自身的内在空间与社会空间互为表里、互相嵌套，才能维持正义性空间生产的动态平衡，进而实现两者发展的统一，而两者相互缠绕的关系又主要依靠主体性力量的发挥才能持存，这就需要思想政治教育能够对主体内在空间进行结构分析，深刻洞悉主体需要空间，回应其思想困惑和去除消极的认识因素，以实现主体思想空间的解放。"科学的实践观是马克思主义哲学区别于其他哲学流派的重要特征。马克思主义哲学的主体理论是在实践的基础上，从人的生存价值和意义的视角来定位"②人的主体性存在。

随着空间生产方式和技术的发展，人的公共活动空间发生了变化，主体在参与空间生产的实践过程中表现出了多元性和可沟通性等特征，个体的主体意识汇聚起来就会对社会空间的生产产生作用力，影响社会的发展，同时人的内在空间也在历史的发展过程中被不断地建构。因而在思想政治教育空间转向的作用下，人的发展与空间生产构成了一种内外衔接的关系，对内可

①　高兆明：《道德文化：从传统到现代》，人民出版社 2015 年版，第 400 页。
②　程婧：《积极思想政治教育研究》，南开大学出版社 2020 年版，第 106 页。

以增进人们对于民族文化的认同，对外可以建构稳定、良性运行的社会空间形态。

二　思想政治教育空间的结构性转化

思想政治教育空间的结构决定思想政治教育的整体效应，影响思想政治教育在处理诸多社会空间关系时有效性的发挥。研究思想政治教育的空间转向不仅需要把握它的各个空间位置和领域，而且需要研究思想政治教育各个部分相互联结的方式，即思想政治教育空间的结构性转化问题。这具体关涉物象化空间的解蔽、人格化空间的关切、制度化空间的规约和生活化空间的显现。

（一）思想政治教育物象化空间的解蔽

思想政治教育在一定的社会空间中开展，思想政治教育空间转向的具体推进也必然建立在一定的物质空间基础上。而现代社会呈现的纷繁多样的空间内容对人自身及其社会关系具有复杂的影响，而在其背后运演的实则是物象化的关系模式。"物象化"是从马克思"异化"批判理论中演变而来的概念，伴随着对人的本质认识的深化，"社会关系的本体取代了抽象的类本质，从而实现了马克思物化逻辑批判思想从异化理论到物化理论的历史转折。"[1]马克思对现实世界中社会关系的批判就是对物化现象及内蕴其中的物化逻辑、意识的批判，这一见地被日本学者广松涉用"物象化"的概念代替。广松涉提出，"人与人的社会关系是以'物与物'的关系，或者是以'物所具备的性质'、'自立的物象'的形式体现出来的"[2]。这里"物象化"的对象是社会关系，包括人身体的物象化、人的心理物象化和人的实践形态物象化，这种物象化控制和支配着人的思想和行为，逐渐凝聚起一种超越并操纵

---

[1]　郑元凯、杨立英：《异化、物化、物象化与拜物教——马克思的现代性批判思想沿革与概念考辨》，《宁夏社会科学》2017年第6期。

[2]　〔日〕广松涉：《物象化论的构图》，彭曦、庄倩译，南京大学出版社2002年版，第60页。

人的力量，塑造着现代社会的空间关系。

有论者认为，物象化的社会关系有两层意义，"第一层是人与人之间的社会关系表现为人生产出来的对象化的物与物象关系，第二层则反映出作为主体的人与作为客体的物之间的主客关系的颠倒"①，因而，对物象化社会关系的解释，一方面揭示了人与人之间物象化的社会关系这一客观事实，而对人与物之间的颠倒关系作出批判，进而重构正常和谐的社会关系的实践要求又是它另一方面的主张。在资本全球化的辐射下，我国的社会主义现代化建设也在经历着社会关系物象化阶段，互联网时代、景观化时代和消费时代等"物象化"时代图景正在改变着我们的日常生活空间。思想政治教育在应对一些物象化的社会存在与社会意识时，就必然在生产实践过程中被动卷入或趋向这种物象化的关系模式。中国特色社会主义要想在全球化的资本空间战中取胜，就必须扩大空间生产，对市场经济发展模式和资本主义文明保持扬弃的立场。"物化空间的训练是一种在实际的空间氛围中直接感受的实体思维训练方式"②，思想政治教育要想在物象化的社会关系中发挥有效作用，也就是要将人们在现实空间中体验的内容内化为大脑的记忆，就必须结合人的发展现实和社会发展实际，寻求马克思主义理论资源的支持，从而使人们对空间有完整的认识，建立适应社会空间生产的思想政治教育空间实践模式。

马克思恩格斯认为，"一切生产都是个人在一定社会形式中并借这种社会形式而进行的对自然的占有"③。伴随社会生产方式的变化，尤其是社会生产要素构成的改变，人的一切社会关系也在发生改变。生产活动主要涵括人的对象化实践和交往实践。人们在自然中获取的劳动资料被对象化到商品中，这是人的生产发展的基础；而通过不断扩展的商品交换和交往实践，物质交换背后人们社会交往的关系则被遮蔽，这是马克思主义物象化理论的批判维度，其批判资本主义社会制度下人的生产实践衍生出物象化的社会关

---

① 郑元凯、杨立英：《异化、物化、物象化与拜物教——马克思的现代性批判思想沿革与概念考辨》，《宁夏社会科学》2017年第6期。
② 任文东、杨静：《设计创新思维与方法》，中国纺织出版社有限公司2020年版，第35页。
③ 《马克思恩格斯文集》第8卷，人民出版社2009年版，第11页。

系。"单向的物化关系形态，会给关系带来各种伤害，而要摆脱这样伤害性的关系，让关系充满滋养，最重要的，就是要经营关系中的'双向性'"①。由于主体互动的双向性，现代社会生活空间中的物化关系也具有双向性。针对当前社会关系的物象化及人们思想价值空间与社会空间变动之间的特殊矛盾，思想政治教育空间转向研究既要适应已有的社会空间关系，又要对造成这种社会关系下人的发展困境的物象化空间内容进行改造。

思想政治教育要建立起适应人们需要的实践运行空间，人们之所以会对物品产生依赖，"仅仅是因为这种物是人们互相间的物化的关系，是物化的交换价值，而交换价值无非是人们互相间生产活动的关系"②。人们的社会存在与具体事物之间形成了双向构造的关系，人们需要某种事物，是因为它对人们的社会存在的再生产起着基础作用；与此同时，人们依附于一定的社会关系，是因为这种社会关系衍生出人们需要的物质资料。这样一种环绕着现代人日常生活空间的物象化关系首先表现为基本的物质化生产实践，对人们自身的空间发展具有一定积极意义，这启示思想政治教育必须生产出人们需要的空间场，它虽然不能直接制造各种实体空间，却能塑造出具有独特实践意义的空间场。马克思认为，所有社会存在都是基于人感性实践所生成的关系性存在，实践关系在人们日常生活空间中具有存在论意义上的优先性。因而，塑造关系空间的思维就是要对影响人们社会关系形成发展的要素空间进行教育实践意义的构造。

从宏观角度看，思想政治教育实践空间主要涉及家庭、学校和社会这三大空间，而三个空间之间教育实践的断裂问题，以及"物象化"时代各种微观的、碎片化、流动的空间都会影响人们思想空间的发展，这就需要思想政治教育构建起以传统三大教育空间为主、以日常生活隐性空间为重点突破领域的空间系统。这样就可以把握人们的思想空间发展的动态性特征，促使人们认识日常生活诸多物质空间之间的变动关系。思想政治教育要在日益物象

---

① 郭彦余：《关系物化》，台海出版社 2021 年版，第 197 页。

② 《马克思恩格斯全集》第 30 卷，人民出版社 1995 年版，第 110 页。

化的现实社会关系中以辩证法的批判性思维揭示出其本质矛盾。当物质化的主动需要发展成物象化的被动支配，这就是资本主义意识形态对我国社会主义的颠覆时刻。这种资本逻辑企图构建一种世界化的资本主义意识形态图景，它一定程度上侵蚀了人们对自身、对社会的认同关系。因而，思想政治教育在构建具有教育实践意义的物质空间的同时，还要进行与资本主义意识形态交流交锋的空间实践，建立起具有中国特色社会主义意识形态风格的社会空间关系。

（二）思想政治教育人格化空间的关切

对物质空间的物象化解蔽是促进思想政治教育空间转向的基本条件，也是外部空间对实践过程的要求，这一认识是基于对人们日常生活空间关系的本质把握。正因为人的本质是社会关系的总和，所以人的思想空间与社会空间的发展呈现出的复杂的空间关系形态才是对实践的根本映照。列斐伏尔就曾指出空间是被生产出来的社会关系体系，这就意味着空间本身实质上就是实践的产物，正是有了人的对象性实践，人与自然物质空间才具有了对象性的关系。也正是有了交往实践，人与物质空间的关系才具有了社会性意涵，因而，"空间是一个关系的体系，社会空间可以比拟为区域在其中划分的地理空间，但空间的建构由位居此空间的行为者、群体或制度所决定"[①]，这就意味着在整个社会空间的系统中，人的实践创造了物象化的空间结构及其关系模式，后者反过来作用于人的思想空间，一定程度上遮蔽了人作为创造主体的主体性空间力量，即遮蔽了人的空间主体性、能动性和创造性，反映在思想政治教育过程中，就表现为人的心理、思想及行为的被动，这就要重构人在空间关系中的主体性力量，打造人格化的思想政治教育空间。

"人格"是心理学上的术语，指"个体在先天生物遗传素质的基础上，通过与后天社会环境的相互作用而形成的相对稳定而独特的心理行为模式"[②]。

---

① 何雪松：《社会理论的空间转向》，《社会》2006 年第 2 期。
② 郑雪编著《人格心理学》，广东高等教育出版社 2007 年版，第 9 页。

后天环境不同，也会造成人格的差异，人格的差异又反映了人的态度和价值观念的分野。因而，打造思想政治教育的人格化空间就是使一切具有思想政治教育功能的空间展现出人格力量，既要在物质空间的创生中关注空间主体的心理和思想行为的动态变化，还要在众多的物象化空间景象中，让主体在无法看清自身与物质空间的实际距离时，也能专注于自己的思想空间，以减少物质空间结构的机械感和严肃感，使主体的道德、心理、文化等内在空间在与人格化空间的互动中实现和谐统一。

在高校思想政治教育的生动实践和诸多叙事中，对人格的关注和考察是一种基于"本我"、锤炼"自我"、实现"超我"的研究模式，是对受教育者在理论学习、能力养成、价值观塑造等方面进行有目的、有计划的历练和培养，是使受教育者对国家、社会的需要有明确的理论认识和实践遵循，使其在参与社会空间的建构中理解规范并逐渐完善人格，构建实现自身价值和人生追求的人格化空间，而人格化空间构建的终极指向是人本身的全面自由发展。"道德人格是一种稳定的个体精神结构，是一种稳定的精神自我结构和状态"①。当前思想政治教育的人格关怀首要关注受教育者的幸福感，同时为学生人生空间的持续发展奠定基础。在受教育者个人成长、追求全面自由发展的重要阶段，思想政治教育的人格化空间建构实践必须使人们在参与过程中体验到发展的可能，进而为自身参与社会空间的建构做好准备。

从广义的角度说，思想政治教育的主体涵盖一切参与思想政治教育工作的责任者，包括相关机构、组织和个人，这就体现了从多维主体的空间关系入手研究构建思想政治教育的人格化空间的必要性。马克思主义关于人与社会关系的两个重要理论研究——一是对资本与劳动的本质关系的研究，二是对人的本质认识的深化——值得关注。马克思的"资本人格化"概念是针对劳动者主体在资本生产逻辑中的沦陷提出的，"资本家作为资本家只不过是资本的人格化，是具有自己的意志、个性并与劳动敌对的劳动产物"②。资本

---

① 朱培霞：《道德人格：理论与实践初探》，吉林大学出版社 2020 年版，第 107 页。
② 《马克思恩格斯全集》第 26 卷第 3 册，人民出版社 1974 年版，第 326 页。

家的存在其实就是资本人格化的形象和载体，其颠倒劳动者与资本和物质的主客关系，形成支配劳动者主体的力量。

马克思指出，资本人格化的概念是为对资本主义生产过程的批判服务的，"资本的权力在增长，社会生产条件与实际生产者分离而在资本家身上人格化的独立化过程也在增长"①。马克思主义理论揭示了资本家与资本的本质关系，资本人格化的力量压制人的主体性，其中涉及资本家的行为动机和劳动者、消费大众的思想抉择。这一消极现象对思想政治教育的启示在于，要着力推进具有思想政治教育意义的物质空间人格化与人的思想内部空间人格化的协调，维持主体的人格化与物质空间特质之间的平衡。"在现代社会中，社会功能系统的空间表象（诸如城市景观）本身就具有一种价值观、信仰上的维系力量，系统由此成为一种现代共同体"②，从本质上说，这一拥有价值观、信仰等人格化力量的共同体的空间生产源自主体此在性的现实实践。因而，平衡主体与物质之间的人格化力量，就要在日常生活中塑造各种符合人们心理和思想发展特点的空间场及其实践形式，以引导人们超越这种景观化、物象化的空间束缚。

马克思在揭示资本生产逻辑的同时也加深了对人的本质的认识，而"人以一种全面的方式，就是说，作为一个完整的人，占有自己的全面的本质"③，人全面地占有自己的本质涉及两大社会实践与对象：认识的和改造的、世界的和自身的。具体而言，在思想政治教育空间实践中，观照人的本质全面占有实践的空间，一是在物象化空间中的人格化形塑，二是依随主体自身空间的人格化塑造而逐渐完善。人格化的塑造之所以重要，就是因为它始终关注人的终身成长和全面发展，而要实现这一目标，就要尊重主体人格的独立个性。

对教育者来说，他们会影响思想政治教育空间的氛围，彰显不同的人格特点，整体改变空间的个性，而他们往往在实践中充当教育的代言人，误认

---

① 《马克思恩格斯文集》第 7 卷，人民出版社 2009 年版，第 293 页。
② 童强：《空间哲学》，北京大学出版社 2011 年版，第 10 页。
③ 《马克思恩格斯文集》第 1 卷，人民出版社 2009 年版，第 189 页。

为自己就是思想政治教育的人格化载体。其实教育者也是鲜活的主体，这就需要激发其全面现实的人格化力量。对受教育者来说，如何进入思想政治教育空间语境是基本问题，其人格化力量的产生不仅受到各种外部要素包括环境的影响，还会受制于个体的理解程度和认知程度，而"理解不是对我们之外的对象的理解，而是对文明和我们所处的世界的意义的理解，是对我们自身存在意义的揭示"①。因而，对受教育者主体人格化力量的澄明还需回归日常生活空间，使其扩大交往关系的实践，在更广阔的社会空间中完善人格。

在思想政治教育的空间转向中，人格化空间的构建实践是一个复杂的系统工程。一般在高校已经展开的人格教育实践中，构建人格化空间的方式是以培养受教育者的健全人格为核心，具体包括主体意识、价值情感和创新能力三个方面的内容。"实践表明，人们正是在实现一个个高校思想政治教育之即时目标的过程中，不断地趋近于以至最终实现高校思想政治教育的人格目标，从而促进自身的全面发展和社会进步"②，其中，高校思想政治教育空间内部要素包括教育者的使命与担当、教育研究与实践、空间资源的挖掘与转化、对受教育者个体思想空间的诊断与评价以及物质空间基础和校园环境等；外部因素包括社会空间的基本规范、社会整体利益和需求、社会媒体的舆论、家庭空间中成员之间的期望和守护等。思想政治教育空间内外要素相互之间发挥正向作用，让任何实践中的主体思想空间都能获得积极发展，并促使其增强人生成长的自觉性和价值表达的创造性，让他们在学校乃至社会生活中都能塑造饱满的人格化空间。尤其是在当代青年学生群体中，价值观的形成和求知欲的表达都对人格化空间的构建具有重要作用，按照马克思关于人的发展的观点，青年学生发展的需求也是全方位、多层次、宽角度的，而且具有充分的主观能动性。这就要求思想政治教育的开展必须从单纯的理论传授层面提升到拓展和丰富学生自身空间层面。学生发展的需求，一定程

---

① 程金生：《"空间"与永恒：实践哲学视域中的价值问题》，江西人民出版社2004年版，第136页。

② 刘仁三：《新时代高校思政育人理论研究与实践探索》，中华工商联合出版社有限公司2021年版，第12页。

度上展示了其人格的个性化和丰富性，每个主体都有成长、发展的需要，故而思想政治教育要想满足人的发展需求，还需挖掘和激发其思想和生命的智慧与活力，将实现人全面自由的发展视为构建人格化空间的基本追求。

思想政治教育人格化空间的构建要注重培养学生的主体人格意识。长期以来，以传授理论知识为主导的思想政治教育并未有效使学生的主体人格彰显，具体表现为他们问题意识的缺失。尤其是在家庭和学校的主导和安排下，受教育者善于解答问题但不太会发现并提出问题，在解释和改造世界的过程中忽视了在此之前的创新发现环节，这成为青年学生思想空间拓展过程中存在的主要问题，甚至他们在工作和生活的具体选择上实现个性化、自主性发挥也存有一定障碍。

新时代思想政治教育的人格化空间构建实践就是既要创新学生理论学习和思想交流空间、丰富实践活动空间，在此过程中激发受教育者的主体意识，实现其思想上自觉、思维上自主、心理上自信、实践上自律，实现全面彰显个性化人格的发展，帮助他们认识到现实中真实的自我。在当今时代，思想政治教育的人格化空间构建理应成为多维主体共同的价值追求。因为"人格可以描述为自我意识和自我指向的能力，个人是这种自我意识和自我指向的核心"[1]。思想政治教育工作人员既要关注学生知识的增加、能力的提升，不断提高理论教学和实践育人的针对性和实效性，还要培养受教育者与他人共事、同组织合作来分析问题和解决问题的能力，更要关注学生价值观念与行为习惯的锻造，鼓励他们勇敢面对生活的挑战，不断地超越自我。要践行以尊重为核心、以公正和诚信为己任的人格教育价值理念，让每一个年轻的生命鲜活而强健。

（三）思想政治教育制度化空间的规约

制度是所有行为实践或组织活动得以顺利开展和成果得以展现的基本保障。思想政治教育作为推动人们思想品德发展并与社会要求相符合的实践活

---

[1] 万俊人：《现代西方伦理学史》（下卷），中国人民大学出版社2011年版，第677页。

动，就空间转向的角度而言，要将受教育者的思想和行为状况视为一个空间场域置于社会中考察其空间意义，并从日常生活空间和微观事件中关注受教育者思想行为的变化。思想政治教育的空间转向在面临各个时代多样话语的困境和挑战时，必须进行思想政治教育空间构造的规范性、稳定性、统合性和结构化的确认，即构建起思想政治教育的制度化空间，以实现对现实实践中各要素的规约，为空间转向保驾护航。这既是应对长期以来思想政治教育实践过程中制度执行缺位之举，又是思想政治教育空间转向实践体系整体运行的旨趣所在。

制度主要是用来规约人的思想行为的规范或准则，起着为人的行为提供标准、为社会矛盾冲突提供解决策略、为凝聚社会共识提供价值依据等维系社会稳定发展的重要作用。布罗姆利认为，"没有社会秩序，一个社会就不能运转。制度安排或工作规则形成了社会秩序，并使它运转和生存"[①]。任何良序发展的社会都是制度化作用高度显明的社会，而现实中社会制度发挥作用往往遭遇各种阻碍，这并非制度本身的问题，而是制度在运行过程中面临一些秩序性操作的问题，这实际上暴露出制度的设计与制度的运行不甚匹配，运行结果偏离预定发展轨道。毕竟，制度的执行者和受众对制度的理解力、执行力和吸收力都受到人的主观意识或价值观念的影响。构建思想政治教育的制度空间的必要性就此显现。

既然思想政治教育的制度化空间构造离不开对主体制度能力的考察，自然要将主体的思想空间纳入思想政治教育的制度化空间视野中。那么，制度建设从哪里来、制度建设如何可能？解答这些问题还需着眼于对人的作用的考察。从社会制度的来源、建设过程以及人在各项制度变化背景下的实际状况来看，改革开放以来，我国的经济、政治、社会制度等实现了完善与改革创新，适应了不同阶段人与社会发展的需要，但也出现了人的社会地位边缘化、认同焦虑和信任危机等问题，这很大程度上源于人们日常生活空间和精

---

① 〔美〕丹尼尔·W. 布罗姆利：《经济利益与经济制度——公共政策的理论基础》，陈郁等译，上海三联书店、上海人民出版社 1996 年版，第 55 页。

神思想空间中制度设计与制度运行不一致。在制度设计上,"从制定部门的角度划分,可分为国家层面颁布的法规政策,思想政治教育主管部门制定的制度规范及地方单位和高校依据上级文件要求制定的规章条例"①。然而,目前在思想政治教育的空间建构和转向中,从宏观到中观、微观层面,系统有效的制度化体系尚未建立以及人们的规则统一意识不强,因而需要推动思想政治教育制度化空间内容的充实和完善。针对这一点,思想政治教育的制度化空间构造要做到以下三点:一是构建思想政治教育的制度运行空间;二是通过信任机制提升人们对思想政治教育制度化空间的认同度;三是思想政治教育制度化空间建设要体现人性化。

第一,构造制度化空间就是要建立起日常生活空间与思想空间相关联的制度体系。列斐伏尔认为,"真正的社会变革,必定会在日常生活、语言和空间中体现出它具有创造力的影响"②,列斐伏尔在对空间地理学的思想资源的深度挖掘和有效阐释中,试图建构文学地理学的自主话语体系,并赋予文学地理学以双重任务:在空间中研究制度、在制度设计中建构空间。故而文学地理学不仅仅是空间理论的一个分支,更是探索当代空间制度的重要组成部分,这为当代思想政治教育的空间建构实践提供了理论启示。而思想政治教育"更深层地反映着人们对政治价值(利益关系,特别是阶级利益关系)的认同和社会秩序(利益秩序)的遵循"③,它揭示了个人利益、价值观念差异所导致的社会公共秩序不和谐以及社会关系存在的紊乱情况。

对于制度化的空间的现实建构实践而言,从人的日常生活空间和思想空间入手,就能比较全面地考察其与社会制度空间的真正问题所在,从而发挥一定的调控和稳定空间的功能,调节不同利益主体和价值主体,形成价值共识和共同体意识。这就要坚持两个相结合的理论指导,与此同时将马克思主义历史—地理唯物主义同当代思想政治教育空间理论资源相结合,推动思想政治教育的特色话语体系和自主知识体系的建构,使人们能够充分认识自身

---

① 石加友、苗国厚:《大学生思想政治教育管理学》,光明日报出版社 2022 年版,第 95 页。

② Henri Lefebvre, *The Production of Space*, Oxford:Blackwell Pub.,1991,p. 125.

③ 张建晓、孙其昂:《思想政治教育思想空间结构探析》,《思想教育研究》2017 年第 6 期。

所处空间中的多重交互关系，并主动参与制度化空间的建构，在探索过程中催生新的秩序性规则和增长点，不断阐发制度化空间中蕴含的"希望的空间"因素。在具体的思想政治教育过程中，构建一套对空间进行调控的机制，就要衔接好目标引导、协同调控和信息沟通等环节，以推动形成日常生活中多种空间的合力。

第二，构建信任机制，提升人们对思想政治教育制度化空间的认同度。福山认为，信任"不仅包含公正的本质这种深层次的价值问题，而且还包括世俗的实实在在的规则，如职业规则、行为准则"①。福山对社会信任这两个方面的理解具有一定的合理性。在日常生活空间中，社会诚信以及人际信任一定程度上取决于人们对公共制度与社会规则的遵守状况。"信任关系本身的建立，则既涉及个体的德性和人格，也关乎普遍的社会规范和制度。"② 信任本身就是一种制度、一种规则。建设信任机制有利于促进主体参与到空间社会生产中，进而拓展人们的交往空间以及促使交往关系在更大范围内融合，故而建设信任机制要塑造执行者与受众之间的信任关系，提升思想政治教育空间理论体系的可信性，增强大众媒介的公信力，以及增进受众在交流过程中的信任。社会变迁和思想政治教育的空间展现都会对人与人现实的交往形式和关系产生多重影响，诚信价值理念构成人们之间持续往来的重要前提，但现实中诚信又并非总是在场。信任困境要求思想政治教育对其所承诺的价值规范进行前提性反思，并在调整和重建诚信价值体系的过程中确立思想政治教育制度化空间的价值规范基础，进而为人们在建构自身的空间中超越信任困境提供切实的制度引领。

第三，制度化空间要彰显人性化取向。优化人的思想空间是思想政治教育空间转向的根本价值旨趣，实现这一目标的思想政治教育的空间，"不是存在于教室、街头等物质空间中固定不变的实体，而是由角色、言语、行

---

① 〔美〕弗朗西斯·福山：《信任：社会美德与创造经济繁荣》，彭志华译，海南出版社2001年版，第30页。

② 杨国荣：《信任及其伦理意义》，《中国社会科学》2018年第3期。

为、文化等不同要素在互动中构成的社会空间"①。要想在扩大的交往空间及相关实践中实现人们对思想政治教育理论内容和实践旨趣的回应、对社会秩序的遵循、对社会主义核心价值观的真实认同，就必须对人们日常生活空间中细微的需要和行为实际予以考察，通过人性化的制度空间建设，促使思想政治教育与人的日常生活空间实现深层融合，以发挥其独特的制度功能。思想政治教育制度化空间价值规范的转换，实则体现了人们现实生活生产关系和交往关系的转变。这表明自动化空间的缺场容易导致人与人关系的抽象化，同时也意味着生产和交往关系的制度化空间正在生成。"社会化的人，联合起来的生产者，将合理地调节他们和自然之间的物质变换，把它置于他们的共同控制之下，而不让它作为一种盲目的力量来统治自己"②，人的自由的实现离不开与他人进行社会交往和交互结合这一必然条件，人的思想空间的自由伸展也不能完全依靠自身力量。人需要在与他人的相互依存关系中实现自我实现和自我确证，这就需要思想政治教育的制度化空间赋予人的生活价值以制度性规范的力量。

（四）思想政治教育生活化空间的显现

全面把握思想政治教育的核心要素及其相互关系，是创造性构造思想政治教育空间的关键所在。一切与思想政治教育空间元素密切关联的都是人们生活生产的现实世界，物象化空间、人格化空间和制度化空间构造的理论与实践都脱胎于此，这就需要建立起以生活化空间为基础的思想政治教育空间。近年来，随着理论界对思想政治教育实践现状研究的深化，人们对思想政治教育实践方式和叙事范式的知识化、理想化、成人化和工具化趋向进行了深刻反思，提出促进思想政治教育生活化。所谓思想政治教育的生活化趋向，就是指"思想政治教育要立足于生活世界，以人为主体，以生活为中心，使思想政治教育的主体置于生活，思想政治教育的目标贴近生活，思想

---

① 邓纯余：《社会空间理论视野中的思想政治教育》，《学术论坛》2013 年第 4 期。
② 《马克思恩格斯文集》第 7 卷，人民出版社 2009 年版，第 928 页。

政治教育的内容源于生活，思想政治教育的方法融入生活的教育理念和教育模式"①。

关于思想政治教育生活化的实践路径，学界也提出了颇有建设性的方案。有学者提出要在生活中进行思想政治教育，从现实生活出发实现对思想政治教育的目标、内容和载体等方面的生活化改造，引导和塑造生活化的思想政治教育，"实现思想政治教育生活化发展要求，以学生生活实际为基础尽可能地从学生生活的各方面挖掘物质载体、精神载体、课程载体等教育载体并巧妙地将思想政治教育内容融入其中"②。伴随思想政治教育生活化的实践路径逐渐明晰，人们确立了从思想政治教育基本要素入手以走向生活的基础，然而，在实践中往往出现各要素之间的冲突，无法真实显示思想政治教育与人们现实生活的内在联系，难以通过思想政治教育来反哺、引导生活，其中的关键问题就在于未能增加受教育者自身的生活体验，难以保证思想政治教育整个过程的生活化，而思想政治教育整个过程的推进实质上依托各要素空间功能的交互性作用。因而，生活化的实践趋向实际上就是思想政治教育实践与人们生活世界过程性的同构与创生。

人的生活世界是一个全面、综合的世界，是日常生活与非日常生活、物质生活与精神生活、现实生活与理想生活等多层级多维度交织的整体性世界。在互联网时代、景观化时代以及消费时代等新兴的时代图景中，人们的生活世界呈现出越来越丰富复杂的空间，要构造思想政治教育的生活化空间，就要考察那些生活空间对人来说所具有的教育的合理性和有效性，即打造符合人的现实生活需要的生活化空间，在整个生活世界中建构合理性有效性的空间是首要路径。现代社会的时代图景逐渐压缩人们生活体验的时空维度，使得人们在较短的时间内接触较多的空间元素。

思想政治教育已经形成合理有效的空间，但人们往往难以主动从这一空间中获得生活化的体验，这就要求所构造的生活化空间，首先要面向人们丰

---

① 颜旭彪、孔琳：《论思想政治教育生活化趋向》，《思想教育研究》2011年第7期。
② 翟霖森：《基于新媒体环境的大学生思想政治教育研究》，北京工业大学出版社2020年版，第12页。

富的生活世界，将生活空间的丰富性和人们生活体验的多样性关联起来，使思想政治教育功能渗透到现实空间中以发挥作用，从而使人们对其有综合、全面的体验和感悟。就未来空间作用而言，可以用"空间魔方"和空间色谱图作为思想政治教育空间的未来隐喻。"空间魔方"由三个层次的要素构成：第一个层次是高校课堂教育空间的主体维度，即个人、学校和与学校思想政治教育相关的校外人员都可以是空间生产资源的提供者，这突破了特定的空间场所的功能性局限，不再单纯依靠学校；第二个层次是正式与非正式的空间，这两类空间均具有思想政治教育的功能，在空间转向中也需要从这个层面挖掘其育人功能；第三个层次是思想政治教育空间构成的具体形态，主要包括现实空间与虚拟空间以及两者的混合空间。

在现实世界中挖掘合理性有效性空间资源是必然之举，人是现实的存在者，人会受到所处生活世界的影响，这种影响通常带有"受制于"的消极意味。然而，未完成性、可能性和超越性是人作为现实存在者的另一方面，这就意味着人对生活于其中的世界具有一定的主动性和创造性。正如怀特海提出的人和人的生活状态永远是"通向新颖的一种创造性发展"[1]。发展的主体就是人，是对自己能够成为什么样的存在、有怎样的生活体验有清醒认识和合理规划的人。这就决定了思想政治教育生活化空间的构造不仅是对现实生活空间"是如何"问题的回答，还要对未来空间"往何处去"的超越性问题有所把握，即要以生活为中心话题。陶行知说，"没有生活做中心的教育是死教育"[2]，杜威指出，"教育在它最广泛的意义上就是生活的社会延续"[3]。因而，对未来生活化空间的把握和开发要彰显"人是目的"的终极关怀，推演并践行"生活是目的"的理念，通过主体间的对话保持对生活化空间的合理性审视，通过彼此理解来体现人对自身社会存在意义的关切。

从理论基础看，思想政治教育的空间转向与人们对空间观、思想观、政治观等的反思和重构有关。故而当人们认为马克思主义的理论知识是人类通

---

[1] 〔英〕A. N. 怀特海：《过程与实在》，周邦宪译，贵州人民出版社 2006 年版，第 93 页。

[2] 陶行知：《陶行知全集》第 2 卷，湖南教育出版社 1985 年版，第 189 页。

[3] 〔美〕约翰·杜威：《民主主义与教育》，王承绪译，人民教育出版社 2001 年版，第 7 页。

过合理论证得出的结果时，学习就是理解和运用马克思主义理论知识在现实生活中的经验观照。思想政治教育就是引领人们对知识合理与合价值性地习得和运用，故而，思想政治教育空间转向需要帮助人们塑造一定的知识空间，还要推动他们形成独立的思维空间。否则当人们将知识当成过往积累的经验时，它们也会独立于主体。学习马克思主义理论和中国特色社会主义理论体系不仅仅生成记忆，还使主体形成自我建构的自主意识。思想政治教育需引导人们具备一定的空间意识并付诸实践；思想政治教育空间就需提供有助于人们将理论知识转化为实践的可能条件。因此，建构思想政治教育的空间，需要重新审视已有的空间观、思想观和教育观。只有通过空间来重塑不同思想观念之间的交流乃至交锋，思想政治教育空间作为场所或载体的作用才会真正有力量。

在思想政治教育的生活化空间建构中，理论性与生活化相统一的基本原则贯彻始终，人的生活世界空间是重点关注对象，提升人的生活质量和自主意识是核心目标。生活化空间作为现代思想政治教育理论与实践工作的重要向度，是弘扬社会主义核心价值观等主流意识形态的需要，也是贯彻以人民为中心发展观的需要，不仅在现实推进中更加贴近实际，而且也有助于培养人们在现实生活中发展自我的主体意识。"规范化是生活化的前提，是对思想政治教育生活化教育的最基本的要求；没有规范化思想政治教育就失去了应有的指导和监督"①。思想政治教育生活化空间的建构也同样要坚持规范化的引导，即在现实建构过程中，对于生活资料的生动性和自由性要有清晰的认识。目前关于思想政治教育空间研究的成果业已表明，空间不仅承载着理论教学与实践育人的基本功能，也潜在影响着人们作为主体的思维方式和对价值行为的选择方式。

空间在某种意义上是思想政治教育空间的物化与外在的表现形式。现代的人类学、社会学以及人工智能，一直在跟踪探究客观社会空间与人类思想和语言空间之间的关系，并在一定程度上证明了空间生产与交换之间存在相

---

① 徐贵权、邵广侠主编《思想政治教育学原理》，吉林大学出版社 2010 年版，第 393 页。

互影响的内在关系。不同的空间会促使人们形成不同的思想意识，比如，当人们身处报告厅时，就会察觉到这是一个需要保持安静、认真听讲的场所；而在一个由圆桌形成的空间中，人们会认识到这是一个可以展开激烈讨论的地方。

三 思想政治教育空间的融合性转变

思想政治教育的空间生产和拓展渠道对人类社会生活的影响具有多维性，它涉及社会结构、政治形态、文化传统、交往方式和教育体制等诸多方面。同时思想政治教育实践也在这些方面得到塑造，这一过程囊括了思想政治教育治理理念的民主化、实践主体的多元化。融合性审视空间的协同化和动态化，包括超越权威性他者在场的空间观、对思想政治教育多重空间环境的塑造、破解限制教育空间生产的"内卷化"，以及构筑开放型的思想政治教育空间。

（一）超越权威性他者在场的空间观

打造开放型的思想政治教育空间，就是在多元文化观念和多样价值形态的社会空间中，促使原有活动空间的开放性拓展，以及对原来社会空间中的隐蔽部分的解蔽，拓展思想政治教育发展的格局。在此意义上，超越空间权力的"他者"[①] 在场空间是思想政治教育空间开放型转向的首要之举。作为促使人的思想品德与社会发展要求相符合的实践活动，思想政治教育承担着政治、道德、法制等多重教化功能，具有多种社会属性，既要维系社会关系的稳定、促进社会整体协调发展，又要展现实现人的全面自由发展的内核和助力人的自由个性发展的根本价值取向。这就决定了思想政治教育内蕴重要的意识形态属性，也切入了其依靠权威理论知识进行宣传教育的枢要，权威

---

① 超越空间权力的"他者"与思想政治教育叙事过程中不在场的空间主体"他者"有别，前者指的是相对于作为主体的"我"来说的任意他者主体，后者指的是相对于主体而言的"他者"客体，且在空间交融中实现客体主体化，并对主体的思想空间产生重要的作用。

的理论及其叙事范式属于主导型的实践理念和思维。"他者与主体的位置并不是永远固定的，而是在一定的条件下可以变换"①。

在现代社会中，人们总是习惯在他人的关注下认识到自我存在，也意识到自己是作为他者的为他存在，在此交互过程中逐渐形成了主体必须将自我投射到他者之中才能够确认自身的存在。他者在场的空间就成了一个被表述和再现的形象，思想政治教育的他者地位隐含了教育者与受教育者、理论知识传授与价值观念塑造之间不平衡的关系。这种不平衡的关系在空间意义上就直接表现为对空间权力的权威性控制，而所谓超越空间权力权威的他者就是要形成更加开放型的实践理念和思维。

关于空间权力权威的他者在场，福柯提出了"异托邦"和"他者空间"的概念，"在福柯看来，今天，人类的空间概念再次发生结构性的转变，空间不再是物体运动的广延性，而是人的具体活动及其关系构成的具体场所"②。福柯的"异托邦"和"他者空间"概念正是对现代社会空间中具体的、特别的、异质的空间的反映，即"我们生活中在一组关系中，这种关系界定了既不能相互还原也绝对不能相互支配的场所"③。福柯指称的这种异质空间是真实存在于我们现实生活中的具有等级性的空间集合。由于人的现实社会关系是动态的，因此这些异质性空间也就不具备空间权力意义上的权威支配力量，而是进一步展现人的具体空间实践性特征。福柯对异质零散空间的阐释逻辑，是在关注人的现实社会关系的基础上肯定异质零散空间的积极意义。但他也忽视了在整合人的现实社会关系过程中权威引导的重要作用。这表明文学所虚构的形式在现实世界中并不在场，而文学作品却是在现实生活中实际生成了新的空间，所以文学的"异托邦"实际上是多重现实空间"相互照射"而派生出来的异在空间形态。

---

① 熊兵娇：《实践哲学视角下的译者主体性探索》，中国书籍出版社 2016 年版，第 104 页。

② 张梅、李厚羿：《空间、知识与权力：福柯社会批判的空间转向》，《马克思主义与现实》2013 年第 3 期。

③ 张梅、李厚羿：《空间、知识与权力：福柯社会批判的空间转向》，《马克思主义与现实》2013 年第 3 期。

在思想政治教育空间中，除了现实存在的空间形态及其发挥的作用，也存在一些隐性的异质性力量，暗含对权威结构的支配，其中往往也存在来自社会的阻力，影响思想政治教育主体的显现及其空间建构的多元共生，诚如布洛萨所言："乌托邦的本质就是向权力关系、知识传播的场所和空间分布提出争议"①，这最终指向空间的差异性，证明外部力量是权威思想的一种延续。在此境况下，思想政治教育空间中的"他者"包括两层含义：一是对主体来说，作为权威的思想政治教育"他者"；二是对整个思想政治教育的实践过程而言，各种具有实践潜能的异质性空间依然存在。这就预示着超越也涵括两层意蕴：一是在现有空间权力权威的基础上实现开放型的转型超越；二是对日益复杂的社会关系中不断生成空间的揭示和占有。

超越思想政治教育空间权力的权威，就是对传统权威主导下实践理念和思维方式的改造，从而实现对思想政治教育这个"他者"空间和社会众多"他者"空间的超越。只有坚持总体性的空间观才能对思想政治教育系统观与空间结构有整体性把握。人的存在本质所具有的辩证本性，内在要求对与之相适应的辩证理论和方法原则进行把握，空间辩证法的总体性原则充当了这一角色。立足于人的存在本质不断彰显的劳动方式的更迭，将空间的运动和发展阐释为人不断否定现状和超越自身的创造性过程，理解为人特有的生命进化方式，是空间辩证法总体性原则的真实内涵与根据。马克思肯定了空间辩证法的总体性思想和方法体系对人存在本质发展的观照，高度认同将空间辩证法视为人现实的生存和发展方式，而不仅仅是客观世界的活动原则。卢卡奇则坚持在总体性的历史辩证法指导下探索社会存在本体论问题，将对社会存在本体论问题的探索转变为深化历史性和总体性方法论原则的被动努力，并在社会存在本体论根基的劳动目的性设定与他自己早期所阐发的彰显主体意识的实践之间形成了方法论上的理论接续。

马克思与卢卡奇的总体性思维虽有差别，但都强调将人们的思想空间视

---

① 〔法〕阿兰·布洛萨：《福柯的异托邦哲学及其问题》，汤明洁译，《清华大学学报》（哲学社会科学版）2016 年第 5 期。

为一种整体生活方式的现实结果。从三维或多维的空间结构看，在复杂的社会系统中，把握生活全部的要素之间的联结点，就必须厘清多元复杂的社会结构要素及其生成的结构关系，必须从空间的视角来进行结构性分析。在横向空间范围的交流维度，实现超越性的空间转向就需要具有民族性与世界性相统一的实践理念或思维。"日常生活对思想政治教育空间场域的延伸，主要体现在思想政治教育的环境范围上"①，将思想政治教育作为一个空间，它的实践展开就不仅仅体现地点的活动性功能，而且是指多元主体按照一定的逻辑要求共同建构并且共同传播社会主义核心价值观。

在西方社会的意识形态领域中，在资本逻辑支配下产生的生产关系造成了空间的分化，这也是资本主义意识形态得以巩固的手段和缘由。在中国式现代化的建设过程中，思想政治教育在高校和机关单位等空间得到更为鲜明的体现，但在社会空间整体的多样领域中是否能够进行有效的思想政治教育活动没有得到充分证明，所以不仅需要加强系统的思想政治教育，还需要探讨思想政治教育日常生活空间化的科学路径。不同民族、地区都有其独特的思想政治教育实践思维和方式，各种理念和方式都是其文化价值的反映，也是其文化价值外推的主要形式。这些地理文化空间上的独特属性不仅是维系其深度发展的动力，也有适用于其他空间的普遍原则，对我们的思想政治教育也有重要启示。

至于如何运用这一独特地理文化空间，就涉及不同空间实践的对话与交流的问题，需要加强不同空间的融合以实现民族性与世界性的统一。一方面，发挥独有的民族优势是融合的基础。思想政治教育在现代化转型的过程中，实现了对道德教育、价值观教育等内化的教育优势的承续，并在未来空间融合的过程中创新这种理念和方法上的优势，以保持中华民族空间的独立与自强，增强国际空间的话语权。另一方面，空间融合应彰显世界性的视野和胸襟。马克思说，"每个民族都为其他民族完成了人类从中经历了自己发

---

① 董尚文主编《课程思政教学研究》（第 2 辑·第 1 卷），华中科技大学出版社 2022 年版，第 55 页。

展的一个主要的使命（主要的方面）"①，尽管我们已经形成了独特的话语优势，但在诸如法制和民主等规范教育上仍需深化发展。在全球化的背景下，民族文化只能存在于世界之中，思想政治教育的空间生产也必须在世界性的融合中获取自身存在的合理性，并在不同空间的多维多向互动中实现自身空间的开放和平衡。

在总体性的空间结构融合维度，实现超越性的空间转向还要加强自然空间、社会空间和文化空间的交互融合。一般而言，虽然自然空间会对人的思想行为形成和发展产生一定的影响，但人们的思想政治教育活动还是主要在社会空间和文化空间中展开。"思想政治教育的开放性具体表现是应该做到传统与现代、隐性与显性、纵向与横向、课内与课外的教育相结合。除此之外，思想政治教育环境的复杂性与选择性，教育目标的先进性与层次性，内容的主导性与丰富性，都要求教育必须有开放性的特征。"② 开放型空间的生成主要依靠思想政治教育的多元主体，必须先确立一套开放式的育人理念，尤其要培养青年学生的主人翁意识，促使其思想空间内容的变化创新与社会空间和时代发展的方向相适应、相融合。思想政治教育的空间转向主要是对人的社会空间和文化空间的系统整合和力量凝聚。

超越空间权力的权威性就必须确立对社会空间和文化空间的开放性建构观念，即在不断拓展的空间关系中解放人的思想空间以及对权威进行反思。"社会空间是指人类社会中发生的空间关系"③。社会空间伴随空间生产的不断扩大而开放，人们的空间关系也在不断调整中得到优化，而"文化空间是符号的空间。它是建立在人类语言、表象活动、秩序观念之上的空间形态"④。文化空间是人们对自然空间和社会空间反思的空间，它映射着人们的空间观念。因而，在思想政治教育的空间转向中，只有不断揭示社会空间关

---

① 《马克思恩格斯全集》第 42 卷，人民出版社 1979 年版，第 257 页。
② 张枫：《中国优秀传统文化与高校思想政治教育工作融合研究》，山西经济出版社 2022 年版，第 113 页。
③ 冯雷：《理解空间：20 世纪空间观念的激变》，中央编译出版社 2017 年版，第 131 页。
④ 冯雷：《理解空间：20 世纪空间观念的激变》，中央编译出版社 2017 年版，第 131 页。

系结构的新动态，总结文化空间观的精神内涵、实质，以促成人们对所处空间的自觉体认和反思，才能逐渐建构起开放型的思想政治教育空间。

（二）多重空间并存的思想政治教育环境

树立开放的空间观，有利于把握思想政治教育空间结构与其所指的关系，这是开放型空间建立的根本旨趣，营造开放的空间环境则指涉空间要素、结构和总体格局之间的关系，这些是开放型空间建立的必要条件。在思想政治教育的理论与实践中，环境既可以作为内在基本要素，成为"环体"，也可以作为影响思想政治教育实践过程的外部世界存在。在通常的情况下，我们将后者作为研究的基本支点，主要是因为思想政治教育做的是人的工作，而环境不仅是这项工作的影响因素，也是作用于人的整个发展过程的综合体，这正契合了空间理论的研究视角。

从空间的视角出发，既然思想政治教育存在于各种空间中，空间环境也就自然而然成为影响空间开放程度的重要因素。这也是由空间环境的特有属性决定的，思想政治教育空间环境具有鲜明的流动性和可塑性，将人的思想和行为空间置于社会空间总体系统中观摩就是要考察人的全部空间环境。但凡与人们的生活、学习、工作和交往等实践过程有关的要素都有可能成为其思想行为的影响因素，而影响人的可能空间环境无所不包、无处不在，既包括经济、政治、文化等宏观环境，又包括现实空间与虚拟空间等中观环境，还包括家庭、学校和社会等微观空间环境，并且这些不同空间之间既有交叉又存在缝隙，这就容易导致空间环境在影响思想政治教育实践和影响人的思想行为时出现结果的差异性等复杂状况。比如，身处同样的学校空间中，有些学生能够主动接受并适应好的环境的塑造，有的则走向对立面。并且空间要素不断变化，总体的空间环境也体现出活跃的动态性，这些流动的要素环境可以被有目的、有计划地设计为符合思想政治教育需要的影响因素①。这种对环境的主动改变只有在开放的空间中才有可能实现，而开放的空间及其

---

① 李丹丹：《网络文化环境下大学生思想政治教育研究》，辽宁大学出版社 2021 年版，第 79 页。

力量又只有在不断深化交互融合的空间实践中才能彰显。人们在开放的空间中进行的分析与比较活动在一定程度上受环境影响，反过来说，要形成开放的空间，从对不同空间环境存在形式的比较中趋向开放也是主要的转向理路。

从宏观的空间视角看，要以经济、政治、文化等空间环境作为思想政治教育这一整体系统的空间背景。经济空间环境是影响开放空间的基础因素，经济活动是人们的基本社会实践，经济生产与发展的关系也是人们日常生活空间及空间实践的基本关系范畴，对人们的思想行为空间起着导向作用；政治空间环境是塑造开放空间的关键因素，空间权力的运行过程本就呈现由封闭到逐渐开放的态势，它主导着人们对所处空间中多维思想价值的立场，对人们的思想行为空间具有规范引导的功能；文化空间环境则是塑造开放空间的核心因素，对人们的思想行为空间具有情感陶冶和心理建构的功能。三大宏观空间环境对人的思想空间塑造各有优势或侧重，而单个的空间环境的功能性转化又相对狭隘，无法为思想政治教育实践提供充足的活动空间，为此必须增强三者与思想政治教育的契合度。

从中观的空间角度看，要促进现实空间环境与虚拟空间环境的融合。现实的空间包括家庭、社会、学校等空间，这些空间环境的开放往往流于形式而难以形成真实有效的主体参与。由于受到可能的权威话题的干预，主体间对话、交流等开放性活动受限。随着虚拟空间的形成、拓展和演变，环境的开放性迅速提高，并随着大众媒介尤其是新媒体的应用和普及持续增强，这也是思想政治教育开放型空间建构的重要机遇。为此，必须占据虚拟空间的领导权和话语权，营造为我所用的虚拟空间环境，而人们毕竟生活在现实的空间中，这就需要扩大虚拟空间环境中开放性特色功能的辐射范围，以促进两者在开放的环境中实现融合。

从微观的空间维度看，要坚持家庭、学校和社会三个主要空间阵地紧密衔接，并注重对时代图景中碎片化、零散化等间隙空间的诊断和安置。尽管教育教学理念和实践模式在不断改革创新，从教材到课程再到教学的实践体系的改革都在不断推进，但效果有待提高。一个重要的原因在于没有很好地揭明思想政治教育的整体空间格局和不同等级的空间结构，多种空间存在脱节或间隙。家庭、学校和社会等各种空间都有关注人的心理—思想—行为的认识规律，都有激发人内在自主意识的功能。但它们的功能发挥和作用机制倾向于突出差别而相对忽视合力，因此，建构思想政治教育超越性的空间还要促进对这些空间的连接和整合。

（三）破解思想政治教育空间生产"内卷化"

空间环境不断开放的过程也是空间生产不断发展创新的过程，宏观的经济、政治与文化空间环境，中观的现实与虚拟空间环境，微观的家庭、学校与社会空间环境的交互开放为各空间变量提供了丰富的生产背景、提出了必然的创新要求，即空间变量及其生产过程"去内卷化"。这是思想政治教育开放型空间建设的驱动力量。空间变量生产的"内卷化"现象是"时代图景"中思想政治教育空间转向研究陷入困境的内在原因，但其自身又由内外两大类构成，一类是经济、政治、文化等外在空间条件的影响，另一类是内在空间变量生产状况的制约，于是就存在思想政治教育空间变量生产的"外源型内卷化"和"内生型内卷化"两种形式。

从量化指标看，随着空间生产要素的投入增多，其成效反而递减或停滞；从定性角度看，当思想政治教育发展到一定阶段后，量变无法引起质变，也就是在发展和创新上滞缓，它"既没有办法稳定下来，也没有办法使自己转变到新的形态，取而代之的是不断地在内部变得更加复杂，即系统在外部扩张条件受到严格约束的条件下，内部不断精细化和复杂化的过程"[①]。这一过程实则是对外部条件或压力的回避，转而强化对自身内在空间的反复加工、处置，进而阻碍了空间的拓展、开放。因此，"去内卷化"的实践理路就是要改变导致空间变量生产"内卷化"的外在空间条件和内在空间变量，以厘清思想政治教育空间与经济空间、政治空间、文化空间等之间的联系与边界，促进其在面临外在空间条件影响时主动适应与超越，从而使人们

---

① 刘世定、邱泽奇：《"内卷化"概念辨析》，《社会学研究》2004 年第 5 期。

在面对复杂多元文化形式和观念形态时进行辩证判断，在开放空间内建构共同价值信仰体系空间和个体统一的思想与行为空间。"这样的教育方式就会更加贴近实际，并且能够拓宽知识来源，加强对知识的内化和吸收"，并且能够使人们之间的交流打破"地域上的限制，变得更加自由与便捷"，[①] 不断增强思想政治教育空间的开放性。

从外在空间条件看，需要正确处理思想政治教育空间与其他社会子系统空间之间的关系，既要加强各空间之间的有机联系，发挥外在空间快速开放化对思想政治教育空间开放化的影响，又要注重划清其与外在空间条件的边界，保持一定的功能距离或自身的独立性，两者是相互构成、相辅相成的关系。

其一，只有加强空间之间的有机联系，才能在更加多维复杂的交互作用中发挥思想政治教育的独特优势。思想政治教育本来就是在整个社会空间系统中进行的实践，各子系统空间就必然表现为目标、内容、方法、路径等各级结构的布局。尤其是经济、政治、文化的系统空间，已经浸润在人们的日常生活中。因而，加强联系就要重视这些空间力量，思想政治教育要跳出自身空间格局，主动考察社会各子系统空间的发展动态并回应其现实要求，进而走进人们的生活世界，分析这些空间在人们思想行为空间中的意义。

其二，只有使思想政治教育空间与其他各社会空间保持适当距离，才能保证思想政治教育空间在与各子系统空间的联系中保持对彼此发展规律认识和运用的适度张力。思想政治教育不能一味迎合社会要求，因而其空间建构就不能与外在的社会空间系统实现"零距离"融合，必须保留自身独特的空间定位和功能。在社会转型的过程中，往往出现思想政治教育社会空间化的现象：伴随经济空间发展而市场化、伴随文化空间的拓展而空洞化甚至低俗化，等等。这就必须反思自身空间，不断追溯其本质属性和空间生产的普遍规律。

从内在空间变量的生产维度看，破解"内卷化"就是要实现各空间变量的生产、变量之间的衔接以及整体生产质量的提升。可以从主体、情境两个

变量展开论证，具体表现为以下两个方面。

就主体变量而言，提升主体思想行为空间开放度是最根本的目的。最直接的路径还是要回归人们的生活世界，让人们在日常生活空间中自觉接受思想政治教育的实践影响，并形成独立的批判思维与创新意识。

从情境变量而言，"提升转型期教育质量需要我们既要重视教育的'学术性'，也要重视教育的'实用性'"[1]。思想政治教育空间的情境变量既包括对理论知识的研究，又包括具体实践或执行。破解"内卷化"要推动思想政治教育与不同学科间的空间进行学术性交叉。思想政治教育的内容本就广泛，不同学科都有思想政治教育内容体系的因素，哈贝马斯曾指出马克思主义作为主导型学科的本源意义，"由于这个本源，多表现为一种整饬有序的多样性"[2]，而"只有在多元性的声音中，理性的统一性才是可以理解的"[3]。学科交叉的空间化也就带来具体实践空间的明朗化。不同学科都可以彰显独特的思想政治教育的育人逻辑和价值，且在不同学科空间边界的临界点确认思想政治教育的本源属性。

破解"内卷化"也要促进理论内容的理性化与非理性化表达相结合。内容的理性化要求在具体执行过程中洞悉历史性空间的发展规律，从而厘清各领域、空间、各层次思想政治教育实践的关系，确立起空间的核心地位。思想政治教育内容的非理性化要求回归特定的时代要求与现实个人，实现对人的精神、情感等非理性空间的观照，以理性化的自觉引导非理性化的自发，二者相互补充、缺一不可。

（四）创新思想政治教育空间的开放形式

构建思想政治教育的开放型空间，就必须创新开放形式和具体实践路

---

[1] 黄祖军：《论转型期教育内卷化及其破解路径》，《华东师范大学学报》（教育科学版）2012年第2期。

[2] 〔德〕于尔根·哈贝马斯：《后形而上学思想》，付德根等译，译林出版社2001年版，第29页。

[3] 〔德〕于尔根·哈贝马斯：《后形而上学思想》，付德根等译，译林出版社2001年版，第139页。

径，这不仅是超越权威的空间观、创造多元价值并存的空间环境和破解空间"内卷化"困境的必然要求，也是实现开放空间不断创生、拓展的动力机制。创新空间的开放形式，要从空间的现有运行模式和主要活动要素入手，结合教育形式的改革进程和方向，创造出适应思想政治教育空间环境并超越其内外变量组合运行的开放形式。从主体的角度说，开放的空间涉及主体的思维空间、学习空间和实践空间，以及在具体思想政治教育过程中教育者与受教育者之间的关系性空间；从实施过程的角度说，开放的空间包括主体参与体验实践过程的空间、对外在资源与内在资源拥有获得感的平衡空间、日常生活情境的实践空间，主体空间与过程空间是思想政治教育空间的构成要素。因而，其中的各种要素的空间开放化以及要素间保持适度张力的关联性接续，是整个思想政治教育空间开放的基本驱动。

在思想政治教育的改革中，对主体的认识逐步深化，从"单主体"说到"双主体"说、"多主体"说认知的演变，彰显的是从传统主体在教育实践中话语权利的主导—接收式转向对交互影响的重视，这也是主体空间不断开放的重要表征。同样，在实践过程中，对内容的完善、载体的更新、路径的整合和体系构建的创新也趋向多元，这也是过程空间不断开放的具体表现。这些变革开放的教育过程都基于实践形式的空间结构变动。传统的独白式教育形式"把学生变成了'容器'，变成了可任由教师'灌输'的'存储器'。……于是教育就变成了一种存储行为"[1]。从传统的独白形式转向对话教育形式，就是对这一空间容器和存储行为的消弭、对空间自身生产的指涉。在拓展思想政治教育的空间时，要保持对思想政治教育对话形式的高度敏感。

开放的空间基于交流互动，加强主体之间的对话是促进空间开放的基本要求。对话式教育形式是对传统的思想政治教育中独白式灌输形式的变革，它不再表现为教育者的独白与受教育者被动接受的生硬结合，更突出彼此间

---

① 〔巴西〕保罗·弗莱雷：《被压迫者教育学》，顾建新、赵友华、何曙荣译，华东师范大学出版社 2001 年版，第 24~26 页。

平等的参与，即共同参与到某一话题的对话空间中，参与到对权威话语的多维分析和批判过程中。对话式教育形式对传统教育观的颠覆无疑是进步性的，并且，在思想政治教育的空间开放化过程中，对话形式也具有类似的效用。对话有助于消除教育者的权威地位和主导作用，使其与受教育者之间建立相对平等、开放的关系。对话教育的倡导人马丁·布伯就认为教育中的关系是对话性关系，指出"教育中的关系是纯粹的对话之一"①，即双方可以进行线上线下双向平等的交流。受教育者可以开拓自己的思维空间，他们面对的不再是话语权或思想实践中的权势者，而是可以针对具体的现象或问题进行对话，对话的过程就是对具体议题分析、判断的理性勃发过程。

对教育者来说，与受教育者的对话也一定程度上促进其学习空间的拓展，当教育者与受教育者就某种话题深入展开对话，并且对话内容和结果产生一定的影响，这就预示着其学习空间的扩大。进行对话首先要建立相对平等、开放的对话关系，尤其是对思想政治教育活动来说，思想的交流更依赖对理性的尊重和践行，依赖主体在一定理论基础上对具体问题进行具体分析的过程中，逐渐建立起相对平等、开放的对话关系。

在开放的空间氛围中，对话容易凝聚共识、促成和谐交流。如果对话只是为了寻找分歧，那么分歧的延续是无限的，空间的开放也只能导向一种无序性拓展，这样就失去了对话的意义。"我们坐到一起来相互交流，进而创造出一个共同的意义；我们既'参与其中'，又'分享彼此'，这就是共享的意义。"② 在围绕某一话题展开的对话实践中，教育者与受教育者都是参与者，同时他们在对话中虽然存在不同意见，但彼此不再是挑战或威胁，而是积极分享资源，教育者与受教育者双方的思想空间在这一过程中都能得到拓展。比如"在校园规划中划出一处或几处具有独特自然景观的区域作为绿色开放空间，这种绿色开放空间与校园的建筑景观环境形成对比，也是创造和

---

① 〔德〕马丁·布伯：《人与人》，张健、韦海英译，作家出版社 1992 年版，第 140 页。
② 〔英〕戴维·伯姆、〔英〕李·尼科编《论对话》，王松涛译，教育科学出版社 2004 年版，第 280 页。

谐、亲切交往气氛的重要元素"①。与思想政治教育相关的空间均展示了多功能的样态，也展示出一定的生态效应和开放效应相融合的品质，有助于不同主体根据对空间的使用要求而进行自主选择。这些主体在交往中也逐渐开放了个人的私有空间，形成密切的空间关系，增加空间资源的形态、密度和组合方式，推动形成多层次的空间结构，并且丰富了思想政治教育空间内容。

在对话中推动实践有赖于构建共享的程序和机制，以促进主体秉持分享的心态并更多地参与实践过程。在共享的对话情境中，一种新的思想政治教育空间也随之建立起来。对话教育认为，教育不仅是传递一定知识、文化的容器，而且具有创造功能。在思想政治教育的空间中，对话实践可以打破传统的空间容器或知识文化的存储器，而向空间中注入自身生产的活力，知识文化不是一成不变的，对话过程也是动态的，主体在共享资源的基础上，又进行新的思想和文化生产。因而，加强对话实践还需改变思想政治教育现实中的预设性形式，转向生成性的对话创新形式。"教育性对话在实践中应该遵循关系原则、包容原则、导善原则和周期性原则"②。整个对话过程不仅是合作、对话、交流和反思等几个名词的简单复合，不仅产生了物理反应，而且产生了化学反应，使人们对思想交融的重要性有新的理解或认识。在思想政治教育的空间转向中，对话实践无论作为一种策略方法还是理念态度，在推动主体之间交流、促进思想空间与社会空间融合方面都能发挥重要作用。思想政治教育的对话实践在深度的空间关系中导人向善，使主客体之间、主体之间建立深度关系，即在构建多维空间中遵循关系原则，使得空间思维方式转至与关系性原则一致的方向。

对于思想政治教育深度的空间关系建构而言，只有深刻反思自身与他者之间在思想政治教育中的空间关系，建构计划才能得到成功实施，任何一方的行为必须建立在理解对方的基础上，这样受教育者一旦需要独立的思考，

---

① 卞素萍：《文化·空间·场所：大学校园规划设计》，东南大学出版社 2021 年版，第 87~88 页。

② 郭冰：《教育性对话的缺失与建构》，浙江教育出版社 2022 年版，第 177 页。

就能很顺利地进行下去；并且"在外化对话实践中，问题不再是个人品性的'真相'的表现，这样一来，解决问题的方法就突然变得可见，并且可行"①，外化对话实践指的是受教育者通过广泛对话的实践参与社会空间的创造性活动，而不再拘泥于被动的交流形式，并且在参与中深刻理解、评价乃至反思此类参与活动，能够表达新的想法或意见。

四　思想政治教育空间转向的持续动力

思想政治教育空间转向的动力主要包括实践主体的行动能力和可运用的各种资源等潜在力量。对于思想政治教育空间转向而言，动力的持续性获得不仅与影响教育空间的能力的开发密不可分，更涉及改变社会空间关系、权力结构及日常生活空间等方面能力的拓展。我们可以通过生态思想政治教育空间观念的持续生成、思想政治教育空间结构的协调以及构建价值共享的共同体来促进代际空间的可持续发展。

（一）生态思想政治教育空间观念的持续生成

树立科学的生态思想政治教育空间观念是建构生态型思想政治教育空间的前提。思想政治教育空间转向研究的整个实践过程都是主体参与的过程，包括将主体的内在空间发展实际作为研究对象，将主体与社会空间的关系及其变动状况作为参考指标，将主体性力量和潜能作为推动社会空间、思想政治教育空间生产与人的全面发展的主要依靠。无论是教育实践政策的制定者，还是教育者、受教育者，都是思想政治教育实践的主体，也都是空间转向过程中的主体，主体的空间观念在空间转向的过程中就起着重要的作用。而实现人的思想空间发展和人的自由全面发展是思想政治教育空间生产或空间转向的终极目标。换言之，实现人与自身、社会、自然以及其他主体之间

---

① 〔澳〕迈克尔·怀特：《叙事疗法实践地图》（修订版），李明、曹杏娥、党静雯译，重庆大学出版社 2019 年版，第 1 页。

的关系全面协调发展，是生态型思想政治教育空间的核心要义。

生态不仅是个生物学意义上的术语，还有社会学、人类学等人文意义。从系统的关系模式看待和运用生态观念，符合思想政治教育的理论和实践模式，学界关于生态思想政治教育或思想政治教育生态观念等方面的研究硕果颇丰。一般意义上的生态思想政治教育是指在思想政治教育中结合生态学的基本原理、知识及原则，不断提高受教育者的生态素质和实践能力。这里特指生态思想政治教育的研究范式，也带有生态学的理论倾向，但其重视培养人的生态意识，这是思想政治教育整体实践同样需要把握的要旨。认识自身与他人、社会和自然之间的生态关系，以及确认整个社会空间生产与人的发展的要领，也必须夯实主体的生态意识与实践的基础，这就需要在思想政治教育的空间转向中树立科学的生态空间观①，既要保证思想政治教育内部空间诸要素协调运行，又要致力于构建内部空间与外部物质、信息、资源、能力等空间交互作用、持续发展与和谐共生的空间系统。

健康的思想政治教育生态空间在对人的教育实践中具有稳定性和可持续性，在一定的时间中能够保持它自身的组织结构和自治能力，以及在外在威胁导致空间损耗时保持恢复力，而思想政治教育的生态空间一旦出现不健康的因素或趋势，则会陷入生态功能不完全或不正常的境地，人们在思想政治教育生态空间中的利益也会受到威胁。因而从构建思想政治教育的生态空间入手来促进其空间转向，既要防止由于生态系统受到外部因素的冲击而出现

① 恩格斯的《自然辩证法》为我们探究自然本身的辩证法提供了总体性参考，马克思则提出了人化自然的辩证法，强调人与自然的辩证关系。虽然自然相对于人来说具有先在性，但人在历史实践中逐渐显示出对自然和社会运行规律的能动认识和有意识的改造，这得益于人对自然关系认识的超越特性，即将人与自然、社会视为有机统一的空间。这一具有"共同体"性质的空间既是物质的，又是充盈人的主体意识的，融空间生产的复杂性和流动性于一体。生态空间观就是在抽绎、衡论和整合这一复杂多样空间中形成的理念，即"在空间异化、全球生态危机面前，用生态理性取代技术理性，即以科学技术为依托，尊重自然科学规律，以生态理性为指导，实现空间生产的可持续发展，构建人与自然和谐的生态空间"[李岁月：《论习近平系列重要讲话的生态空间思想》，《内蒙古大学学报》（哲学社会科学版）2017年第5期]。这意味着在思想政治教育的空间转向研究中，教育主体要在实践中确保这一空间共同体整体良性运行。

功能退化及对人的思想空间构成威胁，主要表现为思想空间资源的减少和弱化，难以为人们思想空间的发展提供支撑；又要防止思想政治教育空间内生动力不足而引发人们的不满或消极情绪，进而引发一定的不安和紊乱。思想政治教育的生态空间是人们重要的栖息之所，也是人们的身心得到净化的场所。思想政治教育在空间转向过程中的重要责任就是让人们的思想空间与社会空间在共同发展上体现生态性，而不是让其变成被塑造的客体。保护人们的思想栖息空间是保护人们思想生命力的关键。

思想政治教育的生态空间并非单一独立的空间形态，而是地理空间、社会空间以及人的思想空间、精神空间等多种空间形态交互作用所派生出来的形态，展现出各大阵地、各条路径和各项教育实践中蕴含的各种生态性力量。思想政治教育生态空间的建构和治理包括五个方面，即生态保护、生态修复、生态重建、生态富民、生态服务。

生态保护是建构思想政治教育生态空间的基本手段，能够为人的思想空间的良序发展提供基本保障。生态修复指的是通过各种优化组合来使思想政治教育生态空间的进步达到最优效果，对受损生态系统的修复与保护有助于维持人的思想空间的生态稳定性和生态可塑性。生态重建是指依靠大规模的社会力量的投入来对已经出现问题的思想政治教育生态系统进行治理，包括矫正一些导致思想政治教育生态空间陷入困境的社会综合性因素，从而发展思想政治教育空间的新质生产力，并使整个实践生态系统进入良性循环。生态富民对于增强人们思想创新空间的供给能力、促进人们思想空间拓展和社会思想的现代化水平升级等具有深刻意义。生态富民建基于人的思想空间与社会空间融合发展，主要通过两种空间的要素自由流动来吸引多元主体的参与，通过构建合理交流和联结机制来调动各主体的能动性，有助于保持思想政治教育生态资源活力，形塑空间生产的包容性。生态服务指向人们思想空间的生产和发展，依托思想政治教育的生态系统，这一系统不仅为人们提供基本的思想资源，还创造并维持社会空间发展的思想支撑系统，形成了人们思想发展所必需的环境条件，同时也为人们之间的思想交流提供了健康的生态环境。

科学的生态思想政治教育空间观念体现了与中国特色社会主义生态文明建设理念一脉相承的理论和价值自觉。随着中国特色社会主义实践的深入，生态环境发展理念为越来越多的人所认同。新时代中国共产党在实践中逐渐形成一系列新的生态文明建设理念，绿色发展理念已成为当前社会发展的重要遵循，这意味着党在中国特色社会主义现代化强国的建设过程中既重视生态文明建设对社会发展的作用，又着重考虑生态文明建设之于人的发展的价值维度。这也昭示着思想政治教育空间视角从社会空间转向人的空间的倾向。其中一个重要推力就是秉持绿色发展理念，加强生态文明建设，这正是切中了互联网时代、景观化时代和消费时代等"时代图景"的生产逻辑及其产物遮蔽人的日常空间问题、阻碍人的发展的时弊。然而，"生态文明时代的到来并不意味着生态文明的全面形成，生态理念在每一名社会成员中内化和外显仍然需要一个漫长的培育过程"①。党的发展理念要想行之有效，必须深入人心，也就是要促使人们树立起生态文明建设观。对于思想政治教育来说，就是要促使人们树立科学的生态思想政治教育空间观，主要包括三个方面。

其一，生态空间观是促进思想政治教育内部诸要素协调平衡的重要前提。在生态学视域中，各要素最优化的结合方式就是协调与平衡，换句话说，生态空间观要求思想政治教育主体、客体、介体与环体协调运行、发挥合力。为此需要从这四大过程要素的空间特征及其相互关系入手，保持实践过程的动态平衡。

其二，生态空间观是促进内部空间与外部空间系统整合的必然要求，它突出的不仅是内在构成要素的协调，还强调对外在空间的整合力和调控力。树立生态空间观，就要以人的思想空间发展为中介，寻求思想政治教育内在空间与外在社会空间的契合点，以透彻把握人们思想价值认同脉络，形成思想政治教育的最大效力。

其三，生态空间观关系人的全面发展的基本意涵，人的全面发展表现为

---

① 王学俭、魏泳安：《思想政治教育生态培育刍议》，《社会科学家》2015 年第 2 期。

人的本质和主体性力量能够得到全面的释放。在现阶段，人的发展以人的"幸福"和"获得感"等需要性为重要表征，而"幸福"和"获得感"表现为个人价值的实现，"价值则表现为人的主动的选择，而选择又受制于不同的人生观念，在观念的背后，则依然是人的需要和欲求"①。树立科学的生态空间观，关键还在于增加人们对自身内在需要空间的认识，人们只有逐渐摈弃对物质需要的无节制追求和对自然空间的一味掠夺，才能提高自身的需要层次和质量，才能形成符合人的本质的价值自觉，以接近人的全面自由发展目标。

（二）促进思想政治教育空间结构的协调

从对物质生产空间的重视转向对生态发展空间的强调，是思想政治教育空间转向的重中之重。这也预示着从对外在社会空间的重视转向对主体内在需要空间发展的关注，这一空间转向视角的理论诉求和实践导向，内在要求外部社会空间与主体内部空间实现结构性融合，即使主体内部空间具备与不断变动的社会空间相适应的活力。这就需要思想政治教育发挥其对空间结构的合理制衡作用，即促使思想政治教育内部空间结构与社会公共空间结构相融合。一切不安的根源在于人缺乏对自身内在价值的认识，人类应该由拓展外部空间转向求索内部空间②，马克思看到了人的内部空间之于外部空间发展的意义，提出培育人们生态型的思想意识或价值观念，以使人类对外部空间一味开发和拓展的行为得到调控。马克思认为，人既是物质的存在、社会的存在，又是精神的存在。因为人有物质生存的需要、社会交往发展的需要和精神享受的需要，人的生存与发展既依托物质空间和社会空间，又仰赖内在的精神空间、思想空间，且人的内在空间具有独特的结构和功能，对于人的外在空间发展具有重要的作用，其作用机制就在于让主体主动选择和连接内外空间，实现整个社会空间系统有序运行。

---

① 鲁枢元：《生态批判的空间》，华东师范大学出版社 2006 年版，第 96 页。
② 参见鲁枢元《生态批判的空间》，华东师范大学出版社 2006 年版，第 95 页。

学界对"空间转向"的研究也体现了新时代新的社会发展要求,即要深入贯彻以人民为中心的发展理念,其背后蕴含的价值尺度体现了发展重心的转移。在进入新时代之前,由于经济增长和生产发展的需要,我们的社会以发展经济为重要任务;进入新时代,由于社会空间发展与人的空间发展之间存在的不均衡问题逐渐显现,我们的社会主旨要义转变为"以人民为中心",经济发展不再单纯追求数量上的增长,而是追求高质量发展,在生存论意义上表现为奉行符合人的发展需要和规律的发展模式。

"人民群众对优美生态环境需要已经成为我国社会主要矛盾的重要方面"[1],这一矛盾中体现的人与自然、社会及人与人之间价值关系的矛盾点,反映在思想政治教育实践空间中,也就是主体空间结构功能与外部社会空间结构功能之间的矛盾。"始终坚持以人民为中心的观点,不仅仅具有特别的理论意义,对各项工作更具有重要现实指导意义"[2],生态空间在本质上决定了思想政治教育空间是一个不断趋向和谐的空间,而且还会以自身的绿色理念和自然性为思想政治教育带来良好的生态效应,发挥自然环境与社会生态空间的互动效应,由此逐渐满足人们对美好生活环境、公平正义等的需求,在各方主体的共同努力下实现文明成果为全体人民所共享。培育生态型的社会空间也成为今后社会发展的必要举措,要从对内外空间结构关系的分析中挖掘主体内在的精神、思想空间资源。

外在空间涉及人的需要与外界一切的关系,内在空间则涉及人的需要与自身思想、道德或心理等的关系。自然生态空间表征人与物之间平衡的生存关系,良好的社会生态空间表征人与人之间和谐的交往关系,良好的精神生态空间则表征人与自身之间有序的发展关系。作为主体的人,从整体实践角度来看,在不同发展阶段,人与人之间存在广泛的相互联系和相互作用,这也使得各种类型的人和物结合成为有机的整体,同时也形成相互制约的复杂关系网。由于内外空间条件的变动,整体关系涵容着互利共生、协同共进的

---

[1] 《新时代推进生态文明建设的重要遵循——二论学习贯彻习近平总书记全国生态环境保护大会重要讲话》,《人民日报》2018 年 5 月 21 日。

[2] 徐彬:《马克思主义的立场是什么》,浙江工商大学出版社 2022 年版,第 50 页。

积极关系，同时也包括恶性竞争、捕食寄生的消极关系。外部的生态空间拥有的自我调节机制能够促使这些关系在系统内部趋向平衡，而内在的精神和思想生态空间要想实现平衡，也需要利用其内在调节机制，在动态结构关系中发挥渐进式的维稳作用。结构塑造关系，有什么样的思想政治教育空间结构就能形成什么样的主体性关系，就能生成什么样的主体内在调节机制。

　　探讨思想政治教育的结构，"要分析和研究思想政治教育诸要素的基本关系及其结构"[①]。思想政治教育空间结构与思想政治教育结构具有一定的同步性，从概念上说，前者从属于后者，但前者与空间结构也具有一定的同构性。思想政治教育空间本身就存在空间生产的动态逻辑，分析其空间结构更能突出其过程的全貌，要从内外部两重空间结构入手：既要从诸要素的基本关系及其结构入手，又要从外部空间反观空间结构的动态发展过程。

　　从内在空间结构入手推动内在调节机制的生成，也就要关注受教育者思想空间生产过程所涉及的各个环节，主要包括知、情、意、行四个环节，认知深化是前提，情感关注是稳定剂，意志认同是动力，行为落实是综合反映。把握这四个环节，就能保证隐藏在受教育者思想空间中的独特资源与能量得到释放和流通。从外部空间结构来理解内在调节机制的生成，它包括两层含义，一是思想政治教育空间诸要素与受教育者的生态关系的构建，二是外在社会空间总体性关系条件对受教育者生态型价值空间的影响。"社会空间变迁是思想政治教育现代转型的逻辑必然。那么，思想政治教育的现代转型本身也折射着其自身空间转向的本质确认"[②]，当代思想政治教育的思维模式和实践范式表明，思想政治教育的空间转向是创新思想政治教育理论与实践的内在要求，关涉思想政治教育本身的内在空间与外部空间之间的联动，因此，不能将"空间转向"理论机械地引入思想政治教育之中。在内外空间交融的过程中，思想政治教育也经历了对空间理论与实践进行甄别、引用、转换和本土化的过程，逐渐打破自身受制于外在空间力量的结构，从认识论

---

① 张耀灿等：《现代思想政治教育学》，人民出版社 2006 年版，第 235 页。
② 卢岚：《思想政治教育空间转向的缘起、动力机制与价值勘定》，《中国矿业大学学报》（社会科学版）2021 年第 4 期。

范畴逐渐延伸到广泛的实践论域，从而更好地在广阔的社会空间中进行。

使思想政治教育空间诸要素与受教育者建立生态关系，关键在于展示思想政治教育的思想建设性特征，即构建起多维立体的思想空间。思想政治教育必须回应人的思想困惑，通过解决人们的思想问题辨清并进一步求索人们在实践中遇到的社会关系问题。因而，思想政治教育的空间生产本就是促进人的思想和精神空间生产的实践活动，"生产"良好的关系结构。从主体角度看，教育者与受教育者之间的生态关系构建是内在调节机制形成的驱动力量。有论者认为，"思想政治教育思想的位置不是处在同一维度上的，它们之间的相互关系构成了思想政治教育思想空间"①。尽管在当今思想政治教育的研究中"双主体说"和"主体间性"的观点较为流行，但主体对思想价值的认同程度和对社会秩序的遵循程度不同，决定了他们在思想政治教育空间生产中的位阶差异。为此，缩小主体间的心理距离和认知差距尤为必要，比如"重视人工生态绿化的规划，使人工与自然结合并相得益彰，如在建筑组团间，建筑中庭以及屋顶、平台、廊道等地方形成多层次的景观绿化，使校园建筑与生态环境相互渗透"②。绿色低碳的校园就是集理论教学休闲活动、思想交流和行为推动于一体的空间环境，有助于实现内外部空间高效、可持续的融合，进而促使主体与介体、环体之间的生态关系建设催生内在调节机制。这就要对教育介体和环体进行空间化结构的整合，依循主体思想空间变动的结构特征来合理运用和完善介体与环体。

外在社会空间的总体性关系及其条件对受教育者生态型价值空间的影响，体现了深刻的空间辩证法的总体性思想。空间辩证法的批判功能在理论层面难以持存以助力主客体的统一，空间辩证法的总体性原则也因逻辑上无法衔接而陷入形式化的泥沼。马克思在将黑格尔主客体的"绝对同一"思想与其对市民社会矛盾的现实观照结合起来进行批判的过程中，认识到空间辩证法的批判理论在处理现实问题时暴露出非批判性，指出主客体统一实质上

---

① 张建晓、孙其昂：《思想政治教育思想空间结构探析》，《思想教育研究》2017 年第 6 期。
② 卞素萍：《文化·空间·场所：大学校园规划设计》，东南大学出版社 2021 年版，第 102 页。

是思维意识设想的产物，而非来自对现实世界辩证运动的把握，结果只能导致主客体在非批判的过程中走向强制统一，空间辩证法的总体性原则面临最窘迫的神秘性处境。从对理论逻辑层面隐含的非批判性因子的揭示到对现实运用层面直接显露的非批判性行径的斥责，体现了马克思对空间辩证法总体性原则的逻辑结构的透视。这客观上表明，在思想政治教育的空间转向中，只有生态型的空间结构才能塑造生态型的关系，反之，生态型的理想关系也可以作为生态空间结构构造的价值参考。

恩格斯在《致康·施密特》的信中曾指出，在人类社会结构的更高层面存在一些"悬浮于空中的思想领域，即宗教、哲学等等"①，这些领域可以形成一个"思想圈"，即可以将人的思想空间看作一个由社会关系总和映现出的"思想圈"，它产生于人的思想空间。因而，还是要考虑社会空间生产的总体性过程中的矛盾及其规律，平衡人的发展需要与其他需要之间的矛盾，实现圈内圈外关系合理制衡，规避以人民为中心滑向"人类中心主义"的主体泛化的泥淖。

（三）代际空间的可持续：构建价值共享的共同体

促进主体之间"代际空间"②的可持续发展是构建生态型思想政治教育空间的时代定位，这是科学生态空间观的基本要求。思想政治教育的空间转向实践研究最终要体现其功能的长效性和预设性，保证人们有高度的政治认

---

① 《马克思恩格斯全集》第 37 卷，人民出版社 1971 年版，第 489 页。

② 关于"代际空间"，有论者认为外部空间的开放程度影响代际空间的形态，"在一个封闭固化的社会环境里，代际流动很少，大多数个体出生就注定子承父业，其地位获得与其父代地位相关；而如果这种相关性较小或者没有显著关联，则代表这个社会公平开放程度较高，每个阶层的大门是开放的，代际流动必然增多"（参见王彩勤、秦昆、卢宾宾等《教育及其代际流动的空间分布研究》，《地理与地理信息科学》2016 年第 6 期）。还有学者探究了代际学习协作的共享空间问题，得出"协作共享空间为代间'互惠'诉求的集合。……常见的三类协作共享空间为：双方知识的传递，倾向于终身学习；老年人及幼儿间交流，倾向于应对老年痴呆；双方情感的互动，倾向于亲子间知识互动"（徐孝娟、王绪林、李霖、孙见山：《国外代际学习研究：理论基础、协作共享空间和 3P 实践——兼及我国代际学习项目模式的构建》，《远程教育杂志》2018 年第 3 期）。

同，也要满足优化生态空间结构、实现对主体空间发展合理制衡的内在要求。优化空间结构是为了平衡内外部空间诸要素在运行过程中产生的复杂关系，以此增进人们对社会核心价值观念的认同。要想促进主体间代际空间的可持续发展，既要实现当代人对社会核心价值观念的认同和践行，又要前瞻性地把握未来人们的认同规律，保证未来人们自由自觉地继承和创新，这就内在要求当前的思想政治教育必须夯实理论与实践基础，并具备一定的理论先导性。在空间转向的研究视域中，必然要构建起价值共享的共同体。马克思恩格斯基于对阶级共同体的认知基础，提出"只有在共同体中，个人才能获得全面发展其才能的手段，也就是说，只有在共同体中才可能有个人自由"[①]。他们所阐述的"自由人联合体"并不是虚无缥缈的，而是基于现实、忠于规律、合乎总体趋势的实然存在。思想政治教育的空间转向，要使马克思恩格斯所构设的每个人全面自由发展的实然图景映射在人们的现实生活空间中。

马克思恩格斯指出了共同体作为发展的空间对人的发展的重要性，认为其给予人的自由实践以包容的空间，尤其是对人的自由意识给予重要安置和保护。事实上，马克思恩格斯所指的共同体有其特定的历史含义。在《德意志意识形态》中，他们辩证阐释了"自然共同体""虚幻共同体""抽象共同体"的存在特征和意义，提出"在真正的共同体的条件下，各个人在自己的联合中并通过这种联合获得自己的自由"[②]。这里"真正的共同体"也就具有"自由人联合体"的意蕴，要求以人的自由全面发展为终极价值旨归。而构建这一共同体及实现自由价值目标的过程是漫长曲折的，需要一代又一代人秉持这一价值理念，不断努力奋斗。这就意味着共同体的实践过程本身就蕴含着对未来发展的重要关切与期盼这一生态意义。"在历史唯物主义的理论视野中，'共同体'范畴在时空上的演进形态是从'自然形成的共同体'经由'虚假的共同体'走向'真正的共同体'（或称'自由人联合体'）"[③]。

---

① 《马克思恩格斯文集》第 1 卷，人民出版社 2009 年版，第 571 页。

② 《马克思恩格斯文集》第 1 卷，人民出版社 2009 年版，第 571 页。

③ 刘同舫：《构建人类命运共同体对历史唯物主义的原创性贡献》，《中国社会科学》2018 年第 7 期。

思想政治教育的空间转向必须从社会的人类这一哲学立场出发，变革传统的理论叙述范式和实践模式，逐步将人们从外部空间的支配和束缚中解放出来，并在促进人们思想空间发展和相互之间深化交往的基础上不断提升人们个体性空间之间的共同性水平，缓解多元主体之间因个性化发展而产生的特殊思想矛盾和利益冲突。

这就需要我们从宏观上规划思想政治教育的生态空间，以主体之间健康开放的生态空间需求为基础，在和谐共生原则的指导下，以维护主体多样性、恢复空间生态为主要目标，使思想政治教育形成具备重要生态功能的网络系统。坚定走生产发展、生活富裕、生态良好的文明发展道路，为子孙后代留下天蓝、地绿、水净的美好家园，是习近平生态文明思想的实践要求之一，这为我们今后很长一段时间的发展提供了明确的价值导航，也为构建生态型的思想政治教育空间提供了重要的理论指导：必须构建起社会秩序良性运行的生态共同体，其实质是价值共享的共同体。

生态共同体是从属于命运共同体概念的一个子概念，构建人类命运共同体是新时代中国共产党在全球化背景下提出的重要命题，包括"国际权力观""共同利益观""可持续发展观"等价值意识。"构建人类命运共同体将最大限度地实现后霸权主义时代全人类最大的共同利益，推动建设持久和平、普遍安全、共同繁荣、开放包容、清洁美丽的世界。这也是历史唯物主义'空间化'视野下通过批判'旧世界'所发现的'新世界'。"[1] 这一理念蕴含一种可持续发展的生态意识，内含价值共享和责任共担的意蕴。作为一个子概念，可以将生态共同体理解为一个有规范结构和人们广泛认同的持续发展空间，而"广义的思想政治教育共同体就是全社会共同参与到社会主义核心价值观的培育与践行的全过程"[2]。这其实就是将全体社会成员视为思想政治教育特定话语体系中的主体，也即将整个有关人的实践空间纳入思想政治教育的共同体建设当中。这启示我们要持续关注和预设未来人们的价值

---

[1]　刘怀玉：《历史唯物主义视野下的"空间化"研究》，《光明日报》2018年5月15日。

[2]　张建晓、孙其昂：《思想政治教育思想空间结构探析》，《思想教育研究》2017年第6期。

指涉，推动主体空间在当前和未来接续发展。这是思想政治教育生态共同体也即价值共享的共同体的内涵所在。

随着青少年创新思维和思想空间缺失以及情绪疾病等社会问题的凸显，思想政治教育逐渐重视对其生活和学习空间环境的塑造，在此过程中也与家庭、社会等空间形成合力。但是综观目前的空间设计，代际空间在形式上确实日益丰富，但是这在一定程度上影响了家庭空间和社会空间的联动。比如社区图书馆的空间布局反映了现代社会的思想政治教育组织形式，必须更有效地利用和组织空间。这需要通过思想政治教育来引领人们重新思考社会公共空间的结构，以避免代际紧张和因年龄鸿沟而阻碍思想交流，思想政治教育在空间转向中对代际空间的设计和安排能进行更具包容性的探索，塑造双赢空间。具体而言，老人的思想表达空间与青少年的思想表达空间相对独立且有一定割裂，要想建构共享空间，必须在具体的社会生活空间中融入思想政治教育影响因素，为不同年龄段的群体开展思想表达和交流活动创造机会。可通过趣味思想互动及公益活动构建起不同年龄群体之间情感、知识和文化沟通的桥梁，推动他们相互之间的空间实现多元互动。因而在思想政治教育的空间转向中，要以中华优秀传统文化为根基，以马克思主义理论为指导，丰富不同年龄群体的主体教育资源，推动实现代际空间的友善化构建。

第一，建设生态共同体要先建立起稳定的生态型空间关系。有论者指出，"赋予某些地点一些特殊记忆力的首先是它们与家庭历史的固定和长期的联系。这一现象我们想称之为'家庭之地'或'代际之地'"①。这就说明拥有特殊记忆的空间或场所能够承载长久稳定的联系，即使空间是不断流动的，关于空间的记忆也会长久保存。"在人与人的伦理关系中，个人主体成为伦理价值的最基本的单元和实体，成为判断伦理价值最终的依据和标准。它赋予了个人主体在伦理价值上的至高的地位，拥有伦理价值上的终极裁判权"②，这种空间关系在当代社会人们的日常生活中得到最深刻的体现。

① 〔德〕阿莱达·阿斯曼：《回忆空间：文化记忆的形式和变迁》，潘璐译，北京大学出版社2016年版，第301~302页。

② 贺来：《伦理信任与价值规范基础的转换》，《中国社会科学》2018年第3期。

如果以单个的场所作为思想政治教育的空间，那么，人们之间的空间关系的主要内容就是推动单个人走向形式性的联合，目的也是将他人视为实现自身目的的工具和手段。思想政治教育的空间转向则关注这些空间关系背后潜藏的价值困境，通过价值共享的空间理念来塑造空间关系，使人们在与他人的依存关系中重新理解并定位自身存在，从而重塑自我意识和行动取向。对思想政治教育实践来说，其空间生产过程中的记忆就是人们的理论知识逐渐增加并拥有一定的批判思维。为此必须建立一种能够突出其独特话语色彩的空间关系。

　　第二，制度是思想政治教育实践展开的社会性制约体系，表现为人们在开展思想政治教育的过程中遵守规定，其根本目的是保障多元主体在思想政治教育体系中获得自主表达和话语传播的基本条件，满足其思想空间发展的需求，这是制度建设在思想政治教育空间转向中的首要目标。只不过在实现这一目标的过程中，主体必定会显露出思想政治教育的消极层面，即人的思想空间与社会空间像是天平两端的砝码，任何一端的偏狭都是对思想政治教育空间作用缺失的反映。"制度建设是思想政治教育共同体建设和发展的战略基点"①，这是由共同体构建过程中的不平衡性因素决定的，"人与他人相遇，才会思考自己是谁；一个群体与其他群体相遇，才会把这个群体想象成为共同体"②。从现实主体空间及其交互关系角度来说，生态共同体首先是利益共同体，人们因为一定的利益才形成一定的共同体关系。从本质上看，在一定制度环境下的思想空间与社会空间处于分离状态，但在表现形式上，人的思想空间的拓展与促进社会空间的发展在过程上具有一致性，这就需要思想政治教育在空间建构中形成自身的实践模式，促使由多元主体共同参与所形成的复杂关系体成为一种依靠逐渐完善的制度得以持续运转的系统。人与人相遇，利益碰撞和冲突不可避免，空间利益分歧会凸显代际差异，而思想政治教育是一个思想和精神生产的空间，也就是一个思想、"精神利益共同

---

　　① 　戴锐：《思想政治教育共同体的运行机制与发展战略》，《思想政治教育研究》2014 年第 6 期。
　　② 　韩震：《论全球化进程中的多重文化认同》，《求是学刊》2005 年第 5 期。

体"①，这就要建立一定的制度来包容不同个体利益需要的差异。

第三，以情感联结为关键手段，稳固人们"认知共同体"。"认知共同体"理论强调以动态的方式阐释变化，"曼斯菲尔德和米尔纳等认为地区是流动的、复杂的综合体，包括物质、心理和行为等因素，并处于持续的重建和重新界定的进程中"②。当前城市中存在一批以"农民工"为代表的"漂流型"不固定群体，这些群体的未来流向及其价值观的确立也带有强烈的未知性。因为对当代人来说，未来人的空间是不在场的，此时人与"人"不能相遇，不再是此在的"我们"，但可以肯定的是，未来人会更加注重"寻求个体创造与群体协调、情感与规范的合理平衡"③。也就是让思想政治教育去显示一个不在场的未来他者，将其具体化为虚拟的在场状态，这是需要特殊的情感来联结的。身份是共同体建设的关键，要建设具有内聚力的文化，厚植人们对核心价值观和社会秩序的认同感、归属感，以生成"我们感觉"和"我们实践"。

由于家庭成员忙于学习、工作，他们在地理空间上比以往任何时候都更加疏离或分散。不同家庭不仅在地理上相隔更远，而且主体之间的思想交流差异越来越明显。空间性把社会生活置于一个激烈的竞技场中，比如带有鲜明目的的人会积极发挥其能动性来与社会空间的规定性展开竞争，从而影响群体性的日常活动，具体展现出空间形态的多样变化，并且使得人们在接受思想政治教育的过程中形成的印记被消除。虽然网络社交工具已成为年青一代的主要沟通载体，但一些老人还不能很好地使用这些工具。这一定程度上会影响价值塑造和认知传播。这就需要"从第一人称复数的我们中获得彻底的历史意识、社会认识，并从此出发，进一步走向对构筑超越时间（代际）与空间（地域）制约的第三人称的普遍性世界的叙述"④。目前思想政治教

---

① 参见钱广荣《试论思想政治教育命运共同体——基于思想政治教育学科创新发展的整体性视野》，《思想教育研究》2016年第3期。

② 魏玲：《规范、网络化与地区主义——第二轨道进程研究》，上海人民出版社2010年版，第86～87页。

③ 黄楠森等主编《人学词典》，中国国际广播出版社1990年版，第164页。

④ 〔日〕川本隆史：《罗尔斯：正义原理》，詹献斌译，河北教育出版社2001年版，第152页。

育对代际融合和互动模式的探讨仍处于起步阶段，代际共融有助于老人思想空间释放和青少年思想观念养成，促进家庭空间和社会空间协调、可持续发展。如何推动代际融合，使不同年龄主体在同一空间环境中实现有效的思想交流和价值升华，是思想政治教育的空间转向需要持续探究的议题。

伴随"共享"概念的出现，思想政治教育的空间共享和主体的共同参与成为实践中的主流趋势。这在一定程度上受到共享经济发展的影响，尤其是交通工具在共享空间中的运用，使得人们在生活空间中容易形成共享的意识。共享作为现代社会中的流行性词语，已经从单纯的经济生活概念转化为人们的生活哲学，并演变成为人们新型的生活方式，进而成为思想政治教育空间转向的内在要义。对高校的思想政治教育空间而言，共享空间意味着塑造开放、包容、合作的空间形态。思想政治教育的公共空间不仅有校园内的自然景观和人文景观，而且构成了城市景观的一部分。校园公共空间为人们提供了公共资源，但由于场地功能较为单一、整体的利用率也较低、公共空间的创新文化尚未形成等诸多原因，在思想政治教育中面临闲置风险。

创造性地借用共享理念来发挥校园公共空间在社会空间中的效用和价值，是一个重要的课题，依赖作为主力军的青年学生在实现校园公共空间与社会空间的资源共享中发挥主体性作用，而这又离不开思想政治教育空间转向的引领。"相关部门主要是确保以思政课程为核心的同向同行运行机制可以顺利地运行，帮助打造思想政治教育共同体"[1]，这种共同体指的就是思想政治教育的共享空间，表现为高校将自身空间中的物质和思想等资源开放给外部社会空间或给予个人共享通道。通过共享校园空间，思想政治教育可以有效整合社会资源，为教育和引导人的思想空间生产提供更多元的服务，并与社会空间中的多样机构建立起合作关系。共享理念对于人的发展而言，其潜在的空间文化价值在于包容性、共同性和开放性，既能促进设施和场所共享，又能在更深层次上促进人们自主管理并应用多种思想资源。

---

[1]　陆官虎：《高校课程思政工作建设研究》，吉林大学出版社 2021 年版，第 70~71 页。

结　语

　　思想政治教育与"空间转向"理论的对接与融合是一个重要的理论和实践课题。思想政治教育实践融合"空间转向"的研究范式和实践模式，有助于提高理论的科学性和实践的有效性。"空间转向"的社会批判理论是基于西方哲学的批判视角，希冀通过透视日常生活细微空间对现代社会空间话语及其关系进行批判，但缺失了应对空间问题的建构性观点和方法，其背后折射的是西方哲学传统形而上学的二元对立思维范式。这种本身带有局限性的批判理论与思想政治教育实践活动相遇时，要求"空间转向"和思想政治教育基于我们自己的哲学社会科学立场，即以马克思主义历史唯物主义为指导，这意味着两种理论方法在相遇之际就面临如何弥合的问题。针对这一问题，本书对学界关于思想政治教育实践空间问题的研究进行历时性分析，把改革开放四十多年这一宏观背景作为思想政治教育空间实践的整体环境，分析了以"空间转向"理论研究思想政治教育实践的可行性，指出"空间转向"理论的批判性方法是思想政治教育实践可以借鉴的，但其中与思想政治教育实践相斥的理论是我们需要警惕的。思想政治教育不是单一的批判性理论，而是回应社会问题的生动实践。

　　思想政治教育的生命力在于思想性的实践，针对社会转型对思想政治教育带来的挑战，需要诉诸全新的研究视角，以"空间转向"理论挖掘思想政治教育研究的生长点。思想政治教育的空间转向是指思想政治教育范式的空间化转向，思想政治教育的空间化或空间性形成了一定的社会关系总和。思想政治教育空间是连接生产维度、生产工具、生产资源的有机体，它包括两层外延，即思想政治教育空间转向是研究重心的转向，由历史宏观叙事转向空间现实微观叙事；思想政治教育空间转向是理论上的转向，把思想政治教育与社会理论相结合。思想政治教育空间转向是空间生产与空间实践价值的转向，集中体现在四个层面。

首先，对中西方学界不同的、典型的空间观进行分析，着重对西方空间转向的理论体系进行整体性的观点总结和凝练，结合思想政治教育当下理论和实践研究的成果，尝试对思想政治教育的空间转向概念进行界定。

其次，从合理性、必要性和可行性三个方面对思想政治教育的空间转向研究进行学理性分析，立足中国特色社会主义实践揭示思想政治教育的空间转向这一基本议题的合理性，并在实践中检验此议题的可行性，增加对思想政治教育实践经验的认识深度。

再次，在对思想政治教育的空间观、现实中思想政治教育的各种空间结构以及"时代图景"妨碍思想政治教育空间转向的分析中，诊断其空间转向的现状。思想政治教育的空间转向关涉对新时代中国特色社会主义建设实践中复杂空间关系的理解，以及对社会空间分化、空间冲突以及空间区隔等差异性特征的把握。

最后，立足于空间转向的基本理论，结合我国思想政治教育实践特色和中国式现代化建设新的发展特征和要求，对思想政治教育空间转向的实现路径进行探讨。在逐渐开放的全球发展格局中，在走向共享话语体系的征途中，要构建实质性、开放型、正义性和生态型的思想政治教育空间。

空间转向理论如何在技术和制度层面更好地融合到思想政治教育中，对这一问题仍需深入研究，需要我们在掌握大量资料和充分占有最新信息的基础上，构建起思想政治教育的空间学理论体系。构建思想政治教育空间学理论体系是研究思想政治教育空间和空间转向的一个崭新的问题域，新的问题域的研究难度之大是毋庸置疑的，它涵括思想政治教育空间生产与空间实践规律的理论体系，是通过解决社会实践问题来不断丰富发展自身的理论体系。

　　建立思想政治教育空间学理论体系是一个宏大的叙事问题，最终是要将思想政治教育空间转向的研究理论纳入历史唯物主义基本原理范畴内进行解读，为厘清思想政治教育如何认识空间并改造空间，在认识和改造空间的过程中与时俱进、发展自身，为增强思想政治教育实践的有效性提供一条理论上的空间路径。思想政治教育空间学必须有效整合其他学科、其他国家的理论成果或知识素材，使之真正契合我们的思想政治教育理论和实践需要。一要明确思想政治教育空间学研究与意识形态之间自本自因的密切关系，既不能用意识形态给予空间学术研究压力，也不能与主流意识形态相悖，实现二者的有机平衡是研究的现实取向；二要立足国际视野和战略思维，善于发掘国外文化的合理内核，坚持在真正消化之后再吸收。

　　通过对思想政治教育的空间转向相关论题的探讨，外部空间步入数字化时代这一背景也被纳入思想政治教育空间转向研究的视角内，给思想政治教育的理论与实践带来了新契机，同时也引发了一些新问题。人工智能模仿人的话语风格可能生产具有鲜明鼓动性的虚假信息，在人机交往中可以对人们的理性和感性进行一定程度的操控，致使人们情绪反应异常。面对数字化时代的话语表达方式和数字文明的到来，建立何种意识形态传播的规范体系，有待在思想政治教育的空间转向中进一步探讨。

　　对新出现的文明形态和意识形态话语空间问题的思考，为求索思想政治教育空间转向的未来研究路径提供了新的视野。这启示我们研究思想政治教育的空间转向并不能简单地依托空间取代时间或完全遮蔽时间的逻辑。马克思坚定认为时空统一是物质世界运动的基本形式，网络和数字的发展使得传统的研究更青睐于时间而遮蔽了空间逻辑，但人文社会科学空间转向的开启并不意味着思想政治教育就要急于恢复空间格局而消解时间背景，尤其是在高度数字化时代，思想政治教育以空间转向为研究方法和实践思维，积极推动构建当代社会空间，以还原人的思想空间与社会空间之间交互关系的现实性与丰富性，善于利用数字资源，使得人们日常生活中被边缘化的空间问题被揭明并得到观照。

　　继工业文明之后，数字文明已广泛地渗透到人们的生产生活中。思想政治教育的空间转向在数字文明的背景下，必须立足人们当下的生存经验，紧扣中国式现代化的时代主题来叙述有别于西方现代性的新文明形态，在协调人的思想空间和社会空间等诸多空间的关系的基础上，在空间资源的公平分配和统一完善过程中，逐步解决空间区隔带来的阶层分化和资源享有的巨大差异问题，进而增强对同一空间中差异性文化和思想表达的包容力，建立中国式现代化和人类文明新形态建构实践的整体联系。思想政治教育的空间转向通过与新时代背景相融合形成的影响力，通过空间的共知性和意识形态性辐射到人们的日常生活当中，促使人们结合空间批判与空间建构两方面的成果，在面对多元化思想或文化时能自觉运用辩证协同的分析方法。

参考文献

一 马克思主义经典著作

［1］《马克思恩格斯文集》第 1~10 卷，人民出版社 2009 年版。

［2］《马克思恩格斯全集》第 2 卷，人民出版社 2005 年版。

［3］《马克思恩格斯全集》第 30 卷，人民出版社 1995 年版。

［4］《马克思恩格斯全集》第 26 卷（下），人民出版社 1974 年版。

［5］《马克思恩格斯全集》第 37 卷，人民出版社 1971 年版。

［6］《马克思恩格斯全集》第 46 卷（上、下），人民出版社 2003 年版。

［7］《马克思恩格斯全集》第 47 卷，人民出版社 2004 年版。

［8］《列宁全集》第 38 卷，人民出版社 1986 年版。

［9］《列宁全集》第 55 卷，人民出版社 2017 年版。

［10］《毛泽东文集》第 7 卷，人民出版社 1999 年版。

［11］《习近平谈治国理政》第 3 卷，外文出版社 2021 年版。

［12］《习近平谈治国理政》第 4 卷，外文出版社 2022 年版。

二 中文著作

［1］黄楠森主编《人学原理》，广西人民出版社 2000 年版。

［2］陈先达：《静园夜语——哲学随思录》，中国人民大学出版社 1998 年版。

［3］孙正聿：《马克思辩证法理论的当代反思》，人民出版社 2002 年版。

［4］陈万柏、张耀灿主编《思想政治教育学原理》，高等教育出版社 2007年版。

［5］张耀灿等：《现代思想政治教育学》，人民出版社 2006 年版。

［6］韩震：《论全球化进程中的多重文化认同》，中华书局 2009 年版。

［7］吴晓明、陈立新：《马克思主义本体论研究》，北京师范大学出版社 2017年版。

［8］刘同舫：《历史哲思与未来想象》，社会科学文献出版社 2022 年版。

［9］刘同舫：《唯物史观与中国式现代化》，北京师范大学出版社 2023 年版。

［10］刘同舫：《马克思主义的时代表达》，中国人民大学出版社 2021 年版。

［11］杨念群：《空间·记忆·社会转型》，上海人民出版社 2001 年版。

［12］汪民安：《身体、空间与后现代性》，江苏人民出版社 2006 年版。

［13］汪民安等编《福柯的面孔》，文化艺术出版社 2001 年版。

［14］冯雷：《理解空间：现代空间观念的批判与重构》，中央编译出版社 2008 年版。

［15］童强：《空间哲学》，北京大学出版社 2011 年版。

［16］周振甫译注《〈周易〉译注》，江苏教育出版社 2006 年版。

［17］陆学艺、景天魁主编《转型中的中国社会》，黑龙江人民出版社 1994年版。

［18］刘森林：《辩证法的社会空间》，吉林人民出版社 2005 年版。

［19］马列光：《思想的空间与原理》，中国经济出版社 2011 年版。

［20］包亚明主编《现代性与空间的生产》，上海教育出版社 2003 年版。

［21］黄大军：《西方空间理论的美学研究》，中国社会科学出版社 2019 年版。

［22］包亚明主编《后现代性与地理学的政治》，上海教育出版社 2001 年版。

［23］任平：《走向交往实践的唯物主义》，人民出版社 2003 年版。

［24］陶东风、金元浦：《文化研究》第 3 辑，天津社会科学院出版社 2002年版。

［25］陈旭红：《视觉文化与新的生活图景的构建》，中国社会科学出版社 2015年版。

[26] 郑林：《艺术圣经——巨匠眼中的缪斯》，经济日报出版社 2001 年版。

[27] 卢岚：《思想政治教育的空间转向研究》，学习出版社 2022 年版。

[28] 卢岚：《社会结构转型期思想政治教育创新研究》，科学出版社 2020 年版。

[29] 闫艳：《交往视域中的思想政治教育研究》，人民出版社 2011 年版。

[30] 王岳川：《中国镜像：90 年代文化研究》，中央编译出版社 2001 年版。

[31] 夏雨禾：《微博空间的生产实践：理论建构与实证研究》，中国社会科学出版社 2013 年版。

[32] 程金生：《"空间"与永恒：实践哲学视域中的价值问题》，江西人民出版社 2004 年版。

[33] 孙迎光：《〈大学〉间架与当代德育》，上海三联书店 2023 年版。

[34] 陈旭红：《视觉文化与新的生活图景的构建》，中国社会科学出版社 2015 年版。

[35] 徐邦友：《自由：发展可能性空间的扩展》，中国社会科学出版社 2016 年版。

[36] 高兆明：《道德文化：从传统到现代》，人民出版社 2015 年版。

[37] 鲁枢元：《生态批判的空间》，华东师范大学出版社 2006 年版。

[38] 魏玲：《规范、网络化与地区主义——第二轨道进程研究》，上海人民出版社 2010 年版。

[39] 程金生：《"空间"与永恒——实践哲学视域中的价值问题》，江西人民出版社 2004 年版。

[40] 刘建华：《赛博空间的舆论行为：校园网络舆论的形成机制及其思想政治教育研究》，中国政法大学出版社 2011 年版。

[41] 符长喜：《大数据赋能学校思想政治教育联动机制的构建与应用研究》，新华出版社 2023 年版。

[42] 冯刚：《改革开放以来高校思想政治教育编年史：1978-2022》，北京师范大学出版社 2023 年版。

[43] 龚莉红：《大学生思想政治教育话语转换研究》，人民出版社 2023 年版。

［44］李清薇：《大学生思想政治教育对生活世界的回归》，中国社会科学出版社 2023 年版。

［45］刘建军：《马克思主义经典作家论思想政治教育》，人民出版社 2023 年版。

［46］李艳：《高校思想政治教育环境研究》，天津人民出版社 2023 年版。

［47］王琴：《高校思想政治教育共同体构建研究》，九州出版社 2023 年版。

［48］代玉启：《高校思想政治教育生态治理研究》，团结出版社 2022 年版。

［49］李婉玲：《网络社区：高校思政理论与实践新场景研究》，光明日报出版社 2022 年版。

［50］杨威：《思想政治教育根源论》，社会科学文献出版社 2022 年版。

［51］张自然：《中国城市规模、空间聚集与管理模式研究：转向服务型政府的理论研究》，社会科学文献出版社 2022 年版。

［52］高燕：《视觉隐喻与空间转向：思想史视野中的当代视觉文化》，复旦大学出版社 2009 年版。

［53］潘泽泉：《社会、主体性与秩序：农民工研究的空间转向》，社会科学文献出版社 2007 年版。

［54］陈倩：《网络公共空间的社会语用生态研究》，中国社会科学出版社 2023 年版。

［55］陈忠：《空间与城市哲学研究》，上海社会科学院出版社 2023 年版。

［56］高春花：《诗意栖居：城市空间伦理研究》，人民出版社 2023 年版。

［57］李维意：《马克思空间哲学研究》，中央编译出版社 2022 年版。

［58］申凡主编《传播学原理》，华中科技大学出版社 2012 年版。

［59］姚新立：《资本空间化的历史图景及其当代批判》，苏州大学出版社 2020 年版。

［60］石加友、苗国厚：《大学生思想政治教育管理学》，光明日报出版社 2022 年版。

三　译著

［1］〔德〕海德格尔：《存在论：实际性的解释学》，何卫平译，人民出版社

2009 年版。

[2] 〔德〕海德格尔：《存在与时间》，陈嘉映、王庆节译，生活·读书·新知三联书店 2006 年版。

[3] 〔德〕海德格尔：《路标》，孙周兴译，商务印书馆 2014 年版。

[4] 〔德〕海德格尔：《演讲与论文集》，孙周兴译，生活·读书·新知三联书店 2005 年版。

[5] 〔美〕约翰·罗尔斯：《正义论》，何怀宏等译，中国社会科学出版社 2009 年版。

[6] 〔美〕爱德华·W. 苏贾：《第三空间——去往洛杉矶和其他真实和想象地方的旅程》，陆扬等译，上海教育出版社 2005 年版。

[7] 〔美〕爱德华·W. 苏贾：《寻求空间正义》，高春华、强乃社等译，社会科学文献出版社 2016 年版。

[8] 〔美〕亚历山大·温特：《国际政治的社会理论》，北京大学出版社 2005 年版。

[9] 〔美〕马克·波斯特：《信息方式》，商务印书馆 2000 年版。

[10] 〔美〕丹尼尔·W. 布罗姆利：《经济利益与经济制度——公共政策的理论基础》，陈郁等译，上海三联书店、上海人民出版社 1996 年版。

[11] 〔美〕弗朗西斯·福山：《信任：社会美德与创造经济繁荣》，彭志华译，海南出版社 2001 年版。

[12] 〔英〕A. N. 怀特海：《过程与实在》，周邦宪译，贵州人民出版社 2006 年版。

[13] 〔美〕约翰·杜威：《民主主义与教育》，王承绪译，人民教育出版社 2001 年版。

[14] 〔英〕戴维·伯姆、〔英〕李·尼科编《论对话》，王松涛译，教育科学出版社 2004 年版。

[15] 〔英〕肖恩·霍默：《弗雷德里克·詹姆森》，孙斌等译，上海人民出版社 2004 年版。

[16] 〔法〕R. 舍普：《技术帝国》，刘莉译，生活·读书·新知三联书店 1999

年版。

[17]〔英〕约翰·怀特:《再论教育目的》,李永宏等译,教育科学出版社1997年版。

[18]〔英〕奥利弗·博伊德-巴雷特、〔英〕克里斯·纽博尔德:《媒介研究的进路——经典文献读本》,汪凯、刘晓红译,新华出版社2004年版。

[19]〔美〕大卫·哈维:《希望的空间》,胡大平译,南京大学出版社2006年版。

[20]〔英〕大卫·哈维:《反资本世界简史》,陈诺译,广东人民出版社2023年版。

[21]〔法〕布尔迪厄:《国家精英——名牌大学与群体精神》,商务印书馆2004年版。

[22]〔法〕居伊·德波:《景观社会》,张新木译,南京大学出版社2017年版。

[23]〔法〕雅克·马利坦:《艺术与诗中的创造性直觉》,刘有元译,生活·读书·新知三联书店1991年版。

[24]〔法〕皮埃尔·布迪厄、〔美〕华康德:《实践与反思——反思社会学导引》,李猛、李康译,中央编译出版社2004年版。

[25]〔法〕让·波德里亚:《消费社会》,刘成富、全志钢译,南京大学出版社2000年版。

[26]〔法〕米歇尔·福柯:《性史》,黄勇民等译,上海文化出版社1988年版。

[27]〔美〕赫伯特·马尔库塞:《单向度的人》,张峰译,重庆出版社1988年版。

[28]〔德〕于尔根·哈贝马斯:《后形而上学思想》,付德根等译,译林出版社2001年版。

[29]〔德〕阿莱达·阿斯曼:《回忆空间:文化记忆的形式和变迁》,潘璐译,北京大学出版社2016年版。

[30]〔日〕柄谷行人:《日本现代文学的起源》,赵京华译,生活·读书·

新知三联书店 2003 年版。

[31] 〔日〕广松涉：《物象化论的构图》，彭曦、庄倩译，南京大学出版社 2002 年版。

[32] 〔荷〕G. 霍夫斯坦德：《跨越合作的障碍——多元文化与管理》，尹毅夫等译，科学出版社 1996 年版。

[33] 〔捷〕夸美纽斯：《大教学论》，傅任敢译，人民教育出版社 1957 年版。

[34] 〔英〕安东尼·吉登斯：《现代性与自我认同：现代晚期的自我与社会》，赵旭东、方文译，生活·读书·新知三联书店 1998 年版。

[35] 〔巴西〕保罗·弗莱雷：《被压迫者教育学》，顾建新等译，华东师范大学出版社 2001 年版。

[36] 〔奥〕马丁·布伯：《人与人》，张健、韦海英译，作家出版社 1992 年版。

四　中文期刊论文

[1] 刘同舫：《马克思主义哲学研究中的三重解释张力及其认知变化》，《哲学研究》2019 年第 9 期。

[2] 刘同舫：《马克思主义哲学面向实践的方式》，《哲学研究》2021 年第 12 期。

[3] 吴红涛：《空间拜物教的概念证成及其意义研判》，《哲学研究》2023 年第 1 期。

[4] 林青：《空间生产的双重逻辑及其批判》，《哲学研究》2016 年第 9 期。

[5] 王志刚：《马克思主义空间正义的问题谱系及当代建构》，《哲学研究》2017 年第 11 期。

[6] 胡大平：《哲学与"空间转向"——通往地方生产的知识》，《哲学研究》2018 年第 10 期。

[7] 胡大平：《马克思主义与空间理论》，《哲学动态》2011 年第 11 期。

[8] 王晓升：《权力、话语与意识形态——意识形态的叙事效果分析》，《哲学动态》2012 年第 3 期。

［9］任政：《历史叙事空间化与线性历史决定论的批判及超越——基于空间转向的叙事意义及其限度的考察》，《哲学动态》2022 年第 9 期。

［10］王学俭、张哲：《多维空间视阈下的思想政治教育研究》，《马克思主义研究》2014 年第 4 期。

［11］张梅、李厚羿：《空间、知识与权力：福柯社会批判的空间转向》，《马克思主义与现实》2013 年第 3 期。

［12］刘同舫：《"一切人的自由发展"命题的前提反思》，《思想理论教育导刊》2023 年第 10 期。

［13］刘同舫：《高校思想政治理论课的功能及其实现》，《思想理论教育导刊》2021 年第 12 期。

［14］宇文利：《论我国当代思想政治教育的制度化建设》，《思想理论教育导刊》2011 年第 1 期。

［15］田晓伟：《论教育研究中的空间转向》，《教育研究》2014 年第 5 期。

［16］曹瑜：《唯物主义的内在逻辑：形而上学（后）现代性的超越之镜——以马克思主义物质观的基本向度及其存在论意蕴的再揭示为视角》，《教学与研究》2018 年第 4 期。

［17］李春会、赵继伦：《马克思主义大众化传播的受众诉求与话语建构》，《重庆社会科学》2011 年第 3 期。

［18］李姿雨、方凤玲：《思想政治教育智慧学习空间的特征及其建构》，《思想理论教育》2023 年第 7 期。

［19］雷长稳：《思想政治教育空间叙事的作用机理与展开路径》，《思想理论教育》2023 年第 3 期。

［20］徐业坤、曹文泽：《新时代高校思想政治教育发展的空间向度》，《思想理论教育》2022 年第 12 期。

［21］张国启：《论思想政治教育生活化的发展向度》，《思想理论教育》2009 年第 7 期。

［22］叶方兴：《论思想政治教育专业化与社会化的辩证关系》，《思想理论教育》2017 年第 10 期。

［23］骆郁廷：《论大学生思想政治教育的社会化趋势》，《思想政治教育研究》2008 年第 3 期。

［24］戴锐：《思想政治教育共同体的运行机制与发展战略》，《思想政治教育研究》2014 年第 6 期。

［25］展伟：《思想政治教育公共空间及其本质属性》，《教学与研究》2016 年第 8 期。

［26］钱广荣：《试论思想政治教育命运共同体——基于思想政治教育学科创新发展的整体性视野》，《思想教育研究》2016 年第 3 期。

［27］张建晓、孙其昂：《思想政治教育空间结构探析》，《思想教育研究》2016 年第 6 期。

［28］林伯海、周至涯：《思想政治教育主体及其主体性的要素构成新探》，《思想教育研究》2011 年第 2 期。

［29］颜旭彪、孔琳：《论思想政治教育生活化趋向》，《思想教育研究》2011 年第 7 期。

［30］杜遂渊：《拓展思想政治教育的空间》，《思想教育研究》1995 年第 2 期。

［31］陈启超、孙其昂：《思想政治教育现代转型的空间维度诠释》，《思想教育研究》2022 年第 6 期。

［32］卢岚：《论思想政治教育变革的空间转向》，《思想理论教育》2017 年第 3 期。

［33］卢岚：《思想政治教育空间转向的出场逻辑与研究理路》，《思想教育研究》2020 年第 5 期。

［34］罗仲尤、刘玉立：《网络空间视域下思想政治教育话语创新探析》，《马克思主义理论学科研究》2022 年第 6 期。

［35］刘小新、颜桂堤：《空间转向视域中的当代文学地理学重构》，《东南学术》2022 年第 6 期。

［36］黄祖军：《论转型期教育内卷化及其破解路径》，《华东师范大学学报》（教育科学版）2012 年第 2 期。

[37] 张一兵：《实际生命：此在是一个在世界中的存在——海德格尔〈存在论：实际性的解释学〉解读》，《山东社会科学》2012年第10期。

[38] 孙迎光：《马克思诗性思维与当代教育的传承》，《南京社会科学》2017年第4期。

[39] 韩传喜：《郭晨基于截屏界面的媒介实践与空间转向研究》，《江西社会科学》2023年第3期。

[40] 陈旭红、梅琼林：《当代视觉文化传播语境中的审美生存及其意义》，《新疆社会科学》2011年第1期。

[41] 汤玉华、王仕民：《思想政治教育空间多维性风险探析》，《广西社会科学》2017年第6期。

[42] 陈宗章：《思想政治教育公共性的网络"空间化"转向》，《广西社会科学》2015年第9期。

[43] 陈宗章：《网络思想政治教育主体及其空间结构》，《学校党建与思想教育》2015年第8期。

[44] 任平：《论空间生产与马克思主义的出场路径》，《江海学刊》2007年第2期。

[45] 强乃社：《空间转向及其意义》，《学习与探索》2011年第3期。

[46] 何雪松：《社会理论的空间转向》，《社会》2006年第2期。

[47] 苏尚锋：《空间理论的三次论争与"空间转向"》，《人文杂志》2008年第4期。

[48] 陆扬：《空间何以生产》，《马克思主义美学研究》2008年第1期。

[49] 汪民安：《空间生产的政治经济学》，《国外理论动态》2006年第1期。

[50] 邓纯余：《社会空间理论视野中的思想政治教育》，《学术论坛》2013年第4期。

[51] 孙全胜：《马克思"空间生产"理论研究回顾与展望》，《社会科学动态》2023年第3期。

[52] 佘双好：《当代社会思潮的内涵、特征及其研究意义》，《学校党建与思想教育》2011年第19期。

[53] 温在泼:《思想政治教育空间转向的多元探索》,《学校党建与思想教育》2019 年第 18 期。

[54] 邓志勇:《叙事、叙事范式与叙事理性——关于叙事的修辞学研究》,《外语教学》2012 年第 4 期。

[55] 徐先艳:《现代性的后果:空间重组与他者》,《当代中国价值观研究》2017 年第 6 期。

[56] 孙全胜:《当代社会如何是一种景观?——评居伊·德波的〈景观社会〉》,《社会发展研究》2014 年第 2 期。

[57] 赖茂生、麦晓华、曹雨佳:《我国政府信息资源开发利用模式创新研究》,《图书情报工作》2014 年第 6 期。

[58] 温芳芳:《信息资源配置协同制度的价值取向》,《图书馆建设》2014 年第 11 期。

[59] 郑杭生、洪达用:《中国转型期的社会安全隐患与对策》,《中国人民大学学报》2004 年第 2 期。

[60] 杨晓莲:《消费时代与建构现代新感性——从马尔库塞的新感性理论谈起》,《华中师范大学学报》(人文社会科学版) 2006 年第 4 期。

[61] 贺建平:《媒介权力与司法监督》,《上海大学学报》(社会科学版) 2004 年第 4 期。

[62] 岳梁:《他者理性:当代城市空间建构中的公平正义》,《苏州大学学报》2014 年第 2 期。

[63] 王国华:《互联网时代"众创空间"构建的理念与方法》,《北京联合大学学报》(人文社会科学版) 2016 年第 2 期。

[64] 刘小新、颜桂堤:《空间转向视域中的当代文学地理学重构》,《东南学术》2022 年第 6 期。

[65] 张广济、计亚萍:《社会空间的理论谱系与当代价值》,《东北师大学报》(哲学社会科学版) 2013 年第 3 期。

[66] 卢岚:《社会结构转型与思想政治教育的变革》,《安徽师范大学学报》(人文社会科学版) 2014 年第 1 期。

［67］卢岚：《思想政治教育空间转向的理论阐释与实践路径》，《中国矿业
　　　大学学报》（社会科学版）2019 年第 3 期。

［68］卢岚：《思想政治教育空间转向的缘起、动力机制与价值勘定》，《中
　　　国矿业大学学报》（社会科学版）2021 年第 4 期。

［69］李岁月：《论习近平系列重要讲话的生态空间思想》，《内蒙古大学学
　　　报》（哲学社会科学版）2017 年第 5 期。

［70］徐艳伟：《农村教育的内卷化及其破解》，《继续教育研究》2017 年第
　　　2 期。

［71］董玉辉、赵海平、李艳：《高校思想政治教育创新的主体性空间》，《现
　　　代教育科学》2009 年第 3 期。

［72］张开焱：《叙事范式意识形态分析的洞见与问题——詹姆逊叙事政治学
　　　主符码评析之三》，《马克思主义美学研究》2014 年第 2 期。

［73］郑元凯、杨立英：《异化、物化、物象化与拜物教——马克思的现代性
　　　批判思想沿革与概念考辨》，《宁夏社会科学》2017 年第 6 期。

［74］贾英健：《意识形态的实践本质及其人类公共性理想的复权——马克思
　　　意识形态批判的价值维度及其精神实质》，《理论学刊》2007 年第 12 期。

［75］刘世定、邱泽奇：《“内卷化”概念辨析》，《社会学研究》2004 年
　　　第 5 期。

［76］严从根、孙芳：《教育空间生产的资本化及其正义思考》，《教育发展
　　　研究》2017 年第 3 期。

［77］赵长太：《需要与人的发展》，《理论月刊》2005 年第 9 期。

［78］王彩勤、秦昆、卢宾宾等：《教育及其代际流动的空间分布研究》，《地
　　　理与地理信息科学》2016 年第 6 期。

［79］徐孝娟、王绪林、李霖、孙见山：《国外代际学习研究：理论基础、协
　　　作共享空间和 3P 实践——兼及我国代际学习项目模式的构建》，《远
　　　程教育杂志》2018 年第 3 期。

［80］王学俭、魏泳安：《思想政治教育生态培育刍议》，《社会科学家》2015
　　　年第 2 期。

［81］钱美玲、丁三青：《思想政治教育空间化的意识形态逻辑论析》，《理论导刊》2021 年第 8 期。

五　外文文献

［1］Guy Debord, *The Society of the Spectacle*, Trans. by Ken Knabb, Canberra: Hobgoblin Press, 2002.

［2］Fisher, W. R. , *Narrative as a Human Communication Paradigm: The case of public moral argument*, Communication Monographs, 1984.

［3］Zygm unt. , *Baum an: Life in Fragments*, Oxford: Blackwell, 1995.

［4］I. A. Snook, *Indoctrination and Education*, London and Boston: Routledge & Kegan Paul, 1972.

［5］H. Lefebvre, *Henri: The Production of Space*, by Donald Nicholson-Smith, Oxford: Blackwell Ltd. , 1991.

［6］C. Alabiso, I. , Weiss A. , *Primer on Hilbert Space Theory*, Oxford: Springer Nature Switzerland AG, 2021.

［7］Samuel L. Krushkal, "Teichmüller space theory and classical problems of geometric function theory", *Journal of Mathematical Sciences*, Vol. 258, No. 3, 2021.

［8］Luca Stefanutti, Pasquale Anselmi and Egidio Robusto, "Erratum to: On the Link Between Cognitive Diagnostic Models and Knowledge Space Theory", *The Psychometric Society*, Vol. 60, No. 12, 2017.

［9］Shigeru Arimoto, Mark Spivakovsky, Massoud Amini, Eiji Yoshida, Masaaki Yokotani, Tokio Yamabe, Jürgen Schweikart. "Repeat space theory applied to carbon nanotubes and related molecular networks III", *Original Paper*, Vol. 50, No. 6, 2012.

［10］Thomas Kistemann, Jürgen Schweikart. "'Spatial turn' Chance, Herausforderung und Methodenimpuls für die geographische Gesundheitsforschung", *Leitthema*, Vol. 60, No. 12, 2017.

后　记

　　书稿的完成既源于个人的学术积累与沉淀，也是对已有知识的一种传承。学术研究需要时刻保持对文字的敬畏感，内心深怀使命感。每当思考思想政治教育空间的相关论题时，我总会从前人和同时代学者的研究中寻找精神食粮；每当在撰写过程中遇到困惑或梗阻时，我总会停下笔去向导师寻求新的理论指导或在工作中收集新的实践材料。书稿从"逗号"变成"句号"之时，心情复杂、百感交集，落笔的刹那脑海中涌现出无数细枝末节又厚植于心底的学术记忆。

　　本书从确定题目到最终完成，大致经历三次思考的转折。初次接触到这一论题，是在攻读硕士研究生阶段，2016年，我阅读了一些空间哲学和空间转向理论相关著作，为书稿选题的确定打开了新视野，将题目拟定为"空间转向视角下思想政治教育创新研究"。在与同行的交流中，我对这一选题的学术价值有了更深的认识，但同时面临很大的挑战，主要体现在研究中涉及的思想政治教育创新维度多而广，如果篇幅较小可能会存在内容铺就得宽阔、研究却不够精深的缺陷，因此，需要重点聚焦思想政治教育究竟在哪几个维度进行创新的问题，展开更细致、更有针对性的探索。2017～2018年，我开始重点关注思想政治教育基本理论的学术基础，特别是西方学者的研究成果。在与我的硕士生导师江胜尧老师进行反复沟通交流后，江胜尧老师建议我将思想政治教育的研究聚焦于空间转向，并将题目修改为"思想政治教育空间转向的实现路径"。2019年，我有幸成为刘同舫教授的博士研究生，这成为我思考该问题的第三次转折点。导师充分肯定了我进行的思想政治教育的空间转向研究，希望我从中发掘并突出这一课题研究的独创性和现实的应用性意义，并要求我阅读大量有关思想政治教育空间转向的研究成果，从中寻找灵感。在此过程中我也逐渐认识到严谨求真的治学观和对细节问题进行深入追问的必要性，在写作过程中逐渐确定题目为"思想政治教育的空间转向"。

在撰写书稿中所经受的学术训练，使我逐渐拥有严谨的逻辑思维和叙事方法。书稿每一章每一节的展开都是我的学术视野更加开阔和思维逻辑愈渐缜密的过程。思想政治教育本就是在一定时空中展开的实践活动，要想对这一实践形式进行学理性的阐释，需要在脑中对整体思路有清晰把握并凭借精炼的标题予以呈现。哲学社会科学作用于社会的独特方式是善于解释隐藏在事物背后的秘密。在写作过程中我始终抱有"再三追问"的态度，敦促自己将问题解释通透，写作过程深化了我对思想政治教育的空间转向的认识。

思想政治教育的空间转向，其思想共情只有在细细密密的空间关联中才能显现，否则撰写的文字只是机械的表达而没有人文温度，这就要求在吃透文本和紧密联系实际中用理论情节带动情感、用情感推动情节。

在完成本书的写作之时，我要特别感谢各位老师、同行的指导和家人的帮助。我的硕士生导师江胜尧老师，是学院的党委书记，用他多年的党政工作经验帮助我在对基础性问题的阐述中精益求精。我最尊敬的博士生导师刘同舫教授严谨的治学风格给我的影响既多又深，时刻指引我"治学为师，做人为范"，在本书的研究与写作过程中，我深受影响。还要感谢在我撰写书稿过程中给予宝贵意见的孙迎光老师、刘云林老师以及我的同门和其他同学们。感谢我的父母给了我开明的环境和他们认识里的最大自由。我要感谢社会科学文献出版社，感谢编辑老师的辛勤劳动，感谢他们逐字逐句校读拙作，使本书的定稿和出版成为现实。对于这些给予我真诚帮助的人，我唯有更加严谨求实，争取以更好的成绩回报他们。

2024 年 1 月
于上海同济大学马克思主义学院

图书在版编目（CIP）数据

思想政治教育的空间转向／尹健著. -- 北京：社
会科学文献出版社，2024.6（2025.9 重印）
ISBN 978-7-5228-3745-1

Ⅰ.①思… Ⅱ.①尹… Ⅲ.①思想政治教育-研究-
中国 Ⅳ.①D64

中国国家版本馆 CIP 数据核字（2024）第 110975 号

思想政治教育的空间转向

著 者／尹 健

出 版 人／冀祥德
责任编辑／王小艳
责任印制／岳 阳

出 版／社会科学文献出版社·马克思主义分社 （010）59367126
　　　　地址：北京市北三环中路甲 29 号院华龙大厦 邮编：100029
　　　　网址：www.ssap.com.cn
发 行／社会科学文献出版社 （010）59367028
印 装／唐山玺诚印务有限公司

规 格／开 本：787mm×1092mm 1/16
　　　　印 张：15.75 字 数：239 千字
版 次／2024 年 6 月第 1 版 2025 年 9 月第 2 次印刷
书 号／ISBN 978-7-5228-3745-1
定 价／98.00 元

读者服务电话：4008918866